中学数学
教学设计

钟志华　王晓东　编著

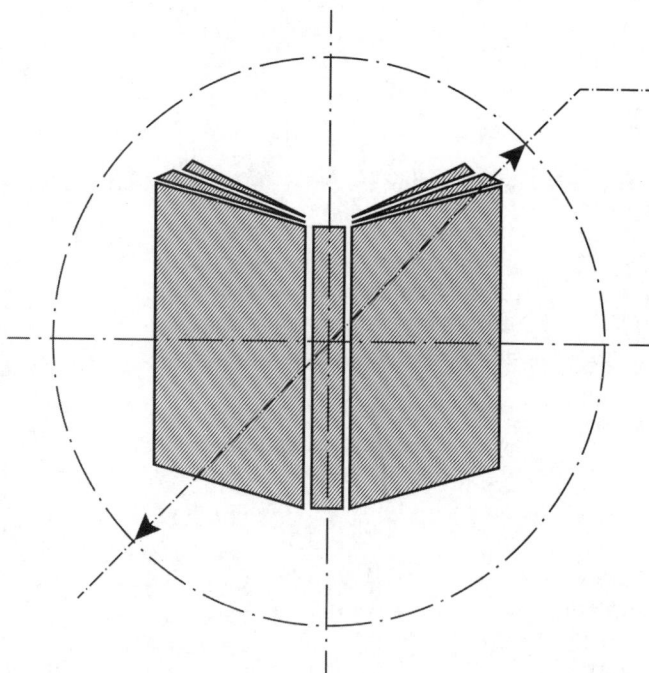

ZHONGXUE SHUXUE
JIAOXUE SHEJI

化学工业出版社

·北京·

内容简介

本书紧扣中学数学教学内容，系统阐述数学教学设计的一般原理与方法，内容包括：数学教学原则，讲授教学、对话教学、直观教学、探究性教学等数学教学方法，备课、说课、模拟讲课、研课等数学教学常见形式，教学情境设计、课堂提问设计、板书设计、体态语言等数学教学基本技能，数学知识的分类教学设计。本书结合典型案例进行研析解读，既重视知识教学，又重视能力培养；既重视教学过程，又重视方法渗透。本书可供数学与应用数学（师范）专业本科生和学科教学（数学）专业研究生学习，也可供中小学数学教师和数学教育研究者参考。

图书在版编目（CIP）数据

中学数学教学设计 / 钟志华，王晓东编著. —北京：
化学工业出版社，2023.11
ISBN 978-7-122-44239-0

Ⅰ.①中… Ⅱ.①钟… ②王… Ⅲ.①中学数学课—
教学设计 Ⅳ.①G633.602

中国国家版本馆 CIP 数据核字（2023）第 183496 号

责任编辑：曾照华 装帧设计：王晓宇
责任校对：宋 夏

出版发行：化学工业出版社
　　　　　（北京市东城区青年湖南街 13 号　邮政编码 100011）
印　　装：三河市延风印装有限公司
710mm×1000mm　1/16　印张 13½　字数 252 千字
2024 年 2 月北京第 1 版第 1 次印刷

购书咨询：010-64518888
售后服务：010-64518899
网　　址：http://www.cip.com.cn
凡购买本书，如有缺损质量问题，本社销售中心负责调换。

定　　价：79.00 元

21 世纪初实施的新一轮基础教育课程改革已经走过 20 多年历程。为了更好落实新课程理念，更好推进数学课程改革，同时，也为了促进新的《教师教育课程标准》的贯彻和教师专业化的发展，"中学数学教学设计"作为数学与应用数学（师范）专业的核心课程需要与时俱进、不断创新。为此，本教材根据《数学课程标准》和《教师教育课程标准》的理念和要求对"中学数学教学设计"课程中的核心内容进行提炼、整合，这一方面可以提高数学师范专业的师范性及师范生的动手实践能力；另一方面可以促进新课程理念的落地生根和数学课程改革的有序推进。本教材的主要特点如下。

① **内容新颖，定位精准**。本教材在充分尊重《义务教育数学课程标准》《普通高中数学课程标准》和《教师教育课程标准》的前提下，针对数学课程改革特点、数学与应用数学（师范）专业教师资格证书授予形式及毕业生就业的变化情况，对以往教材中不适应时代发展的教学内容、教学方式等进行了合理、大胆的改革。这将极大增加教材的时代性、可读性和针对性。比如，考虑到学生参加教师资格证书考试、考编及各种教师基本功比赛都需要模拟讲课这一特点，在教材中增加了说课、模拟讲课、研课等内容；为了切实提高学生的教学技能，情境创设、课堂提问、板书设计等方面增加了"6W+H"策略、元认知提问策略等内容，这些内容在同类教材中首次出现，这不仅可以大大拓宽学生的视野，而且也能极大提高学生在就业中的竞争力。

② **强化实践，注重能力**。本教材十分重视创新能力、实践能力和数学核心素养的培养。本教材不仅充分结合典型、生动的数学教学案例对一般教育教学理论、教学方法和教学原则从数学角度进行了深入、详细的解读，而且在原有基础上进行了一定程度的创新和发展。比如，在教学方法、教学技能、数学知识的分类教学设计等章节，教材不仅系统、深入研究了各自的内涵、特点、类型、实施原则与策略等，而且结合大量典型案例对其进行了详细阐述。这不仅有利于学生深刻

理解各种教育教学理论，而且有利于提升学生的数学教学实践能力。

③ **案例典型生动，可操作性强。**本教材理论体系严谨、层次结构清晰、案例典型生动、文字通俗流畅、形式丰富多彩，不仅非常适合教师教学，而且也十分便于学生自学。不仅对学生数学教育教学理论水平的提升很有裨益，而且对学生教学实践能力的提高也很有帮助。与其他同类教材相比，本教材无论是在教学理念的先进性、教学内容的科学性，还是在教学形式的表现力、教材的可读性与实用性等方面都有非常显著的提升。

本书是南通大学研究生精品教材建设项目"数学教学设计概论"的研究成果。

本书在编写过程中参考了大量著作和论文，从某种意义上说本书也是学界同仁共同智慧的结晶，在此谨向参考文献的作者表示崇高的敬意和衷心的感谢！

编著者

2024 年 1 月

目
录

CONTENTS

第一章

绪论

数学教学设计是高等师范院校数学教育专业必修的专业基础课。这门课程要求学生掌握数学教学的基础知识、基本理论和教学基本技能，为教育见习、教育实习及毕业以后从事中学数学教学工作、开展数学教育研究做好必要的准备。

第一节　数学教学设计的内涵、特点与意义

一、数学教学设计的内涵

数学教学设计的内涵主要包括以下几个方面。

① 它需要充分运用教育学、心理学等理论的指导。

② 它需要立足于系统论的角度对数学教学内容、学情、教学目标、教学重点、教学难点、教学方法、教学过程、教学评价等方面进行全面分析与设计。

③ 教学设计的成果是一种可在教学实践中直接实施的方案或文本。

二、数学教学设计的特点

（一）综合性

中学数学教学设计涉及"数学"与"教育学"等学科，是在充分吸收数学、哲学、逻辑学、教育学、心理学、教育心理学、信息科学、计算机科学等众多相关学科研究成果的基础上发展并建立起来的理论体系，因此中学数学教学设计是一门综合性很强的理论学科。

（二）实践性

中学数学教学设计来源于实践、立足于实践，同时又服务于实践。目前，中

学数学教学设计多以教学经验的总结作为主要研究内容，因此中学数学教学设计的研究对教学实践的依赖程度很高，这就决定了中学数学教学设计是一门实践性很强的理论学科。

（三）科学性

中学数学教学设计是以中学数学教学的全过程作为研究对象的，因此，它不应仅仅局限于介绍教学工作的一招一式，而应以丰富多彩的中学数学教学实践为背景，通过理论与实践的有机结合深入研究中学数学教学设计的课程结构、教材体系、教学原理等理论问题，并在此基础上建立起科学的中学数学教学设计理论。而所有这些理论问题的研究不可能是主观臆断和闭门造车的产物，它需要依靠科学的方法并借助一定的科学手段才能实现。

（四）发展性

中学数学教学设计是一门边缘学科，它是建立在数学、教育学等相关学科基础上的。中学数学教学设计虽然已经形成了相对完整且比较科学的理论体系，但离最终完善还有一定距离。随着社会的发展和相关学科的发展，中学数学教学设计也将不断发展。

三、数学教学设计的意义

（一）有助于促进数学教学的科学化

数学教学设计不同于传统的备课。传统的备课更多关注的是教什么和怎么教，备课的质量往往取决于备课者教学经验的丰富程度，备课的科学性、规范性难以得到充分保证。而教学设计不仅要回答教什么和怎么教，而且还要进一步思考其背后的为什么，这就需要充分发挥教育学、心理学及数学教育教学理论的指导作用，从根本上保证数学教学的科学性。

（二）有助于提高数学教学的可操作性

数学教学设计按照教材地位与作用分析、学情分析、教学目标分析、教学重点分析、教学难点分析、教法学法分析、教学过程设计和教学评价设计等环节来对教学活动进行设计，这不仅符合教育教学的一般规律，充分发挥教育教学理论对教学实践的指导作用，而且可以将教育教学理论直接转化为教学技能，提高数学教学的可操作性。

（三）有助于提高数学教学质量

通过教学设计，教师可以从整体上对教学内容、教学目标和教学进程进行精心预设和动态优化，做到有的放矢、有备无患，从源头上提高数学教学质量。

第二节　数学教学设计的研究对象与方法

一、数学教学设计的研究对象

（一）数学教学设计的广义内容

1. 数学课程论

数学课程论主要研究什么是课程，课程发展问题，影响课程设置的因素，教学内容的选择，内容体系的安排以及课程评价等。

2. 数学学习论

数学学习论主要研究学生知识的获得与保持，揭示学生学习过程的基本规律。主要内容有学习的意义和分类；数学学习的特点和基本过程；数学知识、数学技能、数学思维活动的获得和保持；数学学习的动因；数学学习的迁移及数学学习的评价。

3. 数学教学论

数学教学论主要研究数学教学的目的和任务，数学教学过程的基本原理，数学教学组织形式，数学教学方法与技能，数学教学原则，数学教学效果的检查与评价等。

（二）数学教学设计的狭义内容

1. 教材地位与作用分析

教材的地位与作用，即内容在知识结构中所处的"地理位置"及这样安排的目的与意义。分析教材地位与作用具体包括前面安排了哪些知识与技能作为认知基础？本节课包含了哪些内容？所学内容与前面的内容有何关系？所学内容是对前面内容的拓展、总结还是应用？该内容与后续内容存在怎样的关系？该内容的学习需要学生掌握哪些知识、技能或研究方法？所学内容将发展学生哪些方面的能力或核心素养？这些知识对学生的进一步学习乃至终身发展有何重要意义？

2. 学情分析

学情分析包括学生学习新知识所具有的知识基础、学生的思维特点、学习特点、心理特点和生理特点等。知识基础重在准确把握学习新知识的认知起点，从联系的观点看，就是要了解学生是否真正掌握了与新知识学习有关的旧知识；学习特点主要了解学生通常采用哪些学习方法,这些方法是否适应新知识的学习等;心理特点主要是要了解学生是否具有探索发现新旧知识之间联系的心向。

3. 教学目标分析

教学目标就是指通过教学活动所期望获得的学习结果。教学目标是学校教学的出发点和归宿,是教学的灵魂,贯穿于教学设计、教学实施和教学反思的全过程,是教学活动预期达到的学习效果和标准,是对完成教学活动后学习者应达到的行为状态的具体描述。好的教学目标应该包括以下三个方面的内容:确定可以作为成绩的证据的行为;确定行为的必要条件;确定合格的标准。教学目标要可测量、可操作、可实施,要尽可能体现教学目标的四要素(主体、行为、条件、程度)。

4. 教学重点分析

从联系的观点看,教学重点就是在知识结构中占据主要或主导地位,能反映知识主要联系的那些知识点。从表现形式上看,教学重点常常是那些带有共性、概括性和较强理论性的知识。

理解教学重点可以从教材的学科知识系统、学生的学习过程及文化教育功能等方面来进行。从学科知识系统看,重点既可以是在学科知识体系中具有重要地位和作用的学科知识、技能,也可以是那些与前面知识联系紧密、对后续学习具有重大影响的知识、技能;从学生学习过程看,教学重点是能让学生举一反三或对学生认知结构建构具有重要作用的知识。从文化教育功能看,重点是指那些对学生具有深远教育意义的内容,主要是指能让学生终身受益的学科思想、精神和方法。在教学过程中,教师如果把握重点得当,教学时就能恰当地处理教材,从而较好地达到教学目的。反之,教师教学时如果重点意识不强或者不能准确把握重点,就会失去主攻方向,很难真正提高课堂教学效率。

5. 教学难点分析

教学难点是指那些太抽象、离学生生活实际太远、学生难于理解和掌握的知识、技能与方法。从联系的观点看,教学难点就是那些与学生已有知识建立联系比较困难的知识。教学难点的成因从客观方面看,主要有联系跳跃、联系隐蔽、联系复杂、知识可辨性差及联系冲突等;从主观方面看,主要有缺乏联系心向、没有找到联系方向、没有找准新知识的组织者、已有联系惯性太强、联系表征能力薄弱等。

6. 教法、学法分析

关于教法、学法可以参看本书第二章。

7. 教学过程设计

教学过程是教师与学生以课堂为主渠道的交往过程。教学过程通常包含情境创设、课堂提问设计、例题和习题的设计等环节。教学过程的设计要在充分把握教材地位、作用与学情基础上，针对所要达成的教学目标，采取恰当的教学方法和教学手段来突出教学重点、突破教学难点并最终实现教学目标。教学过程的设计不仅要前后连贯、服从整体，而且要重点突出、科学高效。

8. 教学评价设计

教学评价是指对学生完成某一阶段课程学习后所取得的学业成就的测量与评价。教学评价不仅可以全面了解学生的学习过程和结果，激励学生学习，而且可以为教师的教学提供反馈，改进教师教学。因此，在课程实施的过程中，必须有效设计、组织和实施评价。评价应以课程目标和课程内容为依据，体现数学课程的基本理念，全面评价学生在知识技能、数学思考、问题解决、情感态度及数学核心素养等方面的表现。

二、数学教学设计的常用研究方法

常用的研究方法有课堂观察法、实验研究法、调查研究法、案例研究法、文献研究法、理论与实践相结合方法。

思考题

1. 简述数学教学设计的特点与意义。
2. 简述数学教学设计的研究内容。

第二章

数学教学方法

教学方法，是师生在教与学的双边活动中为了有效完成一定的教学任务所采用的方式与手段的总称，它既包括教师的教法，也包括学生在教师指导下的学法，是教授方法与学习方法的有机组合。

人生有涯，知识无限。在教学过程中，教师一方面要从人类知识宝库中精心挑选最精华的部分作为教学内容；另一方面要运用最科学的教学方法去传授知识，精心培养学生独立获取知识、驾驭知识和发现知识的能力，如观察能力、创造性的想象力、语言表达能力、抽象思维能力等。这种能力的获得是不断取得新知识的钥匙，它将在人的一生中长期发挥作用。这种能力越大，在今后工作中有所发现、有所创造、有所发明的可能性也就越大。这些都是教学法研究的重要课题。为了深入研究教学方法，有必要首先对教学方法进行科学分类。关于教学方法的分类，可谓众说纷纭，莫衷一是。有人在借鉴国外教学方法分类经验基础上，结合我国常用教学方法的特点，将教学方法概括为如下五类。

一是语言性教学方法。这类方法是指教师在教学过程中，运用口头语言向学生传授知识、技能的教学方法。这类方法主要有讲授法、谈话法、讨论法、读书指导法等。

二是以直接感知为主的教学方法，包括演示法、参观法。这类方法是指教师在教学过程中通过直观教具演示或组织学生进行教学性参观，使学生利用各种感官直接感知客观事物或现象来获得知识的方法。

三是以实训为主的教学方法，包括练习法、实验法、实习法等。

四是以引导探究为主的教学方法，包括讨论法、发现法等。

五是以欣赏活动为主的教学方法。它是教师在教学中创设一定的情境，利用一定的素材或艺术形式，使学生通过体验客观事物的真善美，陶冶性情，培养正确的态度、兴趣、理想和审美能力的一种方法。其基本要求是：（a）能引起学生欣赏的动机和兴趣；（b）能激发学生强烈的情感反应；（c）要注意学生在欣赏活动中的个别差异；（d）要指导学生进行实践活动。

近年来，随着国外先进教学理念的输入，我国各地出现了许多先进的教学方法，在此基础上，有不少教育界学者开始对现有教学方法进行了重新分类，下面以数学教学方法为例来进行说明。

一是以发现行为为中心的教学。从 20 世纪初开始，国外的一些教育家就意识到教学的最终目的并不是学科知识本身，而是要通过学科知识的教学，教会学生思考。他们认为要帮助学生成为规律的发现者、知识的开拓者，提出数学教学应以发现行为为中心。在以发现行为为中心的教学过程中，教师仅是"发现过程"的组织者、引导者，学生才是发现行为的主体。

二是以生活经验为中心的教学。这种教学方法主要有两大意义：一是重视数学在日常生活中的实际应用，其目的是使学生在"学以致用"的同时获得科学的思想方法，这有利于纠正"数学无用"的错误观点；二是重视周围事物和生活经验，这有利于调动学生的学习兴趣，能充分体现"以儿童为中心"的教学理念。

三是以系统学习为中心的教学。由于数学学科自身的系统性特点，其逻辑的严谨性、环环相扣的结构体系决定了数学学科的教学需要符合系统性原则的要求。

四是以问题解决为中心的教学。从 20 世纪 70 年代末开始，"以问题解决为中心"的数学教学方法在国际上形成了一股新的浪潮。其基本思想是：将教学过程变成问题解决的过程，让学生通过"问题解决"教学提高解决数学问题的能力，获得解决更广泛领域问题的能力。

五是多媒体教学。近几十年以来，多媒体技术给教学带来的深刻影响迫切要求课堂教学在结构和方法上做出根本调整，它强烈地影响了数学教学活动中的内容、形式、方法和手段。

第一节　讲授教学法

一、涵义

讲授教学法是教师通过讲解，向学生传授知识、培养学生能力；学生则通过听讲理解新知识、发展其能力的一种教学方法。

讲授教学法是最古老、最传统，时至今日仍然普遍使用的一种教学方法。随着信息技术手段的现代化，社会发展对人的智能发展和个性品质的要求日益提高，传统的讲授教学法越来越受到质疑和挑战。现在，讲授教学法经常遭到各种非议，甚至被指责为"填鸭式"的注入教学，许多人认为，接受讲授教学法的学生机械被动、只会死记硬背、不会灵活运用。的确，讲授教学法和接受学习有很大的局限性。可是，如果不能或不愿意看到讲授教学法和接受学习的科学根据和优越性，只简单地否定它，也是片面的，同样会误导教学实践。因此，深入了解讲授教学法的历史渊源并澄清对讲授教学法的错误认识非常必要。

二、渊源

早在春秋时期，孔子教授弟子用的就是讲授法。讲授法在 15 世纪的大学里得到普及推广。进入工业革命以后，随着社会对熟练劳动者和科学技术专门人才的批量需求，传统的作坊式办学方式已经无法适应社会的需要，班级授课制和课堂讲授教学法这种大规模、高效率的教学方式应运而生，在随后的几百年时间里，它在教学法领地一直扮演主角。

但是随着现代教学论以及各种新教学方法的诞生，传统的讲授法不断受到批评和指责，极端者甚至全然予以否定。在 20 世纪 20 年代，一些美国教育家出于对讲授法的不满，不惜发起运动，尝试用别的方法取而代之。

然而，到了 80 年代，美国教学法专家盖奇无奈地承认："1920 年以来美国曾试图用课堂教学法的其他方法来取代讲课，但是事实上讲授仍然是世界范围内大学教学占有统治地位的形式，在将来很可能仍然是这样。"

讲授教学法之所以历经非议仍能焕发青春，归根结底是因为教学的基本任务和本质特点决定了教师讲授、学生以接受方式学习是学校向学生传授文化科学基础知识的主要手段。教学过程是一种特殊的认识过程，它是学生在教师指导下的个体认识过程，它具有不同于人类总体认识的显著特点。任何人想获得知识，只有两条途径，一是亲身实践，获得直接经验；二是学习书本知识，获得间接经验。对学生个体来说，不可能也没有必要事事亲身实践去获取直接经验，他们不必重复前人所经历的曲折过程，主要靠学习间接知识，直接"享用"历代有才华的先驱者辛勤劳动的成果就可以了。长期的教育教学实践也充分证明：只有系统的、规律性的知识才能更好地促进学生各方面能力的发展。教师的讲授教学可以最经济、最有效地面向全体学生传授系统知识。

另外，讲授教学还可以为学生学习提供各种优越条件，特别是教师教这个最优越的条件。讲授教学可以充分发挥教师的主导作用，帮助成长中的学生顺利完成学习任务，使学生学习提高效率、明确方向、减少困难、保证质量。综上所述，可以认为以获得间接经验为主的讲授教学是学校为学生设计的一条认识客观世界的捷径。

三、类型

讲授教学法一般包括讲述法、讲解法、讲读法、讲演法和点拨法这五种方式。

（一）讲述法

讲述法是教师运用口头语言对教学内容所涉及的事物、事实、事例、事件和过程进行客观的陈述性说明和有理有据的分析评论，以揭示事物、事实、事例、事件和过程所包含的规律性的一种方法。如叙述一个故事、描绘一个事物和现象或一个人物的形象等。这种方式各门学科都会用，但文科教学用得更多些。

（二）讲解法

讲解法是教师运用口头语言对教学内容所涉及的抽象概念、性质、定理加以深入浅出的解释，使之变得浅显易懂。如解释某个科学概念，论证某个科学原理、公式、定律或分析一篇文章的内容结构。这种方式主要用于理科教学。

（三）讲读法

讲读法是通过对教材内容的阅读和讲解来传授知识的一种方式。它不仅包括教师的范读和领读，也包括学生的试读和阅读。语言教学中经常运用讲读法。

（四）讲演法

讲演法是教师运用口头语言并以作报告的形式提出论点，列举教学内容所涉及的事实、事例和过程（称为事实论据），进而依据常识性理论（称为理论论据）对教学内容所涉及的事实、事例和过程进行分析与论证，最后得出科学性结论。讲演法适用于专题研究性教学。

（五）点拨法

点拨法是指教师采用直截了当的方法，运用简短、精炼的语言对遇到困难和障碍的学生指点迷津，或在学生思维的困惑处作出关键性的启发引导，虽然只有三言两语却切中要害，使学生有一种豁然开朗的感觉。

四、讲授教学法的步骤与适用范围

（一）步骤

1. 组织教学

组织教学的目的是使学生做好物质和心理上的准备，从而将注意力集中到教师讲解的内容。组织教学的方式多种多样，如让全体学生起立，点名，目光环视，检查出勤情况，板书，检查书籍、文具准备的情况等。组织教学不仅仅只在上课开始，它应当贯穿在一堂课的始终。

如果讲授材料对学生来说是全新的，就需要导言性材料。所谓导言性材料就是利用学生认知结构中可能存在的任何有关概念作为新知识的引导材料，导言性材料起先行组织者作用。它通常在讲授主体部分之前提出，以便将讲授材料和过去所学的概念联系起来，它往往比讲授主体内容更概括、更综合。比如，在学习一元二次方程概念之前先让学生回顾一元一次方程概念。

2. 系统讲授

讲授需要把握好进度，切不可以同一速度讲完所有材料。在讲授的最初部分，学生好奇心很强，理解力也很强。但是，随着讲授的深入和内容的增加，学生的理解力会大大下降，会渐渐对所讲授的东西失去兴趣，因为他们没有充足的时间将这些观点组织成有顺序的模式。因此，在讲授过程中重复一些重要观点是极为必要的。学生的记忆模式如图 2-1 所示。

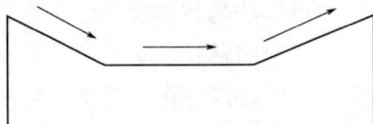

图 2-1　学生课堂学习的记忆模式

3. 及时小结

小结非常重要，在讲课结束时，教师应及时利用准确、精炼的语言小结本节课内容，重申已经提出的主要论点和重要结论，以巩固、强化对新学材料的记忆。

（二）适用范围

讲授教学法（以下简称讲授法）比较适合于知识目标和技能目标，特别是那些无需多究其理的事实性知识和规范性技能，它的目的是通过识记和练习准确再现知识和技能。讲授法比较适合容量较大、概念较多、综合性较强或比较陌生的课题，它能在较短时间内讲解较多知识，这种模式往往比较适用于新单元的开始、新概念的引入、新命题的得出及新知识的归纳总结等，它有利于学生从整体上把握知识结构。

五、讲授教学法的优缺点

（一）优点

① 经济有效，信息量大。讲授法在单位时间内可传递大量具有系统性的信息。在相同时间内，学生从教师讲授中获得的信息量远远大于自己通过看书获得的信息量。大学教学具有课时少、进度快、跨度大的特点，所以讲授法非常适合用于大学教学。

② 教育作用全面。教师的讲授不仅包括书本中的信息，还凝聚着教师的再创造。在听讲过程中，学生可以感受到教师的社会责任感、教师的学术见解、教师分析和处理问题的方法、教师的智慧和风格，这些都是程序教学以及单纯运用现代教育技术手段无法企及的。

③ 可控性强。讲授的内容、顺序、方法和进度，均可由教师根据当时的情况

加以控制，它可以保证教学过程的连贯、流畅。在讲授时，一位教师可以同时教授许多学生，相对其他方法而言，讲授法没有学生数量上的限制。

④ 有利于发挥教师的主导作用。教师可以由易到难、由浅入深地传递信息，利于学生接受。

⑤ 通用性强。讲授法适用于多种学科的教学。

（二）缺点

① 讲授法本质上是一种信息的单向传递方式，学生对这种"单放机"式的讲课，所能做的选择要么仔细倾听、要么置之不理。学生一般不能够影响所传递内容的性质、速度和供给量，如果在教学过程中过度使用，就不容易发挥学生的学习主动性，会导致学生思维的僵化。同时，讲授法也不利于教师及时获取反馈信息。因此，有效的讲授教学还依赖于与其他各种教学形式和方法的配合使用。

图 2-2 为讲授教学、个别化教学、小组教学三种不同教学形式的师生互动和信息传递模式。

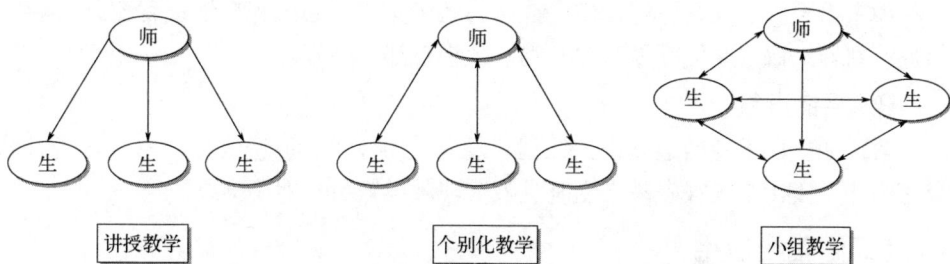

图 2-2　三种不同教学形式的师生互动和信息传递模式

② 讲授法不能使学生直接体验知识和技能。讲授仅仅是一种语言媒介，只能促使学生想象和思考，无法给学生提供最直接的感性认识，学生难以直接体验教师传授的知识，这样往往会给学生理解、认识和应用知识造成困难。

③ 讲授法局限于教师的讲解，沟通方式单调，课堂气氛沉闷。由于讲授法缺乏感性直观，缺少学生经验的直接参与，随着讲课时间的延长，学生的记忆效果会呈下降趋势，故需要学生具有较强的自觉性。

④ 学生智力活动的参与度低。讲授法时间短、容量大，学生缺少深入思考的时间和主动探究的空间，这既不利于学生独立获取知识能力和自我发现问题、解决问题能力的培养，也不容易发挥学生的主动性、独立性、创造性。另外，老师讲授过多，学生动口机会就少，这不利于学生表达能力的提高。

⑤ 教师难以培养学生的能力，难以顾及学生的兴趣及个别差异，难以因材施教。讲授法一般采用统一资料、统一要求、统一方法来授课，一般只能面向中等水平的学生，不易照顾思维较快或较慢的学生。

⑥ 教师要有较强的表达能力和组织听讲的能力。

⑦ 比较适用于中、高年级学生和系统性较强的学科。

⑧ 学生需要较强的听讲能力。

六、应用

（一）存在问题

1. 容易滥用

讲授法有其适用范围。有些问题如果借助于形象的手段学生就能全然明了，那么口头叙述就显得多余了，否则不仅难以充分调动学生学习积极性，而且会直接影响教学效果。特别是理科课程，讲授法要尽量同实验演示、图片以及多媒体教学手段配合作用，切不可完全依赖口头讲述。

2. 容易忽视准备不充分的学生

如果组织教学没有做好，学生注意力还未集中，思维积极性没有充分调动，教师就匆匆上课，学生难以产生共鸣，效果自然不会好。

3. 平铺直叙

教师如果以不变的速度讲完课程，没有采用停顿、放慢速度、加重语气、重复等强化手段，学生很容易产生听觉疲劳，教学效果自然不会好。

（二）恰当应用

① 明确讲授法的适用范围。一般来说，当背景知识不容易被学生理解时，当某些事实或问题会引起本质上的争论或混淆时，当个人（包括教师、学生或他人）的独特经验有助于从本质上说明一些问题时，当时间紧迫而资料来源又广泛地散布于各处时，当需要口头报告或示范教学时，当口头阐述是理解一个主题的最好办法时，使用讲授法往往效果比较好。

② 调动学生积极性，使学生进入角色。讲授开始要创设问题情境、引发问题、启动学生思维。现今很多教师在讲授过程中往往忽视问题的提出，他们习惯于向学生提供现成知识，而很少向学生提出问题。这不仅难以激发学生的求知欲，而且不利于学生思维能力的培养。

③ 讲授必须紧扣教学内容的主题，选准教学内容的逻辑起点。讲授要从教学内容的逻辑起点开始，按照教学内容的内在逻辑渐渐推进、逐次展开，直至到达逻辑终点为止。

④ 教师在讲授过程中要突出教学重点并注意语言的条理性、准确性、简练性、生动性、启发性和节奏感、韵律感、亲切感。特别是对于需要格外强调的教学内

容和语句中的关键词、逻辑重音及语气词，教师一定要发音洪亮，显出力度。

⑤ 对于需要学生做笔记或对学生的理解具有启示作用以及对知识体系起框架支撑作用的教学内容，在讲解时要放慢语速并注意配合板书，做到讲写同步。

⑥ 为了使教学内容具有直观性，教师可适当使用教学挂图、投影图片、幻灯图片、电子课件等辅助教学手段，但不能疏于讲解或忽视讲解的作用。

⑦ 教师在讲解教学挂图、投影图片、幻灯图片、电子课件过程中，一定要讲到哪儿就用教鞭指到哪儿，做到指示准确到位。

⑧ 要有清晰的层次。教师可以先对要讲授的内容做一个整体介绍，这样听讲人头脑中就会形成整体框架，听讲时就知道讲课者讲到哪里，就不容易走神儿。

思考题

1. 讲授教学法有什么优缺点？
2. 采用讲授教学法需要注意什么问题？
3. 设计一个运用讲授教学法的教学片段。

第二节　对话教学法

一、为什么要进行对话教学

（一）对话教学可以彰显学生的主体地位

在传统教学中，教师一直是知识的施与者、代言者，这就使得教学异化为教师对学生的单向信息传输过程。这种信息传输的方式决定了师生之间不可能有真正意义上的对话关系，学生的主体地位也不可能真正得以体现。相反，这种教学方式会让教师在无形之中成为教学的绝对主体，而学生则理所当然地沦为教学的对象和客体，这样的教学方式决定了学生必然成为教师控制、改造的对象，学生的个性会受到严重压抑，人格也很难得到健康发展。

进入信息时代以后，随着互联网、慕课、深度学习等诸多现代教学手段和交流方式的出现，师生关系和教学方式都产生了深刻的变革。学生既可以向身边的老师学习，也可以通过互联网向千里之外的其他老师学习。教师不能再以知识的掌握者、施与者自居，加之互联网时代信息获取方式的便捷性，学生的知识储备和学习能力都得到空前提升。学生不一定在所有方面都逊于老师，而有可能在某些方面胜过老师，甚至可以做他们老师的老师，在这样一种环境下，教学就不再完全是过去那种教师施与、学生获取的单向知识传输过程，而变成了相互学习、共同提高的真正意义上的教学相长过程。在这种教学方式下，师生之间可以完全敞开心扉、坦诚交流，可以产生真正意义上的民主与平等。

（二）对话教学体现了创新人才的培养要求

21世纪是信息爆炸的时代，在这一时代，不仅知识增长的速度非常迅速，而且知识更新的速度也异常惊人。人们不可能再像过去那样仅仅依靠年轻时所学的知识就可以一劳永逸，而需要不断学习，不断创新，才能适应时代，而不轻易被时代淘汰。这一时代特征决定了学生不仅要学会，更要会学，不仅要接受，更要会创新。创新首先需要具有质疑和批判精神，这在过去教师权威的灌输式教学环境下是很难想象的。

在对话教学环境下，师生之间不再是给予与获取的主客体关系，而是彼此平等的合作关系。学生可以大胆思考、畅所欲言，可以充分表达自己对教师、对前人的质疑或提出自己的新主张、新见解。同时，也只有在这种环境下，学生才能通过师生之间的相互对话甚至辩论逐渐澄清认识、发现真理。

二、对话教学法的内涵与基本特征

（一）对话教学法的内涵

如果把人类社会的实践分为生产实践和交往实践，那么，教学就属于交往实践。人类的交往必然离不开对话，而教学本身同样也是一种交往过程，因此教学的本质在一定程度上就是对话。所以，对话教学法既可以作为一种教学方法，又可以作为一种新的教学理念。

（二）对话教学法的基本特征

1. 民主与平等

"民主与平等是对话教学的第一法则"。没有民主与平等，就不能实现真正意义上的对话，而只能是"独白式"的教学。只有在民主与平等的教学氛围中，师生的能力和人格才能得到充分发展；也只有真正构建起民主与平等的教学关系，师生之间的关系才能变得更融洽，才更有利于彼此之间的沟通与交流。因此，在教学过程中，教师不应独占"话语权"，不应控制和限制学生的思想；而应该善于营造民主与平等的教学氛围，让学生自由发表自己的观点，彰显自己的个性。

2. 真诚与尊重

在教学过程中，师生如果打开彼此的心扉，师生之间的情感交流就变得更加真实与坦诚，真正达到心灵上的对话。尊重是人与人之间对话的基础，每一个学生都有着独立的人格，正因为彼此懂得尊重，师生之间的沟通和交往才会变得真诚。

3. 互动与合作

建构主义认为，知识是个体与他人经磋商并达成一致的社会建构，科学地学习必须通过对话的方式来进行。师生必须在交互质疑的过程中完成知识的建构，形成科学的知识。因此，在整个对话教学过程中，师生之间的互动与合作就显得尤为重要，对话双方都必须积极参与合作交流并形成一个"学习共同体"。

4. 开放与生成

在对话教学中，对话的对象是开放的，每一个课堂中的主体都可以与其他主体或客体发生口头或文本的对话；对话的内容是开放的，所有与主题相关的、有用的内容都可以成为对话教学的资源；对话的时间是开放的，对话不仅仅局限于课堂，也可以发生在课外。而对话教学的开放性又必然会造就对话教学的生成性，因为在对话教学中，会存在许多不确定因素，会随时产生思维的碰撞，这些是很难提前预设的，这样对话教学就超越了单纯的意义传递，就会成为真正意义上的生成性教学。

三、对话教学法的类型

对话教学的具体形式有很多，教师应根据具体的教学内容、时间、教学条件、授课人数等采用不同的对话教学法。就目前的教学条件和教学形式而言，常用的类型有如下几种。

① 课堂提问式。这是一种常用的对话教学形式。教师在课堂教学中适当提问学生，尤其是荣誉感和自尊心较强的学生。为了享受能正确回答问题的荣誉感，为了避免错误回答或答不出问题而有失面子，学生往往会跟着教师的思路主动思考。

② 设问设答式。这是一种教师自问自答的对话形式。在课堂讲授过程中，教师提出问题后应略微停顿一下，给学生留出思考的时间，待学生思维跟上来以后，教师说出答案，学生可验证自己的思路是否正确。

③ 设问齐答式。教师提出问题，学生一起回答。这种方法可能会使一些学生随声附和、不动脑筋，但少量使用还是有效的，它可以起到振作精神，有效组织教学的目的。

④ 课堂讨论式。对于一些需要系统思维或难度较大的问题，教师可以组织课堂讨论，充分激发学生的参与热情，培养和锻炼学生集体解决问题的能力。

⑤ 书面对话式。教师在布置作业时，可以提出一些思考题，让学生书面回答，培养并检查学生的思维能力。

⑥ 课下对话式。它一般发生在自习课、课外活动或其他空闲时间。由于此时

时间比较充足，教师可以先让学生谈谈自己的想法，并追问为什么这样想、依据是什么，然后教师给予肯定或纠正。

⑦ 信函讨论式。出于羞涩、腼腆、胆怯、性格内向等原因，某些学生对于一些没有把握的问题，常常不愿向教师当面请教。对此，教师可以鼓励学生利用微信、QQ 或电子邮件等形式进行提问，教师则直接回复或在课堂上公开回答问题，当然也可以就一些具有代表性的问题组织学生讨论。

四、对话教学法的优点与存在的问题

（一）优点

1. 适应范围广、教学效果好

对话教学是一种比较传统且发展比较好的教学方法，对话教学使用方便、灵活。在学习新知识、复习巩固已学知识、检查学习效果等教学环节，特别是在突破难点、突出重点的过程中，运用对话教学往往效果更为明显。研究表明，对话教学要远比"一言堂""满堂灌"式的教学效果好。

2. 有利于启发性教学原则的贯彻

对话教学通过教师的循循善诱，让学生在独立思考的过程中发现新结论、获取新知识。这种教学方法能为学生营造一种良好的探究情境，激发学生的积极思考和相互交流，促进学生表达能力的提高和良好思维品质的形成。

3. 便于教师调控教学进程

使用对话方法进行教学，教师要根据每节课的教学目的、教学内容、教学重点、教学难点精心设计问题，这可以让学生全程参与、全身心地投入教学活动中。运用这种方法进行教学，可以让教师精准掌控整个课堂的节奏、活动方式和教学过程，可以更好地向学生传授知识，同时还可以及时发现并弥补教学中的不足之处。

4. 有利于充分体现学生的主体性

对话教学能充分调动学生的主动性、积极性，能打开学生思路，增强学生分析问题、表达问题的能力。随着一个个问题的解决，学生会不断尝到成功的喜悦，体会学习的乐趣，强化学习的信心。由于这种教学方法能变学生被动学习为主动学习，它不但有利于更好地向学生传授知识，而且还有利于培养学生分析问题和解决问题的能力。

5. 有利于构建良好的师生关系

教学活动既然是师生的双边活动，就有一个情感交流的问题。对话教学改变了单向传递信息的教学方式，而采取师生双向交流的方式进行教学，这不仅可以使教师的教学意图及时被学生接受和理解，而且也可以将学生的接受和理解情况及时反馈给教师，以便教师根据学生的反馈情况对教学作出及时调整。这不仅有利于节省教学时间、提高教学效率，而且为师生情感交流打开了通道，有利于和谐、友好、平等师生关系的构建和教学目的的顺利实现。

（二）存在问题

1. 对话教学耗时较多，不太适合人数较多的课堂

对话教学需要让尽可能多的学生参与对话，这会挤占大量课堂教学时间，如果学生人数较多，将很难保证教学目标的顺利实施。

2. 对于学生完全不了解的知识，不适合使用对话教学法

对话教学必须让学生有话可对，如果学生对对话主题一无所知，那要其参与对话势必犹如巧妇难为无米之炊。因此，对话教学必须在学生对对话主题和对话内容有一定了解的条件下才能有效实施。

3. 对教材依赖降低，对教师要求更高

教材是学生获得知识、进行学习的主要材料，对话教学弱化了教材的作用，但对教师提出了更高的要求。

4. 对话教学使用初期，学生适应性差

由于传统的原因，学生和教师大多习惯讲授教学，对于这种新型教学法往往不太适应。

5. 对话教学难以保证知识的系统性

对于理论化、系统化的书本知识，对话教学容易忽视书本知识的内在逻辑结构，往往难以保证知识的系统性。

五、对话教学法的适用条件

任何一种教法都不是万能的，都有其适用的基本条件。下面分别从教师、教学和学生三个角度进行阐述。

① 从教师角度看，对话教学要求教师具有较高的教学艺术。它对教师备课质量、对学生的了解情况以及提问时机、提问次数、提问方式等方面的要求都比较高。知识不够渊博、对教材掌握不够透彻、又不善于启发诱导的教师往往难以很好地控制教学活动。

② 从教学角度看，对话教学是启发式教学在课堂上的具体体现。它比较适用于教师引导全班学生发现预定目标的情形。比如，给概念下定义、归纳出一个结论、解决一个实际问题等。在此模式下，教师不再是现成知识或正确答案的提供

者，而成了围绕某一主题进行对话的组织者；学生也不再是现成知识的机械接受者，而是在教师启发、引导下的知识探究者、建构者。

③ 从学生角度看，对话教学不仅要求学生必须具备一定的知识基础和实际经验，而且还需要有较强的参与意识，否则师生之间的对话将难以顺利进行。

六、如何进行对话教学

（一）精心创设对话情境

创设对话情境，一方面是为了创设一种师生平等、融洽的和谐氛围，让每一位学生都能够积极思考、畅所欲言，并在这一过程中完成对知识的内化和建构。

另一方面，对话情境是为了引发学生发现问题、提出问题。在教学中，教师要有意识地创设能让学生主动、愉快提出问题的情境，能引发学生的原有知识与新知识发生激烈冲突，不断产生问题、提炼问题。

（二）恰当提出对话主题

好的对话主题应符合学生的身心发展特点、适应学生的认知水平，应能充分激发起学生对话、交流、探究的兴趣，应能开启学生的思维，激发学生的想象，并最大限度地唤起学生潜在的对话欲和表现欲，使他们在充沛的感情投入和兴奋状态中，不知不觉地汲取知识、增长智慧。

对话教学主题的生成通常有三种方式：一是由学生自发生成；二是由师生共同生成；三是由教师生成。传统教学中多由教师来提出对话主题，这种做法的优点是对话过程容易掌控、所花时间较少，不足之处是容易忽视学生的真正需求、剥夺学生的提问权利。教师应当具有"我爱学生的问题，更爱提出问题的学生"的情怀，鼓励学生主动提出对话主题。当然，完全排斥教师设置对话主题，而一味让学生提出对话主题的做法也是不明智的。有经验的教师一般会巧妙地将自己的问题糅合在对话过程中，让学生提出的问题与教师提出的问题统一于对话之中。

（三）详细编制对话提纲

对话教学的最大困难在于如何有效实施。要想让对话教学顺利实施，教师必须拟定详细、周密的对话提纲。提纲不仅要对本课题可能涉及的问题有充分的估计，而且要对这些问题可能出现的各种不同回答有充分的估计。在遇到冷场时，教师要思考为什么冷场，应采取什么办法重新唤起学生兴趣、启发学生思维；在遇到学生的提问或回答超出预设时，教师应该思考究竟是顺着学生的思路进行教学还是对学生的问题暂时冷处理或把学生的思维重新拉回到预设的主题上来……对于诸如此类的问题，教师在开展对话教学之前必须做足功课，否则轻则偏离教学目标、无法完成教学任务，重则出现课堂教学秩序失控现象。为此，教师应在对上述问题深思熟虑的基础上，就对话的内容、目标及拟采用的教学方法编制关于整个对话教学过程的提纲或对话教学流程图。

（四）有效掌控对话进程

有效掌握对话进程的关键在于一要"有问题"，二要"有方法"。

所谓"有问题"，即要通过一连串的环环相扣的问题来引导师生对话、启发学生思维。教师在进行对话教学时应该始终具有问题意识，要始终给学生留有"悬念"——问题，要大问题中有小问题、旧问题中有新问题、问题之中套问题，一个问题解决了，又会出现新的问题，新的问题解决了，又会出现更新的问题，这样问题套问题，问题带问题，环环相扣，层层推进，让对话教学变成"问题—解决—问题—解决……"不断循环往复的过程，让学生在解决问题的过程中不断获得解决问题的乐趣和成功体验。

所谓"有方法"，主要体现在两个方面：一是要善于启发引导；二是要掌握一定的调控方法。

① 对话教学不是教师独白、学生接受，而是师生共同合作、共同探究的过程。因此，教师必须谙熟启发引导的各种常用方法。关于启发引导的方法，自孔子提出"不愤不启、不悱不发"这一教学原则以来，人们已有非常成熟的研究，但这里想特别强调的是"元认知提问"这一启发方法。元认知提问不局限于具体知识，它是一种更高层次的启发方法，这种启发方法的优点是超越具体知识，可以突破具体知识的局限。

② 要掌握一定的调控方法。教师要根据对话主题、对话对象、对话情境及对话生成方式的不同灵活选择恰当的调控方法。比如，如果问题是学生自发生成的，教师就要顺着学生的疑问，帮助学生获得答案；如果问题是由师生共同生成的，教师就要巧妙追问，恰当地把学生引到话题生成的边缘，不断激发学生，进而引发问题；如果问题是由教师生成的，教师就要充分激发学生兴趣、启发学生思考，而不能把对话变成教师独白。

（五）深入反思对话得失

反思总结对于优化数学教学质量，提高教师教学水平具有非常重要的作用。在新知识学习结束以后，教师应该对教学的成败得失进行深入总结、反思。

一方面，应该进行自我反思。应该反思本课的教学效果如何，实际教学与预设之间是否存在差距，有没有很好尊重学生的主体地位，有没有让学生畅所欲言，有没有创设良好情境引发学生提问，有没有充分尊重学生并耐心地予以解答等。

另一方面，应该引导学生进行反思。教师应该引导学生自我思考：这堂课我学到的重要观点和主要思想是什么，所学的知识哪些我已经掌握了，我提的问题价值如何，在提问时有没有把我的真实想法明确无误地表达出来，其他同学提的问题我有没有解答出来等。

总之，我们只有通过不断反思才能优化对话教学过程、提高教学质量，也只有通过不断反思才能真正实现培养创新型人才这一对话教学的终极目标。

教学案例

……

师：我们上学期学过数轴，同学们思考一下能不能用数轴表示不等式 $x>60$ 的解？

生：可以。

师：怎么表示？

生1：把点60的右边用粗线表示。

师：很好。这位学生真聪明。你们想知道数学家是怎么表示的吗？

生：想！

师：数学家在数轴的外面画一条射线，如图所示。

生：还应该加一个箭头。

师：这位学生考虑问题很仔细。但在不引起混淆和误解的情况下通常把箭头去掉。这样是不是好了呢？

生：是！

师：我们暂时不作判断，再来思考一下不等式 $x \geq 60$ 的解在数轴上怎样表示？

生：（沉默）

师：可能大家还有困难。那就让我们先来看看这两个不等式的解集有什么不同之处。

生：前面的不等式不包括60，后面的不等式包括60。

师：不错，那应该如何在数轴上表示呢？

生：不包括60可以把60这一点去掉。

师：想法不错，但怎么去呢？

生：把60这一点做个标记，用五角星、三角形或圆来表示。

师：这位同学真聪明，他和数学家想到一块儿去了。数学家用实心的圆圈表示包括这一点，用空心的圆圈表示不包括这一点。

思考题

1. 为什么要采用对话教学法？
2. 对话教学法有哪些类型？
3. 怎么进行对话教学？举例说明。

第三节 直观教学法

一、直观教学法的内涵与特点

（一）直观教学法的内涵

直观，是在一定刺激物直接作用下发生的感知活动，是一种反映事物外部特征、表象和联系的认识活动。当然，任何直观感知活动都是在原有知识和认识基础上进行的，所以任何直观不只有感知成分，同时也有思维、想象、记忆和归纳的成分。直观所得到的感性认识是领会的基础，感性认识越丰富，对概念、原理的理解就越容易，越透彻。

现代教学论认为，直观教学法之所以必要，是由于青少年的思维通常是沿着由具体形象思维占优势向抽象逻辑思维占优势的趋势发展的，所以教学必须适应和促进这一过程。美国学者梅耶通过实验发现：在教授匀变速直线运动规律时，如果要求学生记住相关公式的同时还加强对图解的学习，结果学生对知识的理解与运用就会长时间地保持。

科学发展历史表明，大部分的科学发明都始于形象思维，即通过对事物表象的认识、想象、加工等来改变思维、产生发明。

（二）直观教学法的特点

1. 生动性

"直观教学"能够变抽象、枯燥为生动形象。运用直观教学法，不仅能让学生亲自动手参与实践活动，而且可以直接观察一些抽象数学内容的变化结果，进而达到消化和理解所学知识之目的。例如：在理解重要极限 $\lim\limits_{x \to 0}\dfrac{\sin x}{x}=1$ 时，由于学生头脑中从小就形成了"在分式中分母不能等于零"的思维定势，这就很自然地会认为：既然是" $\dfrac{0}{0}$ "的形式，那么极限 $\lim\limits_{x \to 0}\dfrac{\sin x}{x}=1$ 无意义。教师如果在教学中能设计一个直观实验，让学生用计算器计算并完成表 2-1，学生很快就会发现当 x 的值无限接近于 0 时，函数 $\dfrac{\sin x}{x}$ 的值无限接近于 1，即极限 $\lim\limits_{x \to 0}\dfrac{\sin x}{x}=1$ 。

表 2-1 $x \to 0$ 时，$\dfrac{\sin x}{x}$ 的值

x	1.0	0.5	0.1	0.01	0.001	0.0001	0.00001
$\dfrac{\sin x}{x}$	0.8414	0.95885	0.99833	0.99998	0.9999998	0.999999998	0.99999999998

2. 启发性

"直观教学"的启发性，是指借助于实物、模型等直观材料来启发学生探索数学对象的特点与规律。比如，借助几何画板可以直观说明不管三角形如何变化，三条中线都交于一点。

3. 简约性

图形、图象所特有的概括性可以用来表达丰富的内容。笛卡尔指出，没有任何东西比几何图形更容易印入脑际了。因此用这种方式来表达事物是非常有益的。比如，印度数学家婆什迦罗在证明勾股定理时只画了图 2-3，就非常清楚地说明了定理的证明过程。

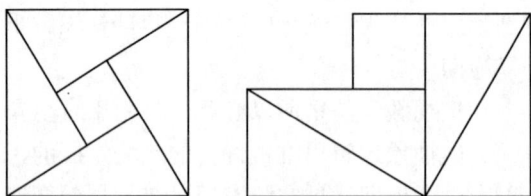

图 2-3　勾股定理的证明

再比如，对于公式 $C_{n+1}^m = C_n^m + C_n^{m-1}$ 的理解与证明一直是组合教学的难点，一方面公式中出现了 $m, m-1, n, n+1$ 这四个式子，而且不同位置对应的式子也不一样，学生常常张冠李戴；同时，公式的推导过程需要进行复杂的恒等变形，对初学者来说也存在不小的困难。而如果在教学时能够借助下面的摸球游戏则可以使学生很容易理解公式的正确性，可以迅速记住公式。具体来说，可以设想有 $n+1$ 个球，其中红球 n 个和黑球 1 个，从中任取 m 个球有 C_{n+1}^m 种取法，而这一活动又可以分为两类问题：

① 若取黑球，有 C_n^{m-1} 种取法；

② 若不取黑球，有 C_n^m 种取法。

故有 $C_{n+1}^m = C_n^m + C_n^{m-1}$。

二、直观教学法的作用

（一）有利于激发学习兴趣

在学习过程中，学习兴趣的培养是极其重要的。学生只有对所学知识产生兴趣，才有动力去研究、去探索。鲜明生动的图片、图表，容易吸引学生的注意，让学生在学习理论的同时，能够看到所学知识的生活背景、现实原型及应用前景，从而激发他们的学习热情，激起他们的探究欲望，让他们主动去操作、去思考、去探究、去发现，这种自主探究不仅有利于学生深化对知识的理解，而且有利于发展他们的观察能力、形象思维能力，而更为重要的是探索发现产生的成就感又会进一步激发他们的学习兴趣和探究热情。

（二）有利于更好地抽象

波利亚曾经指出，"抽象的道理是重要的，但要用一切办法使它们看得见，摸得着。"数学是研究现实世界数量关系和空间形式的科学，是一门抽象性很强的科学。但学生特别是低年级的学生，对于抽象性很强的知识的理解会存在一定困难，他们的空间想象能力和逻辑判断能力相对较弱。利用传统的教学法，学生要达到一定的理解程度会在课堂上占用很多时间。教师如果利用直观教学法，可以提高学生的直观认识能力，发展他们的空间想象能力，在教学中既能省时、省力，又能促进学生对抽象知识的理解。

（三）有利于促进理解

史宁中指出："数学知识的形成依赖于直观，数学知识的确立依赖于推理。"使用直观教学法有助于从学生熟悉的具体形象入手，引起学生的共鸣，激发学生的兴趣，帮助学生由具体到抽象形成对概念的初步认识。

从认识过程来说，直观是在事物的作用下在学生头脑中形成感性知识的过程。尽管它只能形成感性知识，但它是思维的起点，是由感性认识转化为理性认识的开端。缺乏这个起点和开端，学生的学习往往只能停留在空洞的概念和法则上。教师充分利用直观不仅有助于学生更好地理解所学的知识，而且有利于学生更持久地保持所学的知识。例如，在学习复数概念时，由于缺乏与之相对应的实际事物，学生往往难以借助具体对象来进行思考，而只能把思维负担转嫁给记忆，这就必然会造成学习上的困难。而有的老师在讲解复数这一概念时，举了一个非常生动的比喻：以前我们学习的实数比较有限，可以把它们都排在一条线（路）上，现在数变多了，线（路）上站不下了，就只能站到路边的田里了。通过比喻，学生很快就能理解为什么要学习复数了。

三、直观的类型

直观的类型多种多样，一般认为，直观包括实物直观、模像直观、语言直观。

（一）实物直观

它包括实物、标本、演示性实验以及教学性直观等。比如，在立体几何的教学中常常要提供柱、锥、台、球等具体实物让学生进行观察、思考，为学生理解抽象的数学概念提供直观表象。再比如，在学习概率知识时，往往需要通过抛硬币、掷骰子、摸球等实验让学生感受等可能性原理，并在此基础上进一步理解事件、样本、概率等诸多概念。实物直观的优点是生动、形象、逼真。实物直观可以让学生真正参与到实物的操作活动之中，这不仅有利于激发学生的学习兴趣，而且可以培养学生的参与意识和动手操作能力，真正落实杜威所倡导的"做中学"的理念。实物直观的缺点是事物的本质属性容易被事物的非本质属性所掩盖，而且常常要受到时间、空间和感官特性的限制。

（二）模像直观

模像直观是利用图形、图象、图表、动画、计算机模拟、仿真等手段来帮助学生建立表象的直观方式。模像直观是数学教学中常用的一种教学方法，数学教学中常用的数形结合、构造图形等都属于模像直观。模像直观能将复杂的关系或过程在图形、图表中显示出来从而启发学习者发现解题思路、理解知识本质。模像直观的优点是可以人为地突出事物的特点和本质，它不受时间、空间限制。缺点是容易受主观因素的影响而出现失真现象。

比如，有的教师在讲授六种同角三角函数的基本关系时，就向学生出示了正六边形关系图（图 2-4），这样原来复杂、难记的公式就变得好记多了。

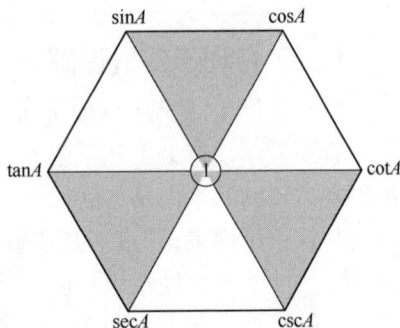

图 2-4　同角三角函数的正六边形关系图

又比如，有的教师在讲解"几何概型"时就利用计算机向学生演示在含有内切圆的正方形内撒豆子的模拟实验：不断改变撒豆子的次数，当撒豆子的次数越来越多时，落在内切圆内的豆子数与落在正方形内的豆子数之比越来越接近 $\frac{\pi}{4}$。

再比如，在解决下面这道问题时，学生如果采用纯代数的方法求解，可能会因为运算过程过于复杂而无法进行下去，而如果能够利用下面的图形，那么就可以很快找到问题的答案。

例　有一路电车由甲站开往乙站，每 5 分钟发一趟，全程要 15 分钟。有一人从乙站骑自行车沿电车路线去甲站，出发时恰有一辆电车到达乙站，在路上他又遇到 10 辆迎面开来的电车后才到甲站，到站时恰好有一辆电车从甲站开出。问他从乙站到甲站共用了多少分钟？

从图 2-5 可以直观地看出骑车人从出发到甲站，共经历了（12-1）×5-15=40（分钟）。

模像直观之所以重要，是因为表象在记忆中占有很重要的位置，被感知过的事物在回忆时多以表象的形式出现。因此，教师在数学教学过程中应该充分运用模像直观并适当辅以语言对学生进行启发、引导，让学生综合运用看、听、说、练、记等多种方法参与数学知识的建构活动，实现从具体到抽象的飞跃。

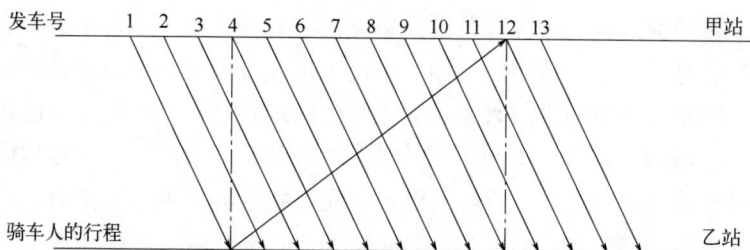

图 2-5

（三）语言直观

语言直观是一种常用而特殊的直观教学方法，它是利用语言传递迅速、内容丰富生动的特点来唤起学生的想象力，使之形成鲜明的观念和表象，从而达到丰富思维、促进理解、掌握知识的目的。语言直观的优点是可以不受时间、地点、设备和条件限制。语言直观的弱点是对教师语言功底要求较高，若使用不好，不仅难以起到良好的教学效果，而且可能会导致学生的思维混乱。

现在，许多教师都认识到创设情境的重要性，而且投入了大量精力和时间来创设直观情境，但如果忽视语言直观的应用，则不仅难以实现从直观情境向数学抽象的转变，而且会导致直观情境教育价值的流失。比如，在学习函数的单调性概念时，有的教师虽然画了各种各样的函数图象，学生也能很容易从图象看出哪些区间函数单调递增（或单调递减），但就是说不出要找任意两个自变量，更不用说去比较这两个自变量所对应的函数值了。这时教师就应该充分运用语言直观对学生进行启发，教师可以这样提问学生："你是怎么知道函数在这个区间单调递增的？"学生一般会说："是看出来的。"老师可以追问学生："看出来的可靠吗？像图中这样的微小区间或者比较平缓的区间你能看出函数是单调递增的吗？"这样可以启发学生采用定量的方法来研究函数的单调性。

另外，在很多时候，由于条件所限，直观教学法往往难以派上用场，这就需要在语言上狠下功夫，要用生动、简练、准确的语言来描绘事物。

语言直观就其表达内容和方法来看，可分为描述性语言直观和比喻性语言直观。

1. 描述性语言直观

有些无法采用符号语言和图形语言表示的数学概念往往需要采用描述性的文字语言来进行表达。比如，用"y 随 x 的增大而增大（减小）"这样的描述性语言来直观地表示函数的单调性概念；又比如，"像 -3，-2.7%，-4.5，-1/2 这样在正数前加上 '-'（负号）的数叫做负数""形如 $y=kx$（k 是常数，$k \neq 0$）的函数，叫做正比例函数"，这里"像……叫做……""形如……叫做……"等都是一种描述性的直观。

2. 比喻性语言直观

在数学教学中常会遇到各种各样的数学符号和抽象概念，在不影响概念或结果正确性的情况下，采用恰当的比喻，不仅可以使抽象的数学概念具体化、形象化，而且可以激发学生的学习兴趣，促进学生的理解和记忆，同时还能培养学生的想象力、创造力。比如，有位教师为了纠正学生常犯的 $\sqrt{a^2}=a$ 这种错误，创造了"绝对值过度保护"这一有趣的语言直观，她告诉学生，要化简 $\sqrt{a^2}$，得先让 a 从"屋子"（根号）里走到"院子"（绝对值符号）里，至于如何出"院子"，还要看 a 的"体质"（正或负），"体质健壮"（$a \geq 0$）的直接出去；"体质虚弱"（$a<0$）的，要小心"感冒"，必须戴上"一条围巾"（负号"−"）。这样的比喻使学生印象深刻。再比如在学习正切函数的图象及其性质时，有的教师将正切函数的图象比作瀑布，并联想到"飞流直下三千尺，疑是银河落九天"的佳句，这样的比喻非常直观，可以促进学生理解知识。

不过需要注意的是，虽然语言直观有许多优点，而且也是数学教师广泛采用的直观方法，但语言直观具有一定的局限性，在可能情况下应适当辅以实物直观特别是模像直观。

四、直观教学法的运用原则

（一）目的性

在实际教学中，有的教师仅仅把直观教学法看作是完成教学任务的手段，这是一种认识误区。直观教学方法的运用可以简化教学任务，但其目的并不仅仅局限于此，它是学生深刻理解和掌握数学知识的工具和途径，最终是为了促进学生的发展。例如，在学习"直线与圆的位置关系"时，教师给学生播放太阳从地平线上冉冉升起的动画并不仅仅是让学生欣赏美景，更主要的是为了让学生将太阳抽象为圆，将地平线抽象为直线并进而探索直线与圆的各种可能的位置关系。

（二）针对性

在进行教学时，我们并不主张每一堂课都要从感性到理性，都要用直观教学法，而应根据学科的性质、教材的内容和学生的年龄特点、思维特点、生活经验和兴趣爱好等因素精心选择和恰当运用直观手段。

首先，要知道什么内容适合使用直观教学方法，适合使用什么直观方法。例如，在学习一次函数和二次函数时，可以方便地为每个函数找到对应的图象，但对三次函数、四次函数甚至 n 次函数就没有那么方便了，这时，如果仍然采用直观教学方法，势必要为每个函数找出对应的图象，这样反而不利于问题的解决。

可见，过于依赖直观会影响学生抽象思维能力的发展。

其次，要知道什么对象适合采用直观教学方法，适合采用什么直观方法。现在，很多教师非常注重直观教学方法的运用，但在具体运用中常常出现忽视学生特点的情况。比如，有的教师在讲授等比数列概念时还创设"数青蛙"的儿歌，这不仅难以激发学生的学习兴趣，而且还会弱化学生的数学抽象思维能力。这说明，直观教学法的运用如果不随学生的发展而发展的话，那它对学生能力的发展就难以起到应有的促进作用。

（三）趣味性

研究显示，许多学生之所以对数学学习存在畏难心理，是因为他们对数学缺乏兴趣。因此，教师应首先选择那些既有趣味，又能充分反映数学本质的直观手段，从培养兴趣着手，让学生逐步体会到数学的重要性、趣味性。教师在运用直观教学方法时，要充分利用现代化的教学设备，增强直观形式的生动性、趣味性，调动学生的学习兴趣，加深学生的理解和记忆。

五、如何运用直观教学法

（一）精心选择直观材料

直观教学是否有效，首先取决于直观材料的选取，直观材料选择得当，可以促进学生更好理解所学知识，可以促进学生更好地将直观材料通过抽象、概括上升为理性认识。反之，则会因为直观材料缺乏针对性而使得直观材料难以取得理想的直观效果，或者会因为直观材料过于追求吸引效果而分散学生对数学本身的注意力。直观材料的选取要考虑到各种直观材料的综合运用，要充分发挥各种直观材料的优势互补作用；在内容的选择方面，既要重视正例的引导作用，也要重视反例的对比作用。

（二）循序展现直观材料

直观材料的呈现通常是各种教学材料和教学手段的综合展示，直观材料的呈现应该避免不顾时间和场合的全盘呈现，而应该根据教学进程发展需要渐次展开。比如，有些教师在讲课时喜欢把所有教具和模型都摆到桌子上，这样很容易使学生受教具吸引而忽视听讲，而有经验的教师通常会根据教学进程发展的需要依次展示教具。以函数奇偶性的直观材料为例。教师首先采取实物直观（利用折纸游戏）来让学生初步感知对称性，让学生认识到轴对称图形关于某条直线对称，中心对称图形关于某个点对称；接着可以通过图象直观呈现一些函数的图象，其中既有奇函数，也有偶函数，甚至还有非奇非偶函数的图象，让学生通过观察对函数的奇偶性有一个感性的、静态的认识；然后再通过动画（将图象沿 y 轴翻折或绕原点旋转 $180°$）让学生进一步对奇函数和偶函数的性质获得动态认识。通过这样的直观呈现可以让学生由浅入深地获得对函数奇偶性概念的深入理解。当然，直观材料的呈现未必需要面面俱到，而应该根据具体情况灵活处理。

（三）深入分析直观材料

直观材料呈现以后还需要进一步对直观材料进行深入分析，要引导学生通过观察这些直观材料来发现它们的性质。

比如，在教学函数的奇偶性概念时，有的教师首先给学生呈现了 $y=x^2$，$y=x^4$，$y=x^3$，$y=x^2+2x$ 和 $y=\dfrac{1}{x}$ 这五个函数的图象，然后引导学生观察各个函数图象的特点。通过观察，学生发现有的函数（如 $y=x^3$ 和 $y=\dfrac{1}{x}$）的图象关于原点对称；也有的函数（如 $y=x^2$ 和 $y=x^4$）的图象关于 y 轴对称；还有的函数（如 $y=x^2+2x$）的图象既不关于原点对称也不关于 y 轴对称。而当学生把视角转向对函数本身时则发现，有些函数（如 $y=x^3$ 和 $y=\dfrac{1}{x}$）满足性质：对于定义域中的任意 x 有 $f(-x)=-f(x)$；有些函数（如 $y=x^2$ 和 $y=x^4$）满足性质：对于定义域中的任意 x 有 $f(-x)=f(x)$；还有的函数（如 $y=x^2+2x$）以上两条性质都不满足。再进一步分析又可以发现这些性质之间还存在着内在联系，即如果一个函数满足性质：对于定义域中的任意 x 有 $f(-x)=-f(x)$，那么它的图象关于原点对称；如果一个函数满足性质：对于定义域中的任意 x 有 $f(-x)=f(x)$，那么它的图象关于 y 轴对称。

（四）及时抽象直观材料

对直观材料的分析固然可以揭示这些材料背后的共同属性，但这些共同属性之中既有本质属性，也有非本质属性，为了更好地把握事物的本质，必须抽取事物的本质属性，剔除事物的非本质属性。这就需要通过抽象将一类事物的共同本质属性与其非本质属性区分开来。比如，我们可以从上面所列举的函数中抽取具有"对于定义域中的任意 x 有 $f(-x)=-f(x)$"这一共同性质的一类函数并把它们命名为奇函数；抽取具有"对于定义域中的任意 x 有 $f(-x)=f(x)$"这一共同性质的一类函数并把它们命名为偶函数；在这一抽象过程中，与性质"对于定义域中的任意 x 有 $f(-x)=-f(x)$"和性质"对于定义域中的任意 x 有 $f(-x)=f(x)$"分别等价的性质"函数图象关于原点对称"和"函数图象关于 y 轴对称"也同时得到抽象。通过这样的抽象，学生对直观材料的认识会从原来较低的、不够成熟的水平发展为较高的、比较成熟的水平。

六、运用直观教学法的注意点

（一）要尽可能掌握多种直观手段和直观方法

要能灵活运用直观方法就要充分了解直观手段和直观方法。直观材料的种类繁多，从大的方面来说，它包括语言直观、实物直观和模像直观等。具体来说则有实物、案例、模型、影像资料、多媒体课件等各种形式。值得一提的是，数形结合不仅是数学中的重要思想方法，同时也是一种重要的直观教学策略。在数学教学中教师应根据数学内容本身的特点，充分运用数形结合方法来启发学生思考、帮助学生理解。比如，对于许多数量关系方面的抽象概念和解析式，若赋之以几何意义，往往变得非常直观、形象，并使一些关系明朗化、简单化；同样，一些图形的性质又可以被赋予数量意义，将几何问题代数化，以数助形，用代数的方法去解决几何问题。数形结合的实质是将抽象的数学符号语言与直观的图形语言结合起来，它体现了数与形这两种信息的优势互补与整合功能。

（二）要有全官参与意识

从日常教学中可以发现，直观教学中使用较多的是实物直观和模像直观。而孩子数学知识的学习，往往是在多种感觉器官而非单一的视觉器官的参与下进行的。所以，在教学中，教师要善于调动孩子的多种感官，并借助孩子感官获得的经验进行直观性教学。

孩子将通过某一直观手段学到的知识迁移到更广阔的领域并不是一件容易的事情。他们只有通过各种感官直观地去接触大量能凸显物体数量和空间关系的教具或教学环境，才能从非本质的、变化了的特质中抽象出本质的数学知识，从而真正理解并掌握数学知识。在数学教学过程中，教师要善于引导学生运用各种感官参与学习，这样，不仅可以激发学生的学习兴趣和主动性，而且可以促进学生对数学知识的深刻理解和多元能力的发展。

（三）要与启发相结合

直观的目的是使学生更好地理解那些相对来说更为抽象的数学内容。而要实现这一目的，光靠直观是远远不够的，更重要的是要通过直观激发学生的思维活动，这就需要将直观与启发有机结合起来，一方面要充分利用直观启发思维；另一方面，又要通过启发开发直观材料，使学生的思维尽快从感性认识上升到理性认识。下面来看一位教师在进行两平面平行判定定理的教学时是如何体现启发性的。

问：如何判定两平面平行？

启：应无公共点（难证）。

再启：退到线思考（特殊化方法）。

演示（直观）：如图 2-6，取讲台桌面作为平面 β，一块纸板作为平面 α，用一根细木棍 a "托住" 平面 α，使 $a//\beta$（构成条件：平面内一直线平行于另一平面），问能使 $\alpha//\beta$ 吗？

演示（直观）：将纸板面 α 绕 a 旋转，得出结论 α 与 β 未必平行（图 2-6）。

再演示（直观）：再加一根细木棍 b，使 $b//\beta$（有意使 $a//b$），如图 2-7，问能使 $\alpha//\beta$ 吗？（此时学生出现争论，有人认为能，而有人则认为不能）

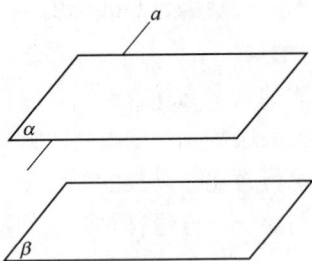

图 2-6

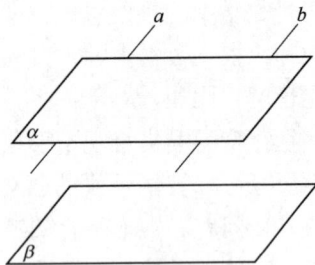

图 2-7

继续启发：平面内一直线平行于另一平面，这两平面未必平行；一平面内两平行直线与另一平面平行也未必能保证两平面平行。若一平面内两相交直线平行于另一平面情况又如何呢？

再演示——得出结论，然后再根据模型给出证明。

教师通过直观与启发的巧妙结合，有助于学生迅速理解这一判定定理，效果远胜于直接给出定理。

（四）以培养学生能力为目的

直观不是为了直观而直观，相反，应该充分利用直观材料培养学生的观察能力，引导他们学会通过对直观材料进行分析、比较、综合、抽象等思维过程提高分析和解决问题的能力。因此，教师在教学中应尽可能地把具体问题抽象为一般问题的方法和思路教给学生。

（五）正视直观教学法的局限性

任何教学方法都有其局限性，直观教学法也不例外。它有积极的一面，当然也有消极的一面。积极的是它可以帮助学生通过观察和感知获得各种经验，促进知识的理解；消极的是通过各种感官所获得的信息往往是零碎的、表面的，有时甚至是紊乱的，还需要借助比较、想象、抽象等方法才能被认知。

比如，如图 2-8，在梯形 $ABCD$ 中，已知 $AD//BC$，

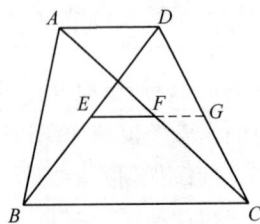

图 2-8

E、F 分别为 BD，AC 的中点，求证：$EF=\dfrac{1}{2}(BC-AD)$。

学生常常发生如下错误。证法：作 $EG \mathbin{/\!/} AD$ 交 CD 于点 G，则 G 为 CD 中点，且 $EG=\dfrac{1}{2}BC$，再由 $FG=\dfrac{1}{2}AD$，得 $EF=EG-FG=\dfrac{1}{2}(BC-AD)$。显然，这里没有先证明 $EG \mathbin{/\!/} BC$，推断"G 是 CD 中点"的理由不充分。同时，又未证明 E、F、G 三点在一条直线上，于是不能断定 $EF=EG-FG$。

教师在纠正这类思维不缜密的现象时，必须强调论证中每步都应有依据，不能以直观代论证。

在教学过程中，教师必须正确认识直观教学法的不足，在努力通过直观教学法帮助学生获得感性经验的同时，还要注意使用其他教学方法引导学生对自己的经验进行整理，最终真正理解所学知识。

思考题

1. 什么是直观教学法？它有哪些特点？
2. 为什么要采用直观教学法？
3. 直观教学法有哪些类型？举例说明。
4. 结合例子说明如何采用直观教学法？
5. 直观教学法在运用过程中需要注意什么问题？

第四节　探究性教学

探究性教学是新课标倡导的重要理念之一。中学阶段，学生思维的深刻性、灵活性、独创性和批判性不断增强，这为探究性教学的顺利开展提供了很好的心理基础，同时也使探究性教学成为组织学生数学再发现活动的有效方式之一。

一、探究性教学的内涵

数学探究性教学是指教师在数学教学过程中，为学生提供充分的自由表达、质疑、探究、讨论问题的机会，引导学生自主地参与到探究过程之中，促进学生加深对知识的体验，帮助学生逐步形成研究数学的积极态度、掌握研究数学的基本方法、发展数学研究能力的一种教学方式。

二、探究性教学的特征

（一）需要学生自己探究获取新知

探究性教学不是先将结论直接告诉学生，再通过演示实验或学生实验加以验证，而需要学生自己通过各式各样的探究活动，诸如观察、调查、制作、收集资料等，亲自得出结论，使他们参与并体验知识的获得过程，建构自己的数学理解，掌握科学的研究方法，发展探究能力。例如，在数学规律或性质的探究过程中，往往需要学生先对事物进行观察、实验，然后再通过分析、综合、归纳、类比才能发现事物背后的本质或规律。如此多样、复杂的探究活动，只有学生亲身参与、积极投入，才能真正实施。通过这样的探究活动，学生可以从多角度深入理解知识、建立知识间的联系，在面对实际问题时，能更容易激活已有的知识，更灵活地运用所学知识解决问题。

（二）注重从学生已有经验出发

探究活动的设计要充分考虑学生已有的经验和能力水平。认知理论的研究表明，学生的学习不是从一张白纸开始的，已有的经验会影响现在的学习，教学只有从学生的已有知识和生活实际出发，才能调动学生的学习积极性，学生的学习才可能是主动的，否则，就很难达到预期的教学目标。比如，在讲授"确定圆的条件"这一课题时，教师如果直接问学生"需要给定几个点才能确定圆"，不仅难以激发学生探究的积极性，而且会让学生感觉一头雾水。而有的老师针对许多学生在黑板上画圆难以一次完成这一熟悉现象创设了这样的教学情境：老师在黑板上画圆时由于不小心手抖了一下，圆心找不到了，怎样才能把剩下的部分画完？学生自然而然想到在已画的圆弧上取点，一点、两点直至三点才能确定圆心。这一情境由于学生十分熟悉，不仅很容易引起学生的共鸣，而且能充分激发学生的探究欲望。

（三）重视证据在探究中的作用

数学家在探究中要花费大量的精力收集证据，并以此为基础解释数学对象的内在规律。在数学课堂探究中，证据有着同等重要的作用。例如，在探究三角形全等的判定条件时，学生需要从两个三角形的三边、三角等要素入手，对大量图形进行观察、测量、比较、分析、归纳才能找到判定条件，而且在探究过程中既要寻找正例，还要寻找反例。可以说，证据是学生通过探究获得新知的关键所在。不仅如此，通过证据的收集、从证据中提炼解释、将解释与已有的知识相联系等过程，既可以锻炼学生的推理能力，也可以使他们了解数学家是如何思考问题、如何工作以及如何通过探究来获得数学发现的。

（四）重视相互交流与合作

开展探究性教学，不仅需要制订探究计划，而且需要开展分组实验或调查，同时还需要在此基础上进行讨论、交流，这一切都离不开师生之间的交流与合作。按照建构主义的观点，学生是按照自己的方式来建构对事物的理解的，由于已有的经验、生活背景及认识程度等方面的差异，学生对事物的理解会各不相同。合作学习能使学生看到问题的不同侧面，对自己和他人的观点进行反思或批判，从而建构起更全面、更深层次的理解，同时，也会增强团队精神和合作意识。

（五）重视过程评价与学生自评

探究性教学对评价要求较高，如它要评价学生理解了哪些概念，能否灵活地运用知识解决问题，能否设计并实施探究计划，能否分析处理所收集的证据，能否判断证据是支持还是否定自己提出的假设等。

探究性教学在重视并改进终结性评价的同时，很重视形成性评价，如学生每天的笔记、撰写的报告、绘制的图表、制作的模型以及与同学面对面的交流等，通过这些可以更加客观、更加全面地了解学生对知识的理解深度、广度及进行科学推理的能力。另外，探究性教学还可以促进学生自我评价能力的发展。学生不断对自己的探究学习进行多方面的评价，如检查采用的方法是否合适、解释是否合理、对知识的理解程度如何等，不仅可以提高学习的效率，有利于学习目标的达成，而且可以促进学生自我评价能力的提升。

三、探究性教学的功能

（一）培养学生的科学态度和科学精神

在探究性教学中，学生的目光和兴趣越出书本，课内学习与课外探究融为一体，学生会极大迸发求知的欲望和探究的潜质，同时还能培养正确的科学态度和求实、创新的科学精神。

（二）提高学生的探究能力和创新能力

探究性教学能充分尊重学生的主体地位，释放学生的探究天性，能让学生摆脱思维定势，这不仅有利于学生深度理解数学本质、深刻领会数学思想方法、更好地提升数学核心素质，而且有利于培养学生的科学探究能力和创新能力。

（三）提升学生的思维能力与数学素养

探究性教学需要学生综合运用观察、实验、操作、猜想、抽象与概括、分析与综合、归纳与类比等多种思维方法才能解决问题，因此，教师如果能在数学教学中经常性地采用探究性教学，可以大大提高学生的数学思维能力，极大提升学生的数学核心素养。

四、探究性教学与接受式教学的比较

探究性教学鼓励学生以科学的方式积极主动地获取知识，与传统的以讲授为主的接受式教学有很大的不同，下面就获取知识的方式、心理机制、思维过程、教师地位等方面对探究性教学与接受式教学做简单的比较（表2-2）。

表2-2 接受式教学与探究性教学对比

项目	接受式教学	探究性教学
获取知识的方式	教师以定论的方式进行系统而有计划的讲解，学生接受和理解	在"再发现"的进程中获得知识，学生参与知识的建构并从中得到感悟和体验
心理机制	同化，其产生的条件：一是学习材料本身要有逻辑意义；二是学生本身要具备有意义学习的心向；三是学生原有认知结构中应具有可以用来同化新观念的相应知识	自主性，其产生的条件是学生必须首先通过自己的探究活动，对学习内容进行重新排列、组织或转换，并从中归纳出结论，然后再把结论纳入到自己的认知结构中
思维过程	通常是演绎过程，即由一般到个别的过程，虽然也有辨别和概括等思维活动，但与探究性教学相比却有一定差距	通常是归纳过程，即由个别到一般的过程，并且思维的独立性、自主性、探索性、深刻性较强，能在探究问题和解决问题的过程中形成迁移面很广的认知策略
教师地位	教师起主导和控制作用	教师起指导作用，学生是整个学习活动的主体
优点	①教学效率高； ②学生所掌握的知识系统性强； ③有助于培养学生从书本中获取知识的习惯和能力	①有助于学生掌握发现和探究问题的方法，增进学生的独立思考的意识，提高学生学习能力； ②能充分激发学生学习的内在动机； ③有助于促进学生对知识的理解和记忆
缺点	①学生的主体性难以得到充分发挥，个性不易张扬； ②不利于培养学生的创新精神和探究能力	①教学效率低； ②主要适用于逻辑性较强的内容的教学； ③对学生基础、教师素质要求较高
联系	两者相辅相成。接受式教学为探究性教学提供知识基础，探究性教学是促进接受式教学的重要条件	

五、数学探究性教学的实施原则

（一）方法性原则

所谓方法性原则，是指数学探究性教学应重视数学方法论的指导，应教给学生发现和探究问题的方法。

用数学方法论的观点看待数学内容、数学方法，就要着重研究分析问题、思考问题的方法，侧重数学知识形成过程的分析，探讨和研究寻找真理、发现真理的手段。数学常用的探究方法有归纳与演绎，比较与类比，观察与实验，假设与猜想，具体与抽象，证明与反驳等。

（二）过程性原则

从教学认识过程的任务来看，探究性教学的根本目的不仅仅在于获得和验证真知，更主要的是为了在一定知识经验之上构建学习主体的新的认知活动结构、提高学习者的动手实践能力和创新能力。因此，数学探究教学更强调探究过程对于学生个体发展的意义。

（三）问题性原则

所谓问题性原则，是指数学探究性教学要以解决问题为中心，围绕发现问题和解决问题展开教学。问题是"数学的心脏"，也是数学发展的动力和源泉。用问题可以启发学生思维，激发和调动学生探究意识，推动探究活动的持续开展。因此，在进行探究性教学时，教师要紧扣教学目标，按照学生的认知结构，围绕教学内容设计阶梯式的问题，从而创设友好的探究情境，把学生的思维带到最近发展区，激发学生的内驱力，使学生尽快进入探究状态。有了这样一种氛围，学生可以主动地、自由地去思考、想象、探索，从而解决问题或发现规律，并从中获得一种积极的情感体验。而解决问题又可以促进学生能力的发展、素质的提高及智力结构与非智力结构（动机、兴趣、信念、意志等）的同步、和谐发展。

（四）开放性原则

所谓开放性原则，是指探究性教学在教学内容的选择和探究问题的方式方面应具有一定的开放性。首先，教学内容是开放的。教学内容可以是对数学教材内容的探究，也可以是对源自生活实际、数学实验中的问题进行探究。解决问题的方案可以多种多样，问题的结论也不应追求唯一性和标准化，而应具有一定的开放性、包容性；其次，探究方式是开放的。在数学探究活动中，学生可以采取个人独立探究、小组合作探究，也可以是教师指导下的师生探究，这种开放性的探究有利于学生创造思维的培养。

六、探究性教学的引导策略

（一）通过问题引发探究

探究性教学始于问题，问题是探究教学的核心，没有问题便没有探究。每一个问题都包含三种成分：（a）目标，指有关问题结果状态的描述；（b）给定信息，指有关问题初始状态的一系列描述；（c）障碍，指在解决问题的过程中会遇到的种种需要解决的困难。问题实际上就是在给定信息与目标之间有某些障碍需要加以克服的情境。然而，并非所有的问题都具有探究价值，而真正具有探究教学价值的问题就更有讲究了。那么，什么样的问题才具有探究教学的价值呢？要了解其价值，我们首先必须明确判断价值大小的标准是什么。一般认为，问题探究价值的大小取决于问题的起点与目标之间潜在距离的大小，具体来说，当两者的潜在距离较小、容易为学生所理解和掌握时，问题就是接受式的；而当两者的潜在距离较大、需要学生努力思考才能解决时，这样的问题就成为探究式的。而钟启泉认为，问题的探究性取决于问题的开放性，所谓开放性有以下这些标准：

- 是否能引导学生进行更深入和更高层次的思考；
- 是否能促进学生深入探究重要的知识以及它们之间的联系；
- 是否能引导学生思考超越课堂教学事物的价值和意义；
- 是否建立在学生已有的知识和观念的基础上，并促使他们将已有的概念、知识和技能与探究过程联系起来；
- 是否能鼓励和尊重所有的学生参与到探究活动中来。

探究性问题的本质在于问题的开放性，在于能够充分拓展学生探究的空间。至于问题的形式则没有统一的标准，它既可以来自生活，也可以来自生产实践，甚至还可以直接来自学科或教材。同时，探究性本身也是一个相对的概念，一方面，一个知识对于不知道结果的人来说可能具有探究价值，但对于已经知道结果的人来说则已无探究价值；另一方面，一个看上去没有探究价值的问题，若换一个角度看或者进一步深入挖掘又会变得具有探究价值了。

（二）通过元认知引导探究

所谓元认知提问是为了激发元认知活动而使用的提问。元认知提问不直接指向具体问题，其目的在于激发元认知调节、监控认知活动。元认知提问既可以由教师提出来，也可以由学生自己提出来。元认知提问不同于一般的认知提问，它们的差别主要在于认知提问离具体问题距离较近甚至有时是直接就具体问题进行提问，而元认知提问则离具体问题距离较远。不过在具体问题中，人们对认知提问与元认知提问很难做出严格的区分。因为在探究性教学中，启发的过程实质上是"由远及近"，从运用较多元认知成分到运用较少元认知成分直到最后运用认知提问为止的一个连续不断的过程。区分认知提问与元认知提问的最重要的标准是看其所激发的思维活动空间的大小。在教学中常见的元认知提问有："我们现在应该研究什么？""你们能提出什么问题？""怎么研究？""有哪些研究方法？""你有什么发现？""为什么？""你能解释吗？""你能证明吗？""还有其他发现吗？"

元认知提问在探究性教学中有着十分重要的作用，它既是引导认知活动的路标，又是促进探究深入的动力。这是因为探究既是一个目标导向的过程，又是一个自我调节和反思总结的过程。探究总是在一系列问题的引导下展开的，离开问题的引导，探究就会迷失方向，就会失去前进的动力。教师在探究性教学活动中要有意识地运用元认知提问来促进学生探究活动的持续深入，特别要注意引导学生自己运用元认知提问来促进探究活动的进行，教师可以引导学生进行"自我提问"式的反思，如"探究沿什么方向前进""其成功的可能性有多大""猜想的正确程度如何"等。

教学案例

师：看到这幅图同学们有什么发现？

生：我看到一辆汽车在山坡上行驶，而且还开着车灯。（动画视频引入，直观感知）

师：不错，同学们观察能力很强。学习不仅要善于观察，更要善于思考，同学们看了这幅图以后有没有产生什么想法？

生：？（学生没有反应，说明学生不知道从哪里去思考，于是教师进一步启发）

师：同学们能不能把这幅图与数学联系起来或者说能不能看出图中的数学问题？（引导学生以数学的眼光观察世界）

生：我觉得可以把山坡看成一条曲线。

师：很好，还有吗？

生：我觉得可以把汽车的灯光想象成一条切线，如果汽车可以看成一个点的话。（通过教师的启发，学生将生活中的实际问题抽象为数学问题）

师：这位同学很有想象力，同学们赞不赞成他的说法？

生：赞成。

师：刚才这两位同学分别把山坡抽象为曲线、把汽车抽象为曲线上的点、把汽车的灯光抽象为过这一点的切线。很好！其他同学要多向这两位同学学习，要善于用数学的眼光观察世界，要善于将实际问题抽象为数学问题。现在有哪位同学能把我们看到的这幅图用数学语言描述一下。（学生分组讨论）（教师对前面两位同学的回答进行小结，并对这两位同学的研究方法给予高度的肯定，这一方面是为了让学生获得反思的机会，另一方面则为接下来的问题提出提供了铺垫）

生：我发现如果灯光向上，说明汽车在上坡，如果灯光向下，说明汽车在下坡。（虽然学生只是直观描述，但为后面用数学语言叙述奠定了基础）（注：这里的车灯是车的前灯）

师：大家同不同意这位同学的发现？

生：同意。

师：现在有哪位同学能用数学语言把刚才这位同学说的话叙述一下？（引导学生用数学的语言表达实际问题）

生：切线向上，曲线单调递增；切线向下，曲线单调递减。

师：回答得很好。但是切线向上、向下的判断有赖于直观，如何才能使我们的结论不依赖于直观呢？

生：要建立直角坐标系。

师：对！要建立直角坐标系。我们可以将山坡看作是函数 $y=f(x)$ 在某区间上的图象，将汽车看作是曲线上任一点，将灯光看作过该点的切线。那么切线向上、切线向下对应的数学语言是什么呢？（几何画板演示）

生：灯光向上对应着曲线在该点处的切线的斜率大于0，灯光向下对应着曲线在该点处的切线的斜率小于0。

师：很好。现在有谁能用数学语言把前面那位同学的说法完整地叙述一下？

生：在某一区间上，如果曲线上任意一点的切线的斜率大于0，那么曲线单调递增；如果曲线上任意一点的切线的斜率小于0，那么曲线单调递减。（教师一边听学生说，一边做以下板书）

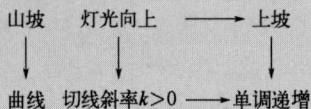

$$
\begin{array}{ccc}
\text{山坡} & \text{灯光向上} \longrightarrow & \text{上坡} \\
\downarrow & \downarrow & \downarrow \\
\text{曲线} & \text{切线斜率} k>0 \longrightarrow & \text{单调递增}
\end{array}
$$

师：我们以前学过曲线的切线的斜率还与什么有联系？

生：导数。

师：有什么联系？

生：导数就表示函数在该点处的切线的斜率。

师：嗯。这是导数的几何意义。那我们能不能从导数的角度来解释前面的发现呢？（再次播放函数图象上每一点处的切线斜率随函数单调性的变化情况）

生：如果在某区间上 $f'(x)>0$，那么 $f(x)$ 为该区间上的单调增函数；

如果在某区间上 $f'(x)<0$，那么 $f(x)$ 为该区间上的单调减函数。

（教师一边听学生说，一边完成以下板书）

抽象出数学问题：

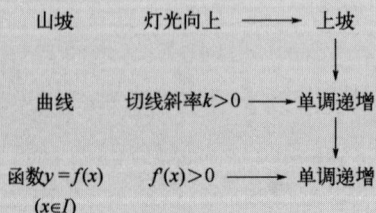

$$
\begin{array}{ccc}
\text{山坡} & \text{灯光向上} \longrightarrow & \text{上坡} \\
& \downarrow & \downarrow \\
\text{曲线} & \text{切线斜率} k>0 \longrightarrow & \text{单调递增} \\
& \downarrow & \downarrow \\
\text{函数} y=f(x) & f'(x)>0 \longrightarrow & \text{单调递增} \\
(x\in I) &
\end{array}
$$

【设计意图】本课的难点是引导学生发现导数与函数单调性之间的联系，而这两个概念都是非常抽象的，学生很难直接感知。教师利用生活实例，引导学生发现道路可以抽象成函数的图象，灯光可以抽象为切线，这样问题就转化为切线斜率正负与函数单调性之间的联系，从而轻松高效地引入课题，成功激发学生的求知欲，让学生感受到抽象的乐趣并最终将抽象内化为一种自觉的行为。

七、数学探究性教学的一般模式

探究教学理论规定了教学的基本指导思想，确定了教学的基本原则，为探究教学的实施指明了方向。下面介绍吕传汉提出的数学探究性教学的一般模式（图 2-9）。

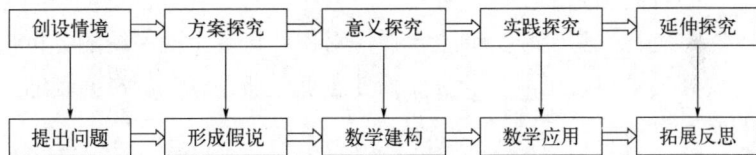

图 2-9 数学探究性教学的一般模式

（一）创设情境，提出问题

探究是从问题开始的，问题的提出通常依赖情境的创设。探究性教学可以通过各种问题情境来引发探究。

1. 创设激发认知冲突的问题情境

教师在教学设计时，应注重利用新旧知识之间、整体与局部知识之间或类似知识之间的差异创设合适的情境，有效地引起学生认知的不平衡，激发学生的认知冲突，进而自然地提出问题。利用认知冲突创设情境，有利于诱导学生实现由疑到思、由思到知、由知到能的不断转化，促使学生的探索发现意识在"冲突—平衡—再冲突—再平衡"的循环和矛盾中不断强化，并最终达到"有价值的数学学习"的目的。

2. 创设体现数学思想方法的问题情境

数学探究的实质是将科学研究或数学研究的一般方法引入课堂，使学生经历类似数学家探究的过程，理解数学本质，掌握探究方法。为此，可以创设能通过数学思想方法引领学生数学探究的问题情境。例如，在探究面面平行的判定方法时，可以先让学生回忆线面平行的判定方法，让学生认识到判定线面平行的关键是要通过化归将线面平行的判定问题转化为线线平行的判定问题，从而想到将面面平行的判定问题转化为线面平行的判定问题。

3. 创设基于数学史的问题情境

在进行探究性教学时，适当创设一些数学史情境，有助于营造良好的探究氛围。比如，在教学勾股定理时，可以向学生讲述毕达哥拉斯发现地板上的图案反映了直角三角形的三边关系的故事来激发学生的求知欲；而在教学等比数列概念时，可以通过问题"一尺之棰，日取其半，万世不竭"唤起学生的探究欲望。

（二）方案探究，形成假说

数学探究性教学中的"形成假说"，主要是指学生在数学探究过程中产生疑惑或发现问题时，根据自己掌握的各种资料或自己从实际生活、学习中获得的已有经验，充分发挥想象力和创造力，对所研究问题提出一种或几种解决方案。

为了形成科学有效的探究方案，教师要充分调动学生的学习积极性，给学生提供足够的思维时间和思维空间，鼓励学生自由思考、各抒己见。在学生自主思考的基础上，再进行生生合作、师生合作，对问题进行全面系统的分析，将问题进行分解，使其更具体、更清晰，进而抓住主要矛盾，找到解决问题的关键点，确定问题的研究方向。

（三）意义探究，数学建构

问题定向后就要对所解决的关键性问题进行探究。在这个过程中，学生要充分运用比较、分析、综合、抽象、概括、归纳、联想、演绎等逻辑思维方法对问题进行分析研究。探究时可采取自主探究和合作交流的方式进行，教师要给学生创造更多参与探究的机会，使他们的思维得到训练，能力得以提高。对于学生出现的问题，教师不宜急于告知和纠正，要尽量让学生通过交流和沟通来建构意义，来对当前学习内容中所反映事物的性质、规律以及该事物与其他事物之间的内在联系达到更为深刻的理解。

（四）实践探究，数学应用

学习的目的是运用知识、规律解决问题，并在解决问题的过程中发现新的问题，寻求新的方法。在探究过程中，教师可根据本节的知识、规律，结合学生的认知水平提出一些问题（特别是实际问题），让学生利用所学知识、方法去解决。比如，可通过一题多解、一题多变、题组训练等形式让学生在有坡度、有变化的例题和习题教学中夯实基础、提高能力，做到触类旁通、举一反三，最终达到由授"鱼"到授"渔"的转变。

（五）延伸探究，拓展反思

教师要引导学生对问题定向和探究交流的过程和结果进行反思，如问题的探究是否全面，问题的解决是否彻底，所运用的方法和得到的结果有何意义等。此外，教师还可以引导学生变换问题的思考方式和角度，通过变维（改变问题的维度）、变序（改变问题的条件、结论）进一步提出新的问题，并将新的问题引向课外或后继课程。教师通过对探究过程和探究结果的反思，可以使学生进一步增强探究意识，提高数学素养，发展创新能力。

数学探究性教学注重科学思维方法的培养，注重过程的体验与感悟，有利于培养学生的学习能力，有利于培养主动发展的人。这一教学形式值得我们坚持不懈地研究、探索与实践。

八、对探究性教学的几点建议

（一）要营造一个良好的探究教学环境

这个环境包括"硬"环境和"软"环境。前者是指探究性教学所需要的物质条件，如仪器设备、教具、实验经费、以探究为理念编制的教材和一定的活动空间等。在探究教学中，无论是观察、测量、调查和实验，还是交流、提出假设、建立模型等，都需要借助一定的物质媒介，如果没有一定的物质条件支持，探究性教学将难以有效实施。后者是指学校各级管理人员、学生家长和社会各界的支持。从某种意义上讲，这一方面显得更为重要。因为各级管理人员一旦真正认识到探究性教学的价值。不仅会予以人、财、物等方面的支持，还会在政策上予以加持。

（二）要通过培训提升教师的探究性教学的能力

探究性教学对教师的要求比较高，它不能像讲授教学那样直接告知，它不仅需要教师具有广博的知识，而且需要教师真正掌握探究教学的精髓。因此，要搞好探究性教学，就必须高度重视教师的培训工作，要使广大教师不仅深刻理解探究性教学的本质，而且真正掌握并灵活运用探究性教学的各种策略和技巧，如怎样提问、怎样设置问题情境、怎样收集信息及怎样运用解决问题的各种方法等。

（三）探究性教学的安排应有一定的梯度

首先，在具体活动的安排上应遵循由易到难的原则，逐步加大探究力度。比如，在低年级，可以安排一些观察、测量、绘制图表等简单的探究活动，以及一些数学史上的探究范例，以训练学生进行探究所需要的基本技能，并了解探究的基本过程；在低年级后期及中年级的初期，可以安排一些相对容易的探究或有教师指导的探究，甚至单因素的完全探究，以重点训练学生通过简单的实验收集数据、解释数据、提出假设、作出结论等综合性的探究技能，使学生逐步掌握探究的一般方法；在高年级，当学生对探究有了一定的认识之后，可以安排有关控制变量、建立模型、构建方案、设计实验等难度较大的活动，包括完全的和开放型的探究，以发展学生的探究能力。

其次，活动的数量也应考虑由少到多，使教师和学生都有一个逐步适应的过程，切忌"一刀切"。

（四）要注意多种教学方法的综合运用

探究性教学虽然有很多优点，但也有缺点，比如，它费时较多。所有的内容如果都采用探究性教学，不仅教学时间不允许，也不符合经济性原则。采用灵活多样的教学方法，不仅有助于提高学习效率，而且能促进学生的深刻理解。

/ 思考题 /

1. 探究性教学有哪些功能与特征？
2. 探究性教学在实施过程中需要遵循哪些原则？
3. 结合例子说明如何引导学生进行探究？
4. 探究性教学与讲授教学法有何区别与联系？

第五节 怎样选择教学方法

一、应该和教学目标一致

每一节课都有明确的教学目标，有时教学目标比较单一，如让学生理解某个定理；有时教学目标比较综合，可能既包含知识内容的目标，又包含认知技能和认知策略方面的目标，还包含培养和发展学生情感态度方面的目标。同时，不同领域的教学目标还有层次和类型之分，而不同领域或不同层次的教学目标必须借助于相应的教学方法或教学技术来实现。例如，教学目标如果是使学生理解某个不太复杂的概念，可以直接采用讲授法；如果要让学生探索发现某个定理，则可以采用发现法或问题解决教学法；如要培养学生的数学抽象素养，则可以采用直观教学法。

因此，为了更好地实现预设的教学目标，教师首先要充分了解教学目标分类的知识和方法，并将综合的、抽象的教学目标分解转化为具体的可操作性教学目标；然后，再根据不同的教学目标针对性地采用不同的教学方法。在中学数学教学中，每堂课都有旧知识的复习，新知识的教学、巩固及应用等环节，每个环节的目标不同，教学方法不同，起到的教学效果也就不同，所以教师还需要针对教学目标综合运用多种不同教学方法才能实现教学效果的最优化。

二、应该针对具体教学内容来进行选择

每节课的具体内容也是教学方法的制约因素。一般来说，学生理解有困难的知识、比较重要的知识，通常需要教师讲授和点拨，可以采用讲授法；而一些需要学生体验探究过程的知识，同时学生通过交流和讨论就能理解的概念、定理、公式的教学，应尽可能地给学生创造讨论、发现、交流、自学的机会。

总之，在选择教学方法时，教师需要充分了解不同知识的不同特点并针对性地采用不同教学方法进行教学。

三、应该考虑学生的实际

学生是学习的主体，教学效果取决于学生现有的知识水平、智力发展水平、学生的动机状态、思维水平、心理特点、生理特点、学习特点等因素。学生的实际特点与教学活动之间存在着相互作用。所以，教学方法的选择要受学生的个性心理特征和其所具有的基础知识水平的制约。一方面，同一班级的学生对某种教学方法的适应性可能存在明显的差异。另一方面，不同年龄段的学生对同样一种教学方法的适应程度也不相同。

学生的基础是教学的出发点，学生的成长是教学的目标。数学教师的工作就在于促进学生在数学素养和数学能力方面的全面发展。因此，在选择教学方法时，教师应该深入研究学生特点，充分了解学生的学情，如学生的学习基础、学习特点、心理特点等，并要根据学生的特点来选择合适的教学方法，真正体现因材施教教学原则。

四、应该掌握各种教学方法的实质

教师要想灵活运用教学方法来达到预设的教学目标就需要深入研究各种教学方法，即不仅要充分了解各种教学方法的优缺点，而且要深入领悟各种教学方法的实质与精髓，才能在实际教学中游刃有余。

五、依据教师自身素质选择教学方法

教学方法的选择还要充分考虑教师自身特点及对各种教学方法的掌握和运用水平。有些教学方法虽然很好，但如果不能有效地使用，仍然不会产生好的教学

效果，甚至可能会适得其反。如有的教师擅长运用直观手段，喜欢通过直观演示来清晰直观地说清理论；有的教师则擅长语言表述，可以把问题描绘得形象、具体，可以由浅入深地讲清道理等。总之，教师要根据自身特点，扬长避短，选择合适的教学方法。

六、应该根据可能的教学手段来选择

教学条件主要指学校教学设备条件（实验仪器、实验设备、图书资料等），教学空间条件（教室、实验室、活动室）和教学时间条件等。教师选择教学方法时，要在教学条件允许的情况下，最大限度地利用学校教学设备和教学空间条件。

七、运用各种教学方法的注意点

① 要以整体论观点来看待教学方法问题。

教师切不可把教学方法当成完成教学任务的手段，而应把教学方法作为教学设计的重要环节之一。它不仅关系到新课标理念的贯彻，而且关系到教学目标的有效实施，同时也关系到能否将教师、学生和教材这三大要素进行有机整合。

② 要处理好教学方法的继承与发展的关系。

③ 要正确看待"教学有法，教无定法"的问题。

④ 要在反复实践中达到应对自如的境界。

/ 思考题 /

1. 结合例子说明选择教学法时应注意哪些问题。
2. 谈谈你学了这一章以后的认识。

第
三
章

数学教学原则

数学教学原则是根据数学教学目标，为反映数学教学规律而制定的指导数学教学工作的基本要求。作为一种数学活动，毫无疑问，数学教学过程必须遵循教学论对数学教学工作提出的一系列基本要求；但作为一种特殊的学科教学，必然有其自身的特点及规律性，也要遵循自身的一些特殊要求。

第一节　抽象性与具体性相结合的原则

一、正确认识数学的抽象性与具体性之间的关系

（一）数学的抽象性

1. 数学抽象的独特性

数学抽象是对事物的空间形式和数量关系的抽象，它舍弃了构成事物的规定性，这是有别于其他学科抽象的一个明显的特征。例如，函数概念描述了两个数集之间的对应关系，而舍弃了集合中元素所实际代表的具体事物。如 $y = ax^2$（a 为常数，$a \neq 0$）既可以表示圆的面积与半径之间的关系，又可以表示自由落体运动位移与时间之间的关系。

"数学本质上研究的是抽象的东西，数学发展所依赖的最重要的基本思想也就是抽象。"抽象性是数学的本质特征之一。符号、公式以及必要的形式化处理成为数学内容组织呈现的基本方式，也体现了数学课程内容不同于其他学科课程内容的特点。

数学的抽象性还表现为它的高度概括性。概括是把若干对象的共同属性归结起来进行考察的思维方法。数学中抽象与概括相互联系，相辅相成，在数学活动中互为条件，协同发挥作用。一般来说，抽象侧重于分析、提炼，概括侧重于归

纳、综合，越是抽象的理论，其概括性也越强。

2. 数学抽象的相对性

首先，数学的抽象是以具体事物为基础的。数学内容的抽象性往往掩盖了它与具体内容之间的联系。比如定积分的概念对学生来说，名词生疏，形式抽象，但定积分概念的形成是以大量的具体问题，如求曲边梯形的面积、旋转体体积、水的流量、液体中物体所受压力等作为基础的。学生如果充分了解定积分的概念就不会觉得抽象了，可见，数学的抽象性并不排斥具体性。恰恰相反，现实的具体素材是认识空间形式和数量关系的基础，是过渡到抽象的概念和命题必不可少的初始环节。可以说，任何再抽象的数学知识都要以"具体"内容作为基础。当然，这里所说的"具体"素材，有些可能就是直接来源于生活的素材，而有些则可能是经过反复抽象后的数学素材，有些甚至就是十分抽象的数学理论。比如，空间解析几何的学习要以现实世界为基础，但它同时又是线性空间学习的基础。

其次，数学的抽象性是逐级进行的，不是"一次到位"的，它有一个循序渐进的深化过程，一个从具体到抽象、从比较抽象再上升到更加抽象的过程。比如，研究一次函数、二次函数、正比例函数、反比例函数，在此基础上抽象出一般函数的概念，然后从实数集上的函数发展为任意集合上的映射，这就是一个逐级抽象的过程。

再次，高度的抽象性与广泛的具体性的对立统一。正如前面所述，抽象程度越高，概括性越强，其所涉及的具体内容也越丰富。

3. 中学生抽象思维的阶段性

数学教学实践表明，中学生的抽象思维水平在不同的年龄阶段会存在一定差异。在初中阶段，学生往往会出现对具体素材过分依赖、对抽象结论之间的关系不易掌握等现象，学生对十分相近的数学内容常常难以准确辨别，对比较抽象的数学结论难以理解与掌握。因此，教学中不区分学生的年龄特征，一味地追求概念化、形式化是不可取的。

（二）数学的认识要经历"具体—抽象—具体"的过程

所谓从具体到抽象，是借助于直观的感性材料帮助学生建立感性认识，然后再通过抽象由感性认识上升到理性认识；而从抽象到具体是理性认识的具体化，是理性认识在具体实践中的检验、应用与深化。这一认识阶段中的具体与抽象之前的具体已经不可同日而语了，它已经发生了质的飞跃。因为先前的具体只是对事物表面现象的认识，而现在的具体则不仅仅是对事物表面现象的认识，更重要的是形成对事物本质的认识，它不仅解决的是认识论的问题，而是上升到世界观和方法论的层面，它能进一步提升认识者提出问题、分析问题、解决问题的能力。

二、如何贯彻抽象性与具体性相结合原则

（一）要重视直观教学

传统的数学教学过分追求概念化、形式化，以至于许多学生对数学学习失去兴趣，失去信心。可喜的是，新的数学课程标准已充分注意到这些倾向，并努力纠正过去数学课程过度形式化、抽象化的做法，同时对数学教材编写、教学建议都做出了明确的规定和要求。

教师在教学时要尽可能从学生熟悉的现实世界或生活经验中挖掘直观素材，要让学生有比较充分的时间、空间经历观察、实验、猜测、推理、交流、反思等活动过程，促进学生对数学概念和结论本质的真正了解。实物直观、模像直观、言语直观等可以为学生掌握抽象的数学概念提供必要的感性材料。这些感性知识越完善、越丰富，学生形成抽象的理性知识也就越顺利、越牢靠。

（二）要知道如何运用直观手段

参考第二章第三节直观教学方法相关内容。

（三）要善于对直观材料进行抽象

数学教学虽然强调具体的重要性并提倡通过具体来达到抽象，但不能因此而取代严格的、抽象的、系统的论证。所以，教师在教学时不要一味强调具体，而忽视在恰当的时机进行抽象。维果斯基曾经指出，直观总是需要的，不可避免的，但只能作为发展抽象思维的阶梯，是一种手段，绝不是目的本身。教学的本质特征是教学造成了最近发展区，就是说教学引起、唤醒并启发了一系列内部发展过程。只有跑到发展前面的教学才是好的教学。他认为，那种片面强调直观原则而在教学中一味排除一切与抽象思维有联系的东西的教学体系，不但无助于儿童克服他们的先天缺陷，而且相反地教儿童只习惯于直观思维，反而会摧残这类儿童所具有的抽象思维的幼弱萌芽，从而进一步加固这一缺陷。

在教学中，教师要善于引导学生掌握并运用比较、分析、综合、抽象、概括、类比、归纳、演绎等逻辑方法，这是具体与抽象相结合的关键。一方面，教师要引导学生运用上述逻辑方法对丰富的直观材料进行去粗取精、去伪存真、由此及彼、由表及里地加工和改造，实现从感性认识到理性认识的飞跃；另一方面，还要充分运用这些逻辑方法来解决实际问题，促进理性认识回归实践并接受实践的检验。可以说，能否灵活运用这些逻辑方法不仅直接关系到学生数学知识的掌握和解决问题能力的提升，而且也直接关系到学生数学抽象素养的发展。

（四）抽象以后还要回到具体

如果说运用直观教学是为了从具体认识抽象，那么，这只是认识过程的第一

阶段，即从感性认识上升到理性认识阶段，但整个认识过程并没有完结。学生要真正掌握抽象的数学知识，还需要把所学到的知识应用到具体问题（包括实际问题）的解决过程中，从而检验和深化对抽象知识的理解，这个过程就是从抽象再到具体的过程。从抽象到具体，并不是回到原来抽象时赖以为基础的具体，这两个"具体"在认识意义上有质的区别。下面对这两种抽象过程做一简单比较。

从认识的过程来看，抽象知识的具体化是一个从一般到特殊、从抽象到具体或从理性到感性的过程；而具体材料的抽象化则相反。

从逻辑上看，抽象知识的具体化是演绎过程，而具体材料的抽象化则是归纳的过程。

从思维的过程看，具体事物的抽象化在于通过对具体事物的一系列分析，从中抽象出这类事物的共有的本质属性，从而形成这类事物的概念、原理、定理以及法则等；抽象知识的具体化则要求把抽象知识分解为一系列本质属性，并在这些本质属性的指导下去分析具体事物，从而判断这些具体事物是否具有这一属性。

在中学数学教学中，当学生掌握了抽象的数学概念的定义、定理和公式之后，教师应及时提出新的任务，要求学生运用这些数学理论于新的问题情境，或是去辨认同类的有关事物，或是去完成相应的智力操作等。

数学的抽象性不仅以具体性为基础，而且还以广泛的具体性为归宿。也就是说，抽象的数学理论是否正确，必须经过广泛的具体事实的检验。因此，在数学教学中必须贯彻具体与抽象相结合的原则，从学生的感知出发，以客观事实为基础，从具体到抽象，逐步形成抽象的数学概念，进而上升为理论，然后再用理论去指导更为广泛的实践。

第二节　严谨性与量力性相结合的原则

一、严谨性与量力性

所谓严谨性，就是数学的精确性，即逻辑的严密性和结论的确定性，它是数学学科的基本特点之一，表现在数学概念的定义、数学结论的阐述、推理论证的进行、运算的要求、体系的建构等各个方面。具体来说，表现为以下几个方面。

（一）数学概念

数学概念可分为两类，即原始概念和被定义的概念。原始概念是那些最基本、最常用的不加定义的概念，是定义其他概念的出发点，其本质属性用公理来揭示，如集合、点、线、面等概念。被定义概念是由其他概念来定义的概念，如等腰三角形、平行四边形等。被定义概念必须有确切的符合逻辑要求的定义、符合定义的规则，即概念和概念体系是严谨的、不会产生歧义或矛盾的，如不能把平行线定义为"两条不相交的直线。"

（二）真命题

数学中的真命题通常分为两类，即公理和定理。公理是作为证明其他真命题的真实性的原始依据，它们本身的真实性不加逻辑证明，但是，它们作为一个体系，必须满足相容性、独立性和完备性；而定理都是经过逻辑证明为真的命题。任何未得到逻辑证明为真的命题都不能作为正确的结论而被承认和使用，至多只是一种猜想。

（三）公理化的体系

每个数学分支都是从原始概念和公理出发，按照一定的逻辑演绎构成的一个公理体系。在该体系中，每个被定义的概念必须用前面已知的概念来定义，每个定理必须由前面已知其真实性的命题推导出来，不能前后颠倒、逻辑混乱。

（四）数学语言

概念和命题的陈述以及命题的论证过程日益符号化、形式化。数学的符号语言简练、正确、科学，不会产生歧义。比如，在函数关系式 $y = 2x$ 中，x 只能叫自变量，而不能叫未知数。

（五）数学运算

数学运算必须按运算的法则、算理进行，而不是只看运算的最终结果。

（六）数学推理

数学推理的严谨性主要表现在推理要做到步步有据，要符合逻辑，不能靠直观甚至想当然地下结论。

当然，数学的严谨性并不是在发展初期就具有的，只是到了最后的完善阶段才能达到。

所谓量力性，是指教材内容和教学要求要适应一定年龄学生的知识水平、接受能力和理解水平。这是因为青少年的生理与心理发展有其阶段性，在各年龄阶段的思维发展水平、理解程度和接受能力存在明显差异。因此，在数学教学中，安排课程、处理教材、设计教法等都必须考虑青少年的年龄特征，以对教学的严谨性有一个逐步适应、逐步提高的过程。教学要求既不可过高，难以攀登；又不能过低，轻而易举。例如，平行线的传递性只需要采用反证法就可以证明，但教材中并未给出证明，也没有对学生提出证明要求，这里就体现了量力性这一教学原则。又比如，学生刚开始学习反证法、添加辅助线等知识时，往往只有一个初步的认识，如果要求过高不仅事倍功半，而且会严重挫伤学生的学习积极性。

二、中学生的可接受性

根据皮亚杰的儿童智力发展理论，中学生的思维正经历着由具体运演阶段向形式运演阶段的过渡时期，他们的抽象概括水平、形式运演能力、严谨周密程度等方面都还处于初级阶段，因此在考虑数学严谨性的同时，必须要注意中学生身心发展的实际情况。

首先，学生要理解和掌握数学的严谨性，必须具备很强的逻辑思维能力和相当的数学基础知识。根据中学生的年龄特征和认识的发展水平，上述能力和知识只能在他们由低年级到高年级的学习过程中逐步获得，不能马上达到。教师需要重点关注以下两个方面。

一是数学语言的准确理解。进入中学阶段，学生一下子会接触很多抽象的数学概念、公式、定理、法则，很多学生往往既不理解其含义，也难以用数学语言准确叙述，结果便会出现各种各样的错误。比如，有很多学生把同位角说成是位置相同的角。

二是推理的严谨性。在小学阶段，很多数学结论主要是靠观察、实验获得的，这种思维定势往往会影响学生对推理论证严谨性的认识。比如，有些学生认为只要结论在图形上看出来成立就行了，而不需要进行严格证明；有些学生把类比得来的结论直接作为证据；有些学生的思维缺乏逻辑性，无法搞清知识之间的逻辑关系，如说不清楚"直线"与"平角""直角"与"垂直"之间有何区别与联系。

基于以上情况，教学必须顺应学生的认识发展规律，螺旋式地安排抽象内容的学习，有计划、有步骤地逐步要求、循序提高，这样，他们才能逐步达到数学严谨性的要求。

其次，数学的严谨性具有相对性。很多数学知识的严谨性都会经历一段漫长的过程，而个体知识的发生必须遵循人类知识发生的规律。因此，教师要求学生从学习的一开始就接受、理解和掌握课本中形式化呈现来的严谨的数学知识，是违背个体认知的"历史发生原理"的。因此，在数学学习的不同阶段应该对严谨性有不同的要求。比如，在初中阶段只说自变量、因变量的取值范围，不说定义域、值域；不说单调递增（减），而说 y 随 x 的增大而增大（减小）等。

再次，在尊重学生可接受性的同时，也应当充分估计学生认识上的潜力。处于一定年龄阶段的学生，接受知识的能力是有局限的，这是中学生可接受性的主要一面。但是，我们也应该看到，中学阶段是青少年智力迅速发展的时期，他们具有很大的可塑性。数学教学不应该只是消极地、被动地适应他们的原有知识和思维水平，而应该促进他们的思维发展。

三、如何贯彻严谨性与量力性相结合原则

在数学教学中，我们既要体现数学科学的特色，又要符合学生的实际，这就是数学教学的严谨性与量力性相结合原则。

（一）认真了解学生的学业基础水平与认知水平

认真了解学生的学业基础水平与认知水平，这是贯彻量力性原则的基础。在教学过程中，教师要对学生的知识基础、年龄心理特征、认知水平、兴趣爱好等情况做到心中有数；对与学生的接受能力有较大差距的教学内容，即教学难点，要设法分散，将之转化为学生容易接受的知识，及时解决疑难，扫清障碍。

（二）根据数学课程标准制定合理的课程目标

落实严谨性与量力性相结合原则的关键在于制定符合学生认知水平的教学目标。具体表现为：一节课的教学内容的选择要恰当；例题、习题的难度与数量要符合学生的最近发展区，既适合学生的现有水平，又要有一定的智力挑战性；学生的课内作业与课后作业也要量力而行，不能对学生构成太重的负担。

（三）螺旋式地处理教材内容

数学知识的发生不是按逻辑方法建立的，而是通过实验、归纳、类比、联想、直接猜测得到的，严格的逻辑证明和演绎体系常常是后来补上的，这也是人类的认识规律。因此，对教材内容进行螺旋式处理不仅符合数学知识发生发展的内在规律，而且符合学生的认知规律。比如，在高中阶段，对于导数内容的处理，没有要求学生必须先学习极限再学习导数，而是通过对大量实例的分析，经历由平均变化率过渡到瞬时变化率的过程，让学生先了解导数概念的实际背景，知道瞬时变化率就是导数，体会导数的思想及其本质；然后再学习导数的运算，掌握导数的简单应用。从逻辑体系来看，这样安排是不严谨的，但它符合导数产生的实际过程，符合学生的认知特点和水平，能使学生较早掌握和利用导数来研究、解决有关函数问题。

（四）注重数学语言的教学

数学中的每一个名词、术语、公式、法则都有精确的含义，学生能否确切地理解它们的含义是能否保证数学教学的严谨性的重要标志之一。而学生理解的程度如何，又常常反映在他们的语言表达之中。因此，教师应该要求学生逐步掌握精确的数学语言。

首先，教师应有较高的数学语言素养。教师的课堂教学语言应力求规范化，

既简练、精确，又适应学生的水平。教师在语言上要防止两种偏向：一是滥用学生还接受不了的数学语言和符号；二是把日常流行但不太准确的口头语言带到教学中去。

其次，学生应充分认识数学语言精确化的重要性。刚进入中学的学生常常不能用自己的语言准确地表达数学概念和结论，这一方面是由于他们在小学阶段所受到的数学语言的表达训练不够；另一方面还因为学生没有真正认识到语言精确化的重要性。在教学中，教师要通过深入剖析一些不够规范、具有歧义甚至明显错误的说法来让学生充分认识数学语言精确化的重要性。

再次，教师要让学生充分参与数学语言的产生过程。数学语言应在学生深入思考的基础上自然而然地产生出来，而不应在学生缺乏深入思考时就直接灌输给学生，否则就会导致死记硬背。

最后，教师要针对数学语言的特点和学生的学情采取针对性的教学方法。在教学过程中，教师要了解教材中有哪些新概念和新术语；学生在掌握这些新概念、新术语中会遇到什么困难；教师应采用什么方法让学生更好理解这些新概念、新术语。比如，为了让学生弄清"a^2+b^2"与"$(a+b)^2$"的差异，可以先提问学生"a^2+b^2"怎么念；再问学生"$(a+b)^2$"怎么念；最后再问学生这两种读法有什么不同。

需要注意的是，要求概念讲解准确并非指一味追求概念表达的形式化、严谨化，而是指要在抓住概念本质的基础上要求学生能够正确地叙述和表达数学概念、结论，不出科学性错误。

（五）注重推理教学

推理有据是思维严谨性的核心要求。这不仅体现在证明题中，而且体现在计算题、作图题中。逻辑推理能力应该在初一就开始渗透，要按照循序渐进的原则进行整体设计，即按照"说点儿理""说理""简单推理""用符号表示推理"等不同层次分阶段逐步加深，要让学生逐步养成言必有据的习惯。在初学几何证明时，教师可以先给出证明过程，只要求学生填写理由，然后逐步过渡到让学生自己书写证明过程。具体来说，应该做到以下几点。

第一，计算合乎算理。算理是算法的依据，在算理指导下解题，学生才能真正理解算法，灵活地运用算理，算法才能熟练自如。因此，在进行计算时，学生不仅应该知道怎么算，而且还要知道这样计算的道理。

第二，画图要合乎规格。教学中要正确处理画法与画理之间的关系。比如，作辅助线时一般要画虚线，而不能画实线；而空间图形则要将被挡住的部分画成虚线；画图时还要注意处理好一般与特殊的关系，不能把任意三角形画成等腰三角形，把一般的平行四边形画成矩形或菱形。比如，证明"有一条直角边和斜边上的高对应相等的两个直角三角形全等"，有的学生画了图 3-1，把题设的两个直角三角形合在一起，论证 Rt△ABD≌Rt△ACD 时，又添加了 AD=AD 这个条件，而未用原来题设中的条件 DE=DF。对此，在教学中教师应向学生讲清特殊与一般的关系，同时还应该对这类文字题加强语言的精确理解和翻译的训练。

第三，推理要步步有理。新课标虽然大力提倡采用直观、归纳、类比等方法去进行猜想，但不能到此为止，而应该引导学生对所发现的猜想进行验证或证明，要特别防止学生出现以直观代替证明的现象。例如，要证明两个角或者两条线段相等，虽然可以通过观察图形猜出要证明哪两个三角形全等，但这只能起到启示作用，而不能作为根据。比如，如图 3-2，AB=AC，D 是 BC 延长线上一点，E 是 AB 边上一点，DE 交 AC 于点 F，求证：AE<AF。

有的学生给出了如下证明：以 E 为顶点，EF 为一边，作∠FEG，使∠FEG=∠EFA，这样就有 GE=GF，又 AG+GE>AE，所以 AE<AF。

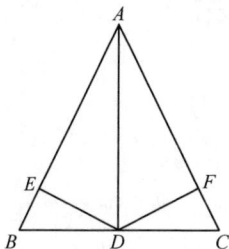
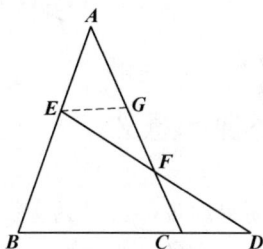

图 3-1　　　　　　　　　　图 3-2

上述证明中，添置的辅助线 EG 画在∠AEF 的内部，这实际上就默认了∠AEF>∠AFE，即 AE<AF。这种错误很隐蔽，它涉及几何论证中借助直观所允许的程度问题，因而学生往往难以纠正。总之，归纳、猜测用于发现，逻辑用于证明。推理有据并不排斥直观与猜想。在强调思维的严谨性时，我们必须辩证地处理好逻辑推理与直观、归纳、猜想的关系。

思考题

1. 解释下列名词

数学教学原则　抽象性　严谨性

2. 简答题

（1）如何理解抽象性与具体性结合的原则？

（2）如何理解严谨性与量力性相结合的原则？

3. 论述题

（1）如何贯彻抽象性与具体性相结合的原则？

（2）如何贯彻严谨性与量力性相结合的原则？

第四章

数学教学常见形式

第一节　备课

一、备课的意义

备课，简单地说，就是为上课所做的准备工作。教师要想取得理想的教学效果，除了要有扎实的基本功、深厚的专业功底和丰富的教学经验，还要在课前做好充分准备。备课是提高教学质量的基石。备课是上好一门课的准备和前奏，备课是一个从钻研课程标准、了解学情、分析研究教材、确定教学目标、制订教学计划、组织授课内容到确定授课方式方法的全方位的准备工作。

二、备课的类型

（一）学期备课

学期备课，是在通读课程标准和教材（教学参考书）的基础上对整个学期工作所做的规划与安排，故通常被称为制订本学期的教学工作计划。

首先，要在通读课程标准的基础上，深入领会课程标准的教育教学理念，准确把握课程标准规定的三维目标与核心素养，了解教学内容的选取依据、教学模块的分配（学时学分的分配、理论教学与实践教学的安排等），对课程资源开发、课程实施及课程评价方面的建议等。

其次，在深刻领会课程标准基础上深入钻研教材（教学参考书），分析教材的特点及编写意图、教材所渗透的数学思想方法，了解教材的整体结构、组织方式和组织线索，以及教学重点、难点确立的依据及解决办法等。

再次，要深入了解所教班级的学情，包括学生的生理特点、心理特点和学习特点，如学生注意力的持续、学生的知识基础、学生的思维特点、学习态度、学习方法、学习习惯等方面的情况，必要时可采取针对性措施来解决学生学习过程中存在的问题。

最后，制订学期教学工作计划。教师在完成上述各项工作以后，应制订出切实可行的教学工作计划。教学工作计划的内容一般包括：本学期的教学目的和要求；所教班级学生的情况分析；教学进度表（包括复习、考试）；提高教学质量的措施；第二课堂的活动安排。

（二）单元备课

单元备课一般是针对某一章或某一知识模块所进行的教学准备工作。如果说学期备课注重的是宏观方面、课时备课注重的是微观方面，那么单元备课注重的就是中观方面。与学期备课相比，单元备课更具体、更强调课程标准理念的贯彻和三维目标的落实；而与课时备课相比，单元备课则更宏观、更注重对教材整体结构的把握和逻辑关系的分析。由于数学具有严密的逻辑性，数学知识之间的关联度非常高，往往学习前面的知识要为学习后面的知识事先埋下伏笔，学习后面的知识要尽可能与前面的知识有机地联系起来，要把新知识的学习建立在原有的知识基础之上或在学习新知识时顺便复习旧知识。若不采取单元备课的形式，而仅仅只是教一节备一节，就可能造成整体教学节奏的失控现象，要么前松后紧，要么前紧后松，有时甚至还会出现前后矛盾的情况。可以说，教师只有通过单元备课，才能更好地把握整个单元的知识系统，才能更加合理地安排教学时数，实现教学的计划性和目的性，避免教学随意性和盲目性。

进行单元备课首先要在通览全章教材的基础上了解全章的整体结构，各部分知识之间的内在联系、组织方式及线索，教材的编写意图；其次，要结合数学课程标准进一步确定本章的三维教学目标，教学的重点、难点及关键点；再次，要根据学生的学情和现有的教学资源和条件选择合适的教学策略、教学方法和教学媒体；最后，还要根据学生的实际情况制订合理的教学评价手段和评价标准。以上备课过程可以用下列问题串来概括：

① 本单元包含哪些知识？

② 这些知识之间是什么关系？

③ 教材是怎样将这些知识串在一起的？

④ 这样组织的理论依据及优缺点是什么？

⑤ 这部分知识还与哪些知识有关系？

⑥ 本单元的教学目标和核心素养有哪些？

⑦ 本单元的教学重点、难点和关键点是什么？

⑧ 本单元的特点及编排意图是什么？

⑨ 有何教学建议？

（三）课时备课

关于课时备课，有"主备课"和"辅备课"之说，所谓"主备课"通常包括备教材、备学生、备教法、备教案、备试讲等。所谓"辅备课"通常包括备语言、备板书、备节奏、备思维、备反思等。下面先来介绍"主备课"。

1. 主备课

（1）备教材

① 精读教材，掌握精神实质

教材，从广义上说包括教科书、教学参考资料、阅读资料、活动指导书、教学音像资料和教学图表等。从狭义上说，教材专指教科书。教师钻研教材的过程是把教材上的知识转化为教师自己知识的过程。

备教材，即钻研教材。它主要解决教师"教什么"和学生"学什么"的问题，备教材是将"学术形态"的数学知识转化为"教育形态"的数学知识的过程，它往往需要综合运用现代数学观点以及教育学、心理学的理论对所备教材进行二度开发。备教材要树立"用教材教，而不是教教材"的观念，应在准确把握教材的"二度三点"，即教材的广度和深度，教学的重点、难点和关键点的基础上，恰当安排教学内容和教学程序，设法由浅入深突出重点、突破难点，使教学效果最大化。

② 查阅资料，吸取教学经验

在备教材内容的同时，教师要通过大量查阅相关的书籍、资料、背景介绍、教学文本、影像、图片资料、实物资料等教学材料，为备课提供更多可供选择的教学设计思路和方法。教师语言的准确、精炼、丰富、幽默，教学水平的高低，教学效果的好坏，来源于知识的多寡。但知识的积累是一个日积月累、潜移默化的过程，同时也是一个十分艰巨的过程。因此，教师要具有不断学习、终身学习的态度，这样才能从容应对教学过程中出现的各种问题。在教学过程中，教师要注意搜集与教材相关的国内外最前沿的研究成果，并根据需要及时增补到教学内容之中。比如，有的教师把杂志上的文章分门别类地纳入"目录索引"，主要内容详细摘抄，教学时需要哪方面的材料，随手可以翻阅得到；需要补充哪方面的题目，随手可以拿得出来，这是一种十分有益的积累方式。值得一提的是，教师课后所进行的反思和小结也是积累的一种形式，通过课后反思、小结可以起到及时总结经验、吸取教训之目的。

③ 分析教材地位，明确教材作用

深入钻研课程标准和教材的根本目的是要详细分析教材中各知识点的地位及其在整个教材或育人过程中的作用。数学知识是一个系统的结构，教师只有深入分析教材的地位与作用，才能更好地弄清知识之间的逻辑关系，进而更加准确地把握教材的整体结构与功能、编排特点及编写意图；只有深入分析教材的地位与作用，才能更加科学地把握教材的三维教学目标、教学的重点难点和关键点；同时，也只有深入分析教材的地位与作用，才能针对知识的具体关系和特点选择恰当的教学手段和教学方法。

④ 确定三维教学目标

教学目标是教学任务的具体化，是期望学生在完成学习任务后达到的程度，是预期的教学成果，是组织、设计、实施和评价教学的出发点和归宿，对课堂教学活动具有绝对导向作用。

教师在备教学目标时，首先要在认真钻研课程标准的基础上，掌握教材中的概念或原理在深度、广度方面的要求，掌握教材的基本思想，确定整本书的教学目的。教学过程是一个完整的系统，制订教学目的要以课程标准的要求、教材内容、教学手段等实际情况为出发点，并考虑其可能性。

其次，教学目标的确定还应该充分考虑学生的特点与实际，应着眼于学生终身发展的需要，既注重知识的积累、理解、运用和素养的养成，又注重培养学生的创新意识和实践能力。教师在备课时要明确学生学什么，怎么学，教学之后学习者将会产生怎样的变化，包括掌握哪些知识和技能，形成怎样的态度和认识，发展何种智力和能力，培养什么样的道德品质和习惯，形成怎样的世界观、价值观甚至核心素养。

最后，还应该在分析教学内容要点与能力要求的基础上，用概括、简练的语言对知识与技能，过程与方法，情感、态度与价值观及核心素养等方面的教学要求进行具体叙述。

⑤ 明确教学重点与难点

所谓重点，是指关键性的知识，学生理解了它，其他问题就可迎刃而解。重点一般针对教材而言，重点具有相对的稳定性；所谓难点，是指学生容易误解和不容易理解的部分。难点一般针对学生而言，有些难点是所有学生共同的，有些难点则是某些学生特有的。教学难点可能是教学重点，也可能不是教学重点。教学重点、难点的确定是教师进行教学设计时必须面对的工作，准确把握教学的重点、难点则是高效数学教学的前提，是提高课堂教学质量的重要保障。

a. 抓住重点，能较好地揭示事物的内在本质，使知识主次分明、脉络清晰，便于对知识的理解。如几何学中涉及全等、相似、位似、平移、旋转等多种图形之间的关系，尽管其关系形形色色、多种多样，但若用变换观点来统率，就变得条理清晰，而且也容易理解。

b. 抓住重点，能举一反三，触类旁通，便于知识的广泛迁移。重点知识和一般知识是统率和被统率关系，抓住重点就能以点带面，执掌全局。例如初中"数与代数"部分，一次函数和二次函数是重点知识，掌握了这些知识不仅有助于学生加深对方程知识的理解，而且还可以促进对一元一次方程（不等式）和一元二次方程（不等式）的理解和掌握。所以抓住了重点知识就像抓住了知识的生长点，新的知识就可以从重点知识中派生出来。

c. 抓住重点，能使知识系统化。重点知识有层次、有联系，便于知识的记忆。心理学实验证明，把知识放进构造良好的模型里并形成结合紧密的知识体系，就能长期保持在记忆里。所以抓住重点、以重点带一般，就能使所学知识之间建立起密切联系并能形成良好的知识结构。

⑥ 精选例题和习题

关于如何精选例题和习题，可以参看第六章第三节内容。

（2）备学生

学生的状态对于教学的开展有很大的影响。备课前教师要深入分析学生的当前知识水平、学习状态和自学能力水平。比如，如果学生学习状态良好并已做好接受新知识的准备，教师可以直接开始进行教学；相反则需要教师在课堂上花一定的时间来调动学生的学习兴趣。如果学生自学能力较强，教师在备课时可以稍微增加难度，也可以在课堂教学中适当加快进度；相反，教师就要适当降低难度和放慢教学进度，并要深入浅出地讲解理论部分，通过大量的例子来增强课堂教学效果，最终提高教学质量。

课前对学生的状态估计偏差过大有两种情形：一是对学生的状态估计过高，在课堂教学中就会出现学生反应迟缓、表情木然、课堂气氛沉闷等情况，这时教师就要适当放慢教学进度，降低例题难度，减少例题数量，把重点放在分析、讲解和应用新知识上；二是对学生的状态估计过低，在课堂教学中就会出现学生反应迅速、表情非常愉悦、课堂气氛过于热烈等情况，这时教师应趁热打铁，适当加快教学进度，适当增加例题的难度和数量，或进一步深入挖掘和拓展理论，以拓宽学生视野。

为了使备课切合实际，有的放矢地进行教学，教师要充分了解学生。了解学情可以通过课堂提问、练习、板演、讨论、召开座谈会、与学生交谈、请教有经验的老师、查阅资料、批阅学生作业等途径来进行。

（3）备教法

备教法就是考虑如何把教师掌握的教材内容传授给学生，即解决教师"怎么教"，学生"怎么学"的问题。为了促进教学活动的有效开展，教师应在备教法上努力寻求自己的特色，注重创新，采用灵活多样、形式新颖的教学方法来吸引学生，充分调动学生学习积极性，使学生在规定的时间内实现教学目标，实现教与学的有机结合。备教法通常分为以下四个步骤。

第一步，确定授课课型。数学教学中的常见课型有新授课、练习课、复习课、讲评课、活动课等。一般来说，不同的课型有着不同的教学特点，因此也就必然会有不同的教学目标、教学过程以及不同的教学方法。这样，准确地识别课型对于科学设计教学流程和合理选择教学方法就显得十分重要。因此，在备教法时，教师首先要在全面把握教材的整体结构与要点的基础上准确确定授课的课型。比如，对于注重动手实践的活动课，在教学时应该把重点放在学生的亲身实践上，通过学生的动手操作来了解知识的产生与发展过程，发现其中蕴含的规律，这种方法学生感兴趣、收获多、印象深，能够真正掌握应该学习的内容，如组织得当，相比于老师"一言堂"，老师上课轻松，教学效果也更好。对于概念比较多的新授课，如相交线、向量的概念等章节，则适宜采用教师系统讲解或学生自学、教师指导的方法来进行教学，这样容易保证知识的系统性、完整性，避免出现知识混淆或杂乱无章的现象。

第二步，设计教学流程。确定了授课课型以后接下来要做的工作是制订科学合理的教学流程。所谓流程，简单地说就是一个过程。教学流程就是一个完整的课堂教学安排，是课堂教学过程中教师、学生、教学内容和教学媒体等要素之间的相互关系或联系的形式。教学流程是保证整个教学活动顺利进行的前提，教学流程一般可以通过流程图的形式来呈现。教师通过教学流程图可以直观地看出一堂课的教学环节主要包括哪些部分、各部分之间的先后次序如何、时间分配情况怎样、需要注意什么问题等基本信息，这样在实际教学过程中可以做到心中有数、循序渐进。教师在设计教学流程时应使课堂教学内容形成一个完整而又符合逻辑的知识体系，做到既符合学生的学习心理顺序，又便于教师对媒体的操作使用。

第三步，选择教学方法。关于教学方法的选择可参考第二章第五节。

第四步，选择教学媒体。教学媒体包括黑板、投影仪、幻灯机、电脑等。备课中很重要的一项工作就是要思考采用何种教学媒体来进行授课并做好相应的准备工作。比如，教师如果采用黑板板书，则应该准备好粉笔、板擦、圆规和三角板等工具；如果采用演示实验进行授课，则需要准备相应的实验材料；如果运用多媒体课件进行教学，则要提前做好多媒体课件，并在课前检查所用的电教设备是否正常、软硬件是否已安装或调试好、能否正常运行，以免上课时出差错。

关于课件，现在很多新教师往往会更注重课件的画面效果和趣味性，其实教师最该关注的应该是如何通过课件充分揭示数学知识的发生发展过程，以便学生更易理解所授内容，更易系统掌握知识。教师如果片面追求画面效果，很可能会分散学生注意力，使教学效果大打折扣。

（4）备教案

教案的准备在整个教学过程中非常重要。教案准备是否充分，将直接影响教师上课水平的发挥。那怎样才能写好教案呢？

首先，要明确教案的构成。教案一般包括课题，教学目的，教学过程等。

其次，要了解教案的书写方法。书写教案的方法一般有文字法、提纲法、卡片法等。

再次，要明确教案的书写要求。教案的书写要求如下。

① 条块清晰。"条"是指数学的思想、方法及数学知识的逻辑体系；"块"是指教学中复习、讲授、巩固、练习的安排；

② 根据教学的重点、难点，定好教学时间；

③ 根据教学目的定好板书计划；

④ 根据学生的思维发展状况，准备好过渡语言。

（5）备试讲

上课是否精彩、学生是否愿听，除了与所讲的内容有关，还与教师的熟练程度有很大关系。俗话说，熟能生巧。内容熟悉，教师上课会更自然、效果也会更好。因此，教师在正式上课前最好能先演练几遍，这样，不仅能更好地把握讲授内容，而且能更准确地控制节奏，计划好每个小节、每个问题的讲授时间。四十多分钟的教学内容，正式上课时误差应不多于 2 分钟，认真的课前演练是保证课堂教学成功的前提。

另外，还应该大力推崇教师集体备课。上同一门课的教师一起备课，可以集思广益、相互补充，对一些有争议的问题进行讨论甚至辩论，可以加深教师对问题的理解，并从多种选择中提炼出更加科学、合理的结论或方法。而上不同课程的教师一起备课，可以帮助教师摆脱思维定势、开阔视野，有利于形成多维度的、更生动、更灵活的教学思路。

2. 辅备课

（1）备语言

语言是传递思想、表达感情的信号。教师只有充分了解语言的特点并掌握教学语言的运用技能，才能更好地运用语言提高教学质量，激发学生的学习兴趣和学习欲望。教师的课堂语言应该做到：清楚、准确、连贯、幽默。

首先，要对数学语言精雕细琢。数学语言以严谨而著称。比如，在小学讲"零"的概念时，只能讲"没有"可以用"零"表示，而不能讲"零"就是"没有"；在讲"整数"概念时，只能讲"自然数都是整数"，而不能讲"整数都是自然数"。因此，在备课时教师对教案中的每一句话都要反复推敲，确保数学语言严谨、准确，不会产生任何歧义。

其次，要精心设计课堂提问。提问一是为了激发学生思考，二是为了评价学生的学习情况。作为数学教师，一方面，要注意语言的启发性，要精心设计具有启发性的问题来激起学生的"疑惑"。另一方面，要注意语言的针对性，要根据学生的不同情况及学习的不同阶段选择适当的问题和提问方式来检查学生掌握知识的程度。

再次，要巧妙设计过渡语言。许多人都知道数学语言十分重要，但对过渡语言不太重视，甚至认为过渡语言可有可无。其实，过渡语言虽然不像数学语言那么正式，但它是思维的桥梁。恰当的过渡语言能让学生产生曲径通幽、水到渠成的感觉。

另外，还要提高语言的艺术性。形象的比喻、幽默的语言能够起到激发兴趣、引发思考、强化记忆的效果。因此，教师在教学中要善于采用提出矛盾、设疑生趣等形式新颖的语言来激发学生的好奇心和求知欲。

（2）备板书

板书是课堂教学的重要组成部分，是整节课的教学重点的浓缩。备板书时，首先，要明确板书涉及哪些内容；其次，要考虑先写什么，后写什么；再次，要考虑板书的位置和笔色的运用。另外，还要控制好板书的速度与节奏。数学教学往往容量大、速度快，教师如果不注意观察学生的反应，往往会造成学生跟不上教师思维节奏的情况。

（3）备节奏

课堂节奏影响课堂气氛，气氛创造情境。在良性情境中，学生的心理状态是勃发的、集中的、进取的。教师从容不迫地走上讲台，亲切热情地面对学生会使课堂形成一种宽松和谐的气氛。在讲课时，教师的第一句话要引人入胜，要能吸引学生的注意力，把学生带入角色之中，启发学生去积极思考。课堂节奏不宜太快，应该给学生留有思考余地，不能为追求课堂容量过分加大密度。当然节奏也不能太慢，不能慢条斯理、拖拖沓沓，这既不利于激发学生的学习欲望，也不利于培养学生思维的敏捷性，反而容易让学生产生松懈心理。一般说来，教师应该在学生思维受到阻隔的地方放慢节奏，思维流畅的地方加快节奏。一堂课应该有序幕、有发展、有高潮、有结束，使课堂气氛波澜起伏。结束语要承上启下，余味深长，要引发学生预习下一节课的兴趣。

（4）备思维

备思维是说要备学生的思维层次，按照学生心理活动的规律去设计教学程序。譬如解题，如何将学生往正确的思路上去引导，什么类型的题目运用分析法，什么类型的题目运用综合法，什么类型的题目两者兼用，什么时候运用联想，什么时候运用类比，什么时候运用归纳推理，什么时候运用演绎推理，这些问题在备课中都应该被精心预设。学生思维的触角应该先让其发散，在发散基础上集中，集中之后再在新的层次上发散，然后又在新的高度上集中，按照"发散—集中—发散"方式循环往复，螺旋上升。

（5）备反思

一堂课讲完之后，并不意味着整个课堂教学过程的终结，教师还应该认真反思、总结经验、吸取教训，及时分析失败原因并采取补救措施，有了课后反思，教师才算完成了备课工作的全过程。实践证明，这样做对教学能力的提高是很有裨益的。课后备课的内容大致有以下 3 个方面。

① 对课前备课的全面再认识

a．对教学目标实现程度的评价

主要反思教学目标是否切合授课对象的实际；教学目标对于学生来讲，是明确具体的，还是模糊不清的，有没有需要改进的地方等等。

b．对教学内容的反思

主要反思教学内容的选取是否科学合理，是否很好地促进了教学目标的有效实施，是否很好地体现了教学原则，是否起到了巩固、提高以前所学知识以及为以后学习"铺路""搭桥"的作用。特别是教学重点和难点，它是课前依据以往经验和对学生原有水平的估计确定的，尤其需要用实践来检验，故更需认真评析反思。

② 对课堂教学全过程进行反思

由备课到课堂教学结束是一个由"剧本"到"演出"的再创造过程。课前备课再好，教案写得再周到、细致，教师讲课时都不可能绝对按教案一字不变地讲授。因此，课堂教学结束后，教师要对教学过程中的失败之处和创造性成果进行反思、评析，找出今后可以借鉴的经验、需要汲取的教训。

③ 总结在案

教师对以上诸项内容进行反思、评析的同时应认真补救不足并将这些反思记录在案，这可以为教育理论的深入研究积累信息和素材。

三、备课中应注意的问题

① 教师在备课过程中，要更多地注重教学对象的可接受性。教师在备课时必须充分考虑到自己的教学对象，即所教学生的特点和接受能力，要努力使教材中的重点和难点由不易接受变为容易接受。

② 教师在备课时要充分考虑自身实际。常言道，备好课，不一定能讲好课。因此教师备课必须以自己能讲好课为首要前提。每个教师的知识结构、个性品质和思维方式不同，因此盲目效仿或生搬硬套必将事与愿违。

③ 教师在备课过程中要注重教学活动的教育性。教学不单纯是传授知识和训练技能，而是要促进学生全面发展。因此，教师在备课时不仅要考虑如何使学生掌握知识技能，还要注重在教学活动中使学生养成良好的品德和个性品质，自觉做到既教书又育人。实现教书育人的主要渠道就是通过课堂教学进行渗透，这一点已经引起广大教师的重视。课堂渗透绝不能是生灌硬输的，而应该是春风化雨、潜移默化的，只有深挖渗透素材、钻研渗透艺术，才能真正产生"润物细无声"的效果。

附：备课十问

①　本节课的教学目的是什么？为什么要学习本节课，其实际背景、前后知识之间的关系是什么？本节课在本章甚至本单元中起到什么作用？

②　本节课的教学目标，教学重点、难点、关键点是什么？如何实现教学目标、突出教学重点、突破教学难点？

③　学生要具备什么基础？可能有什么障碍？如何帮助学生克服？

④　教学各环节所需时间大概是多少？怎样引入课题？各环节之间如何承上启下、自然过渡？遇到突发事件如何面对（预案）？

⑤　本节课蕴含哪些数学思想方法？

⑥　如何激发学生的学习兴趣？

⑦　何时提问？提问的内容是什么？提问的对象和目的又是什么？

⑧　选用什么样的例题、习题？目的是什么？怎样安排学生进行练习？

⑨　板书的内容和目的是什么？如何使板书科学、合理、美观？选用什么教学媒体？

⑩　应联系哪些章节进行巩固，应为今后的学习留下什么伏笔？

思考题

1. 备课有哪些类型？
2. 课时备课通常包括哪些环节？在各环节的备课中需要注意什么问题？
3. 上网检索有关备课方面的论文并撰写一篇心得体会与同学们进行交流。

第二节　说课

说课是教学改革中涌现出来的新生事物，由于它本身固有的特点和它在教学研究中显露的特殊功能，已经被数学教育界承认和接受。近几年来，随着课程改革的不断深入，说课活动已逐渐成为学校教学科研活动的一种重要形式。

一、什么是说课

说课是一种新兴的教研形式，它是教师依据课程标准、教材及课程计划，在备课基础上，运用有关教育、教学理论以口头表达方式阐述自己对某节课（或某单元）的教学设计及其理论依据，然后由听者评议、说者答辩，达到相互交流、相互切磋，从而使教学设计不断趋于完善的一种教学研究形式。说课是介于备课和上课之间的一种教学研究活动，它需要教师在现代教学理论指导下，从理论上对整个教学内容和教学环节进行高度概括和精心设计，它集中体现了教师对教育、教学理论的运用能力。

二、说课的意义

说课是备课与上课之间的一个过渡环节，属于教学的准备阶段，教材处理的偏差和传授方法的不当，可以在说课中得到同行的及时纠正，从而使教学设计更合理、更科学。

（一）有利于教师加强教育理论的学习和研究

在说课活动中，教师不仅要依据学生认知发展水平和数学学习的心理规律阐述教学目标、分析教材的重点与难点，还要从现代教学思想和教育理论出发，科学设计教学过程、教学模式和教学方法。因此，为了说好课，教师不仅要深入研究课程标准、教材和学情，更需要不断学习和研究现代教育理论以更新教育观念和教学思想。这样，随着说课活动的深入开展，将会激发教师学习研究教学理论的主动性、积极性，并促进广大教师教育教学理论水平的不断提高。

（二）有利于增强教研意识，投身教学改革

当今社会处于知识爆炸的时代，教师仅仅是一个教学者是远远不够的，只有成为一名研究者才能立于不败之地。说课本质上就是一种研究性的教学活动，通过"说"和"评"不仅可以促进理论和实践、教学与研究的有机结合，而且可以使教师的实践和认识提高到一个新的水平，同时还能大大提高工作效率和教育教学质量。因此，说课能引导广大数学教师自觉地向教育科研领域进军，促使他们由经验型教师主动地向科研型、创新型教师转变。

（三）有利于开展教研活动，提高教师整体素质

与同行切磋、交流，是进行研究性学习的重要方面。从某种意义上说，说课其实就是一种特殊的交谈，它形式上是说课教师的个人"表演"，实际上却是全体参与者的一次深刻而具体的教研活动。通过"说"发挥了说课教师的作用，通过"评"又使教师的集体智慧得以充分彰显。听、说双方相互启发、优势互补、共同提高，从而促进教师的群体优化和教研活动质量的提高。

（四）有利于提高备课的科学性

说课是备课形式的一种创造，说课不但要回答"教什么""怎么教"的问题，而且还要从理论层面进一步回答其背后的"为什么"，这样有助于说课者更加深入

地反思备课的针对性、科学性与合理性；同时，说课者通过说课将自己对教材的理解和处理手法充分展示在同行和专家面前，可以从中及时发现备课过程中的不足并迅速做出修改、调整与完善。

（五）有利于提高教学质量

说课不仅需要说课者从理论层面对教材进行深入分析，对整个课堂教学的各个环节进行科学安排与组织，对教学方法、教学媒体的选择等方面做出精心筹划，而且还要接受同行、专家的批评与指导，这样既深思熟虑又博采众长。教师以此来组织课堂教学不仅可以更加高效地组织课堂教学资源，而且可以更加科学合理地安排整个教学环节，从而大大提高课堂教学的质量与效率。

三、说课的类型

从不同的角度可以将说课划分为不同的类型。如按照说课的时间安排，可分为课前说课与课后说课；按照说课的范围，可分为备课组说课、教研组说课、年级组说课、全校说课等；按照说课的目的，又可分为教研型、汇报型、示范型、观摩型、竞赛型等。

四、说课的内容

备好课是说好课的前提，而说课必须站在理论高度对备课作出科学的分析和解释，从而证明自己的备课是合理的而不是盲目的，是理性的而不是感性的。

（一）说教材（学情）

说者要说明自己对教材的理解，因为只有对教材理解透彻，才能制订出比较完满的教学方案。

1. 分析教材的地位与作用

教师需要明确本课题或章节内容在整个学段或某个学年的教材系统中所处的位置及其作用。只有真正明确这一点，教师才能在教学中更好把握知识的内在联系，才能更加准确地确定教材的教学目标和教学重点、难点，才能更加合理地选择教学方法、设计教学进程以提高课堂教学效率。另外，教师在分析教材的地位和作用时，不仅要从数学知识系统本身进行挖掘，而且要从学生能力培养方面进行探索，特别要从培养学生探索精神、创新能力及核心素养等方面进行深入挖掘。

2. 分析学情

参考本章第一节相关内容。

3. 提出本课时的具体教学目标

教学目标是课时备课中所规划的讲课结束时要实现的教学结果。课时目标越明确、越具体，反映教师对备课的认识越充分，教法的设计也将越合理。教师不仅要从知识与技能、过程与方法、情感态度与价值观及数学核心素养等多个维度来阐述教学目标，而且还要具体阐述每个维度教学目标的达成程度，如知识与技能通常可以分为了解、理解、掌握、运用这四个层次。阐述教学目标时特别要注意非智力因素的培养，如思想品德教育渗透和兴趣、习惯培养等。确立教学目标的依据：一是课程标准的规定；二是单元章节的要求；三是课时教学的任务；四是教学对象的实际。

4. 分析教材的编写思路、结构特点以及重点、难点、关键点

教师要说清楚本课时的教学内容包含哪些知识点，教材是如何展示这些知识点的，其中的重点、难点和关键点是什么，教学内容是按什么顺序展开的，例题与习题是如何编排的等。

[说案]（一）教材分析与学情分析

1. 本节课的地位和作用

圆与圆的位置关系是初中平面几何学习的重要内容之一。一方面它是在学习了点与圆、直线与圆的位置关系的基础上，对圆的知识的进一步深化和拓展；另一方面，它又为概率、视图等相关数学知识的进一步学习以及建筑、机械等生产实际问题的解决奠定了重要基础。

2. 学情分析

从知识方面来看，初三学生在此之前已经学习了点与圆、直线与圆的位置关系，已经掌握了研究点与圆、直线与圆位置关系的一般方法，这为顺利完成本节课的教学任务打下了良好的知识基础；从思维方面来看，初三学生正处于从形象思维向辩证思维过渡的阶段，学生的归纳、类比能力比初一、初二有了较大幅度的提升，这为采用类比方法研究两圆位置关系提供了非常有利的条件；从身心特点来看，初中学生好奇心强、求知欲旺盛，采用启发、探究的教学方法有利于充分发挥学生的主体性。

3. 教学目标分析

根据以上教材分析和学情分析并结合义务教育数学课程标准要求，我将制订如下教学目标。

① 学会根据两圆的三量关系判断两圆的位置关系。

② 在两圆位置关系的探索过程中经历科学探究的一般过程，并在此基础上进一步掌握观察、操作、类比、归纳等数学思维方法。

③ 通过两圆位置关系的学习，进一步激发学习数学的兴趣，增强学习数学的

信心，并在两圆位置关系的学习中发现数学美、感受数学美。

4. 教学重点、难点

教学重点：两圆的位置关系及其判定。

教学难点：两圆的位置关系与其相应三量关系的探索。

（二）说学法

说学法不能停留在介绍学习方法这一层面上，还应对如何进行学法指导做深入分析，要详细说明"怎样学"和"为什么这样学"的道理。这一方面需要讲清执教者是如何激发学生学习兴趣、调动学生积极思维、强化学生的主体意识的；另一方面，需要讲清执教者是怎样根据学生的年龄、心理特征，运用哪些学习规律指导学生进行学习的。现在，新课标大力倡导以"主动参与，乐于探究，交流合作"为主要特征的学习方式，因此，在说学法时首先必须深入研究学生，处理好课堂教学中的师生关系，重新摆正师生的位置；其次，要注意对所运用方法的指导过程进行阐述，就是不但要让学生"学会"，还要让学生"会学""乐学"。

［说案］（二）学法指导

考虑到教材特点与学生特点，本节课我将主要采用启发、讨论相结合的教学方法；为了使启发真正到位，我将充分依托学生的"最近发展区"并采用问题串的形式来启发、引导学生进行探究；在引导分析过程中，我将充分发挥学生的主体地位，给学生留出足够的思考时间和空间，引导学生去联想、探索，从真正意义上完成对知识的自我建构。为了让学生更好地建构知识，我将利用几何画板、动画演示等多媒体手段直观呈现教学素材。

（三）说教法

教学方法的选择、教学手段的运用，直接关系到教学质量的提高，教师对此必须能够作出明确、肯定的回答。说教法重在说明"怎么教"及其背后的"为什么"。说教法可理解为说某种教学方法，或者教学方法中某个具体的教学方式的选择及应用。选择何种教学方法，关键在于教师对教材特点和学生认知规律的深刻把握，但无论采用何种方法，都要始终贯彻"具有启发性""突出主体性""注重思维性"等原则。因此，说课不仅要从实际出发选择恰当的教学方法，而且随着教学改革的不断深入，还要创造性地运用各种新的教学方法。

［说案］（三）教法分析

根据本节课的教学内容及学生的实际水平，我将采取引导发现式教学方法并充分发挥多媒体的辅助作用。

引导发现法作为一种启发式教学方法，体现了认知心理学的基本理论。教学过程中，教师采用点拨的方法，启发学生通过主动思考、动手操作来发现知识，进而完成知识的内化，使书本的知识转化成自己的知识。这样，课堂不再成为"一言堂"，学生也不会变成教师注入知识的"容器"。

多媒体以声音、动画、影像等多种形式强化对学生感官的刺激，这一点是粉笔和黑板所不能比拟的。教师采取这种形式，可以极大提高学生的学习兴趣，加大课堂信息容量，促进教学目标更有效地实现。另外，多媒体的良好交互性，可以将教师的思路和策略以软件的形式来体现，更好地实现教师的设计意图。

（四）说教学程序

教学程序的基本内涵是课堂结构。课堂结构要有过渡自然的教学环节、有清晰的教学思路、有一脉相承的线索、有逐步推进的层次。从整个说课过程来看，它是说课的重点，同时又是说课的精华、高潮所在。通过这一过程的分析才能看到说课者独具匠心的教学安排，以及说课者的教学思想、教学个性、教学艺术与教学风格等。因此，在说教学程序时，教师不仅要说清突出教学重点的主要手段与措施，化解教学难点的具体步骤，而且要说清师生双边活动的具体安排、学情依据、板书设计、例题和习题的编排意图等。一般来说，教学过程要说清楚下面几个问题。

1. 教学思路与教学环节安排

教师要把教学过程设计的基本环节说清楚；在介绍教学过程时不仅要讲教学内容的安排，还要讲清"为什么这样教"的理论依据（包括课程标准依据、教学法依据、教育学和心理学依据等）。

2. 说明教与学的双边活动安排

这里重在说清准备运用何种现代教学思想指导教学，如怎样体现教师的主导作用和学生的主体作用的和谐统一、教法与学法的和谐统一、知识传授与智能开发的和谐统一、德育与智育的和谐统一等。

3. 说明重点与难点的处理

要说明在教学过程中，你准备怎样突出重点和突破难点。

4. 说明拟采用的教学手段

如准备采用哪些教学手段辅助教学，什么时候、什么地方用、怎么用、这样用的道理是什么等。

5. 说清楚板书设计和设计意图

简要说明准备板书哪些内容，你准备怎样设计板书，为何这样设计等。

6. 阐述教学组织活动方式

教学组织活动包括讲述、讲解、指导、辅导，也包括展示、演示，还包括组织各种参观、操作活动等方式，说课时要对这些方面进行提纲挈领式的阐述。

[**说案**]（四）教学过程分析

1. 创设情境，提出问题

本节课我将采用视频播放和灯光控制相结合的方法，让学生真实地感受日食过程中所蕴含的数学知识，同时在此过程中培养学生运用数学眼光观察世界的能力。

【李吉林老师说过："创设一个情境，可以点燃孩子们的兴趣。"我这样做一是为了激发学生的好奇心和探索欲望；二是可以像导游那样引领学生欣赏美妙的数学花园。】

2. 复习旧知，探求新知

结合图 4-1 和表 4-1，回忆以前学过的"圆与直线的位置关系"的知识。

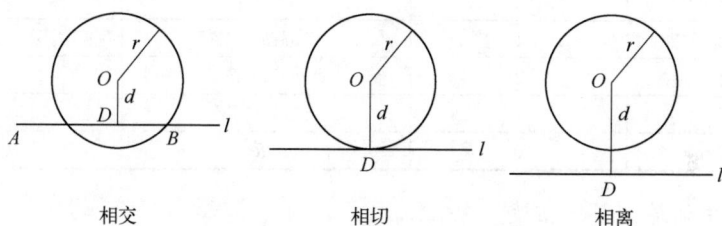

相交　　　　　　　　相切　　　　　　　　相离

图 4-1　圆与直线的位置关系

表 4-1　圆与直线的位置关系及交点个数

圆与直线的位置关系	交点个数	d 与 r 的关系
相交	2	$d<r$
相切	1	$d=r$
相离	0	$d>r$

【依据："温故而知新，可以为师矣。"我这样做是为了让学生类比圆与直线的位置关系，归纳得出圆与圆的位置关系。】

在此之后，我们将进入新课的学习。考虑到学生之前有研究点（直线）与圆的位置关系的经验，我将启发学生类比点（直线）与圆位置关系的探究方法，让学生先根据两圆的交点个数对两圆的位置关系进行分类（表 4-2），这对学生来说应该不会有太大困难。困难在于如何区别外切与内切、外离与内含。我采取的方法是先让学生直观认识到彼此之间确实存在区别，然后再引导学生探索区别的根源或本质，学生可能会发现外切、外离的情况是一个圆在另外一个圆的外面，而内切、内含的情况是一个圆在另外一个圆的里面。当然这也仅仅是一种直观层面的认识，为了更深刻地探索它们之间的区别，我将进一步启发学生："大家有没有其他方法来对它们进行区别？"由此引导学生通过两圆的三量关系来判断两圆的位置关系。如果学生有困难，我会启发学生类比点（直线）与圆位置关系的判断方法，让学生通过类比找到判断两圆位置关系的新方法。当学生能通过两圆的三量关系来判断两圆的位置关系时，他们不仅会对外切与内切、外离与内含的区别产生更加深刻的理解，而且能将圆与圆的五种位置关系根据连心距与两圆半径之间的关系进行科学分类（表4-2），并进而促进学生对两圆位置关系的深度理解。当学生对两圆位置关系的判断方法有了一定了解以后，我将进一步提出"除了刚才的两种分类方法外，还有没有其他分类方法？"提出这一问题的目的是启发学生从两个圆的公切线的条数来探索两圆位置关系的分类方法。

表4-2　圆与圆的位置关系、交点个数、公切线条数

圆与圆的位置关系	交点个数	d 与 R、r 的关系	公切线的条数
外离	0	$d > R+r$	4
外切	1	$d = R+r$	3
相交	2	$R-r < d < R+r$	2
内切	1	$d = R-r$	1
内含	0	$d < R-r$	0

3. 应用训练，引申拓展

在学生基本理解圆与圆的位置关系之后，我将学生引入巩固训练环节。巩固训练又分为基础检测、深化理解和变式训练、巩固提高这两个层次。

（1）基础检测、深化理解

【例1】已知⊙O_1、⊙O_2的半径分别为5和2，圆心距为d。填写表4-3。

表4-3

圆与圆的位置关系	交点个数	d 与 R、r 的关系
		$d > 7$
外切		
	2	
		$d = 3$
内含		

【例1属于基础题，主要是在已知两圆半径的条件下，再根据两圆位置关系、两圆的圆心距及交点个数这三个量中的任意一个量去确定其他两个量，目的是从不同角度全面考查学生对两圆五种关系及其本质属性的理解情况。】

（2）变式训练、巩固提高

【例2】⊙O的半径为4，C是⊙O外一点，$OC=7$。以C为圆心作⊙C与⊙O外切，⊙C的半径是多少？以C为圆心作⊙C与⊙O内切呢？

【例2属于语言变式问题，这一题没有直接告诉两圆的圆心距，而是通过在已知圆外作一个圆的形式间接告诉两圆的圆心距，这道题主要考查学生数学语言转换的能力。】

【在讲完两个例题后，学生对今天所学的知识已经有了一定程度的理解，下面我将通过一道变式题来进一步检测学生对两圆位置关系判定方法的灵活运用情况。】

【课堂练习】当两圆外切时，圆心距为18；当两圆内切时，圆心距为8，求这两个圆的半径。

【本题属于变元问题，本题将圆与圆的位置关系和二元一次方程组紧密结合在一起，需要通过解二元一次方程组才能求出圆的半径。本题不仅考查学生灵活运用两圆位置关系判定定理的能力，而且可以考查学生运用化归思想和数形结合思想解决问题的能力，同时还能培养学生运用数学思维思考世界的能力。】

4. 总结归纳，强化体系

总结将围绕以下几个问题来展开。

（1）本节课我们主要研究了什么问题？是通过什么方法研究的？

（2）两圆的位置关系有几种形式？如何根据两圆的三量关系去判定两圆的位置关系？

（3）在本节课中我们学到了哪些数学思想方法？

【我通过问题串来进行回顾总结，有利于充分激发学生的学习兴趣和参与热情，使学生深切体会到本节课的主要内容和思想方法，从而达到对两圆位置关系及其判定方法的深刻理解。】

5. 作业布置

必做题：课后习题（略）。

补充习题（略）。

针对那些学有余力的同学，我将再给他们布置一些更具思考性的问题。（问题略）

【我这样做符合因材施教的教学要求。针对个体差异，布置作业分为必做题和选做题。这样基础好的学生可以有提高，基础薄弱的学生也没有太大的学习压力。】

6. 板书设计

我的板书如黑板所示，其中图形与表格部分将采用 PPT 展示。

以上就是我说课的全部内容，谢谢大家！

五、说课应遵循的原则

（一）科学性原则——说课成功的前提

科学性是教学应遵循的基本原则，也是说课应遵循的基本原则，它是保证说课质量的前提和基础。科学性原则对说课的基本要求主要体现在以下几个方面。

1. 教材分析正确、透彻

说课中，教师不仅要从微观上深刻理解各知识点之间的内在联系，而且要从宏观上准确把握本节课的知识体系在本章、本单元、本学段甚至本学科中的地位、作用，而其中最关键的是要准确把握新知识的生长点。

2. 学情分析客观、准确

说课中教师要从学生学习本课时的原有基础和现有困难两个方面全面、客观、准确分析学情，这可以为采取相应的教学对策提供可靠依据。

3. 教学目标科学、合理

教学目标包括本节课的总目标与具体的基础知识目标、智能发展目标和思想教育目标，其确定都要与教材分析和学情分析保持高度一致性，并有切实可行的落实途径。

4. 教法设计具体、可行

在说教法时，教师既要说清本节课的总体构想及依据，又要说清具体知识尤其重点、难点知识的构想及依据，使教法设计不仅具体、可行，而且能紧扣教学目标，符合课型特点和数学学科特点。

（二）理论联系实际原则——说课的灵魂

说课是说者向听者展示其对某节课教学设想的一种方式，是教学与研究相结合的一种活动。说课不是宣讲教案，也不是课堂教学过程的浓缩。说课的核心在于说理，在于说清"为什么这样教"。因此在说课活动中，说者不仅要说清其教学构想，还要说清这样构想的理论与依据，要将教育教学理论与课堂教学实践有机结合起来，做到理论与实践的高度统一，使说课不仅具有坚实的理论基础，而且具有扎实的实践根基。

1. 说课要有理论指导

说课要以理论为指导，说课的内容要言之有理、言之有据。比如，教师对教材的分析应以学科基础理论为指导，对学情的分析应以教育学、心理学理论为指导，对教法的设计应以数学教学论为指导。

2. 教学设计应上升到理论高度

在实际教学中，一些教师往往比较重视对教学设计本身的探索、积累与运用，而忽视将其总结上升到理论高度并使之系统化、规律化，这很容易遮蔽教学设计的应有功能。因此，在说课时，教师应尽量把自己的教学设计上升到教育、教学理论高度并接受其检验。

3. 理论与实际要有机统一

说课既要避免空谈理论，又要避免只谈做法不谈依据，还要避免理论与实际的脱节。正确的做法应该是理论要真正切合实际，实践要有理论的精准指导。

（三）实效性原则——检验说课成功的标准

任何活动的开展都有其鲜明的目的，说课活动也不例外。说课的目的就是要通过"说课"这一简易、速成的形式或手段，在短时间内集思广益，检验和提高教师的教学能力、教研能力，从而优化课堂教学过程，提高课堂教学效率。说课如果仅仅是为说而说，而不能在讲课中落实，那就成了"花架子"，结果必然会使说课流于形式。因此，"实效性"就成了检验说课成功的关键指标。为保证每次说课活动都能达到预期目的、收到可观实效，教师至少要做到以下几点。

1. 目的明确

一般来说，说课可用于检查、研究、评价、示范等各种目的。比如，检查性说课主要用于领导检查教师的备课情况；研究性说课主要用于同行之间切磋教法；评价性说课主要用于教学评比、竞赛活动；示范性说课则是为了给教师树立说课样板，供其学习、参考。因此，教师要想把课说好，首先要明确目的，具体来说，就是要弄清说的到底是哪种类型的课，这样才能针对性地开展相应的准备工作。

2. 针对性强

这里主要针对检查性、研究性两种说课活动而言。检查性说课主要针对以下问题：教师的工作态度、教师的专业知识、教师的教学能力、教师的教研能力；而研究性说课主要针对承上启下的课、知识难度较大的课、结构复杂的课以及同科教师之间意见分歧较大的课等。一句话，教师只有真正体现说课的针对性，才便于说课人和评说人的提前准备和对问题的集中研究与解决。

3. 准备充分

为充分发挥说课的应有效果，教师在说课前应针对说课目的进行系统准备。准备包括深入钻研课标和教材、精准把握学生学情、恰当选择教法学法、精心设计教学流程等，只有这样才能做到有备无患。除此之外，教师还要写出条理清楚、有理有据、重点突出、言简意赅的说课稿。

4. 言简意赅

说课不同于上课，一般在 10～15 分钟，因此要在这样短的时间内给评委留下深刻的印象，必须做到重点突出、要言不烦。要精选说课内容，要突出重点与有特色的内容，做到说主不说次、说大不说小、说精不说粗、说难不说易，坚持有话则长、无话则短，防止连篇累牍、不得要领。

5. 评说准确

评说要科学准确、指导性强。说课人说完之后，参加评说的人员要积极发言，抓住教学理论上的重大问题和教学中带有倾向性、普遍性、规律性的问题进行重点评说。主持人还应该将已达成的共识和仍存在分歧的问题分别予以归纳总结，以便在实际教学中贯彻执行或今后继续进行研究。

（四）创新性原则——说课活动的"风景线"

说课不仅是将教学构想转化为教学活动之前的一种课前预演，它同时也是一种深层次的教研活动。在说课过程中，说者要向听者详细阐述自己的独特构思和教学主张，要充分展示自己的教学特长与教学风格；听者也要将自己在听讲过程中发现的问题、产生的想法及时反馈给说者。在这一过程中，说者与听者可以做到相互启发、取长补短。这需要参与者具有敢于质疑批判的精神，既大胆假设、又小心求证，才能使说课活动成为真正意义上的教研活动，才能使说课活动永远"新鲜"，永远充满生机和活力。

六、说课存在的误区

说课作为一种有效的教研手段，克服了备课和上课中出现的只教不研的状况，但在具体实施中也存在一些误区，主要表现在以下几方面。

（一）没有真正理解说课的本质

一些只满足于知识灌输与传授、缺少教育教学理论系统学习的教师常常对说课有误解。他们或认为说课就是教材的浓缩，或认为说课就是教案的再现，或认为说课就是对上课的简要陈述，这其实并没有真正理解说课的本质。

（二）把说课当成复述教案

说课源于备课，又高于备课。说课与备课不同，它不仅要说出"教什么"和"怎样教"，更重要的是要从理论和实践的结合上具体阐述"为什么这样教"。在说课过程中，说者要让听者能根据自己的"独白"来想象课堂教学全貌，判定、推断教学效果，这对说者来说是一个巨大挑战。因此说课者务必要做到言之有理、言之有物，演示要生动形象，语速要快慢交替，切忌拿着事先写好的讲稿以"读"代"说"，更不能一字不漏地以"背"代"说"。

（三）把说课当成试讲

说课与讲课有本质区别，说课也绝不是试讲。教师不能把讲给学生听的东西拿来讲给领导、评委、同行听。说课是说教学方案是怎样设计出来的，如此设计的依据是什么，预定要达到怎样的目标。这只是一项工程的施工蓝图，而不是施工过程。

（四）说课模板化

在有些教师看来，说课无非就是说教材、教学目的、教学方法、教学重点、教学难点、教学过程、板书设计、作业布置等。于是，他们常常套用固定模板，采用共性语言来进行说课。由于缺乏个性特征和创新之处，说课失去了应有的价值。比如，在分析教材的地位与作用时，很多人都会说这节课在教材中起到承上启下的作用，这本身无可厚非，但需要具体说明到底承什么"上"、启什么"下"；又比如教师在说教学目标时，不仅要叙述教学目标是什么，而且要具体说明通过什么教学方法、教学手段，设计怎样的教学进程来实现教学目标。

（五）说课脱离实际

说课由于只要说出自己的教学思路和设计意图，而不需要当堂实施，这就很容易出现好高骛远、眼高手低的现象。有时理论看似很新颖，实则很牵强，很难在教学中真正实施；有时手段很独特，但缺乏实施能力。比如，一些教师在说情感态度价值观方面的目标时，会提出"通过本节课的教学培养学生的创新能力和辩证唯物主义世界观"等目标，殊不知，这些教学目标的达成需要经历相当漫长的过程，绝非一朝一夕就能培养的。这样的目标看起来"高大上"，实则严重脱离实际，在实际教学中根本无法实施。

（六）说课缺乏表现力

说课的一个显著特点是"说"，说课者语言的运用在很大程度上影响了说课的效果。说课如果单调乏味、无精打采，那将很难打动评委。因此，在说课时，必须注意语言的音量、语调、语速，以及表达的感染力，以增强说课的效果。此外，精美的板书、视觉材料的恰当使用也是很有必要的。通俗、精炼、流畅的语言表达，配以精心制作的多媒体，会使说课更加生动、精彩，会给听课者留下深刻印象。

（七）说课缺乏交流与争论

说课绝非说者向听者单向传递信息，说课如果缺乏及时有效的交流与争论，那将难以促进说者教学水平的提高。

七、说课能力的培养

师范生"说课"能力的培养应集中时间进行，要加强课内与课外的结合，改变传统的教学设计课程的教学方式与模式，要在教学设计课程的教学中增加"说课"训练内容，并在专业教师的指导下进行扎实、系统的训练。谢建平老师认为，说课能力的培养可以采用"系统学习相关理论—专业教师指导—学生自主训练—实践巩固提高"这一模式。其具体过程如下。

（一）系统学习相关理论。说课的关键是要说清"为什么这样教"背后的道理。因此，教师在学生掌握了一定的教育教学理论知识以后，要对学生加强与"说课"有关的理论与方法的指导。

（二）专业教师指导。在学生系统掌握"说课"理论和方法的基础上，教师要进一步指导学生从说课标、说教材、说教法、说学法、说教学程序设计、说教学小结与课堂反思等方面撰写说课稿并组织学生针对每个板块分别进行训练，这一方面可以提高学生说课的基本功，另一方面可以让理论真正内化为学生的说课行为。

（三）学生自主训练。在分块训练基础上，教师还要引导学生精选若干课题进行完整的说课训练。训练可以小组为单位，采取一人说、多人评的方法来进行。在训练过程中，教师不仅要引导说课者全面阐述自己的教学思路、课堂结构及各部分内容的组织安排与时间分配等，而且还要让说课者详细说明"怎样教""为什么这样教"的理论依据，使教学有理有据；同时，还要组织学生进行评议、交流和总结，帮助"说课"者不断改进说课中存在的问题。

（四）实践巩固提高。"说课"终究只是"说"，而上课才是真正的做，检验师范生教学水平和能力高低的唯一标准是上课。上课不但能检验"说课"的可行性、有效性，而且能及时发现并改进说课中的问题，促进"说课"水平的提升。因此，只有通过实践、评议和总结，才能提高师范生的说课能力。

总之，"说课"是课堂教学的"蓝图"，是上好一节课的总体构思。我们只有通过不断学习"说课"的理论知识，积极投身"说课"训练活动，才能真正提高"说课"能力。

八、说课与讲课的联系与区别

（一）说课与讲课的联系

一方面，说课是讲课的基础。说课有利于教师相互切磋、互通有无，这不仅有利于参与者深化对课程标准和教材的理解，还有利于参与者准确把握教材的教学目标与教学重点、难点，同时也有利于参与者恰当选择教学方法、合理设计教学过程、有效提高教学质量；另一方面，讲课是对说课的检验。说课把讲课的基本要求概括成比较全面、系统、科学、合理的模式，既有理论性又有指导性，为教师讲课提出了规范要求。但是这些理论和方法是否得当，还需要在讲课中加以检验，只有通过检验才能及时发现说课中存在的问题，并针对这些问题提出相应的改进措施。

（二）说课与讲课的区别

说课和讲课的区别主要有以下几点。

① 对象不同：讲课对象是学生；而说课的对象是同行、教研人员或专家。

② 重点不同：讲课的重点是解决"教什么""怎么教"的问题，重在讲述和解疑；而说课的重点则要回答背后的"为什么"。

③ 目的不同：说课的目的是讲述自己的教学设计，然后由听者评说，达到互相交流、共同提高的目的；讲课是为了让学生理解教材、掌握知识。

④ 内容不同：说课的内容是解说自己对某课题的理解、教学设想、方法、策略以及组织教学的理论依据等；而讲课的内容是对某课程的内容进行具体的分析，是向学生传授知识以及学习方法等。

⑤ 意义不同：说课主要是为了提高课堂教学效率和教研活动实效；讲课则是为了让学生增加知识，提高能力。

⑥ 方法不同：讲课是教师与学生的双边活动，通过读、讲、议、练等形式来完成；说课则是以教师自己的解说为主。

思考题

1. 什么是说课？
2. 说课有何教育意义？
3. 说课包括哪些具体内容？
4. 说课的一般程序有哪些？
5. 说课应遵循哪些原则？
6. 说课能力应如何培养？
7. 说课与讲课有何区别与联系？
8. 自选一个课题撰写说课稿，然后分小组开展说课训练与研讨，要求同学互评并撰写反思心得。

第三节　模拟讲课

一、模拟讲课的内涵

"模拟讲课"就是"演课"，也称之为"无生上课"。这一概念首先于 2005 年出现在体育教学领域，最初的定义就是教师在没有学生参与的情况下，面对评委，模拟完成教学内容、实施教学目标、展开教学过程等环节，达到与有生上课相同的效果。因为不需要学生参与，模拟讲课有着易操作、耗时短等特点，它现在已经成为教师招聘考试、各种教学技能比赛的一种常见教学形式。特别是在师范院校，模拟讲课作为一种重要的教学形式对于提升学生的教学基本功具有非常重要的作用。

二、模拟讲课的意义

（一）可以提升教师的教学基本功

"模拟讲课"要求讲课教师在没有学生的情况下，模拟上课情景，用自己的语言把课堂教学过程展示出来。在这一活动中，教师不仅需要充分展示把握教材、了解学生、驾驭课堂、启发引导、语言组织、课堂板书、课件制作等诸多方面的基本功，而且需要教师具有良好的教姿教态和强大的心理素质，这样才能很好驾驭课堂，才能取得良好的教学效果。

实践表明，经过长时间的模拟讲课，无论是新（准）教师还是老教师，其教学技能和综合素质都会明显提升。一些老教师通过模拟讲课对讲课过程精心打磨，不仅可以及时发现自身教学中存在的不足，而且可以使自己的教学技能得到显著提高，同时还可以提升自己对教学的认识；对新（准）教师而言，通过模拟讲课不仅可以在较短时间内迅速提升教学基本功、促进角色的转换，同时还可以将书本知识与教学实践有机结合，深化对书本知识的理解，提升教学实践能力。实践证明，一些初登讲台比较腼腆、胆怯的学生经过一段时间的模拟讲课训练以后，会变得更自信、更沉着，教姿教态也更自然、更优美了。

（二）可以促进教研活动的开展

作为一种集个人备课、教学研究与上课实践于一体的重要教学形式，模拟讲课是提高教师素质，培养造就研究型、学者型教师的重要途径之一。实践证明，模拟讲课能够有效调动教师投身教学改革、学习教育理论、钻研课堂教学的积极性。模拟讲课虽然从表面上看好像只是讲课老师在独自"表演"，但听课的人也可以从中学到很多东西。有时候讲课者可能"自我感觉良好"，但很多时候往往还是"旁观者清"，听课人往往更容易发现讲课者自身难以发现的许多问题，比如教姿教态、"口头禅"等。通过模拟讲课，讲课人可以根据听课者的评价、反馈来发现和改进自己讲课中存在的问题。同时，听课者在观摩过程中也可以取长补短、共同提高。在模拟讲课中出现的问题，有的反映的是讲课者自身存在的问题，而有的则代表了很多讲课者的共性问题，通过观摩他人模拟讲课，听课者可以在自己的讲课中避免此类问题的出现。

（三）更经济、更高效

模拟讲课之所以能在各种教学技能比赛、招聘考试中被广泛采用，是有其特定现实基础的。由于这类活动报名人数较多，且时间大都安排在假期，如果采用普通上课的形式，受教学内容的选择、教学班级的确定、学校作息时间等因素的限制，不仅很难合理做出安排，而且耗时较多，难以确保评价的客观性、有效性。

模拟讲课不需要学生，这样一方面可以克服有生课堂带来的诸多局限、大大提高经济性；另一方面，则可以大大增强教学内容选择的灵活性。模拟讲课不仅充分压缩了学生的活动环节，而且"削枝存干"，舍弃了教学中的许多次要的、非本质因素，如激发学生情感、维持课堂秩序等教学环节，这不仅有利于充分突出教学活动中的主要矛盾和本质特征，而且有利于压缩教学时间、提高教学效率。

（四）更客观、更公正

模拟讲课没有学生"在场"，因此评委就无法根据学生反应来评价教师教学质量的高低，只能根据教师的讲解（体态、语言）来判断其讲课的好坏，这虽然会在无形之中给讲课教师增加许多困难和压力，但它的优点是"屏蔽"了学生因素的"干扰"，可以让评委们的目光完全聚焦到讲课教师身上，从而可以更加客观地了解讲课教师在备课、讲课、多媒体使用等方面的表现，这样的评价自然也会更公正、更具可信度。

三、模拟讲课的特点

作为一种相对较新的教研形式，模拟讲课具有多种特点。

（一）模拟性

"模拟讲课"属于"无生上课"，其最大特点是"模拟性"。由于没有学生参与，教师在讲课时就无法根据学生的反应来动态调整教学内容，只能根据自己预设和想象的学生来进行讲课。教师在进行模拟讲课时要既当老师、又当学生，即既要根据想象中的学生来讲解教学内容、创设教学情境、提出数学问题；同时又要根据老师提出的问题，模仿学生对老师的问题进行回答。在给出回答时不能只有标准答案、正确答案，也要根据学生的理解程度和存在问题给出一些不够完整的答案甚至错误答案，这样才会显得自然、真实。这不仅需要教师充分了解学生的实际，而且需要教师充分了解教材、教法，才能将理想中的教学设计在模拟课堂中充分演绎出来。

（二）浓缩性

模拟讲课不同于有生上课，它会大大压缩唤起学生注意、组织学生活动、等待学生回答等教学环节，因此模拟讲课又被称为"压缩式上课"或"微型课"。一节正常需要四十多分钟的课，模拟讲课往往要在 10～15 分钟内完成；同时，讲课时不仅要一开始就能迅速抓住评委的眼球，而且在讲课过程中还要不断唤起评委的兴奋点，让评委始终跟着你的思维进行活动，而不会走神儿。这就需要教师在模拟讲课前对教学内容精心预设，充分突出教学活动中的主要矛盾和本质特征，否则不仅难以完成教学任务，而且也难以提高教学效率。

（三）竞争性

在模拟讲课中，主办方为了保证评价的客观性、公正性，往往会在上课前1～2小时才告知所要讲解的内容，而且不允许携带手机等通信工具与外部联系，这就会大大提高模拟讲课的挑战性。因此，要想在模拟讲课中脱颖而出，讲课者不仅需要在平时练好教学基本功，而且在教学设计时要充分体现新课标理念，同时在讲课时要注意讲课的生动性、趣味性、启发性，要充分利用各种教学资源实现教学效果的最大化。

四、模拟讲课的流程

模拟讲课的流程通常包括以下几个环节：

① 创设情境、激发学生兴趣；
② 设置疑问、引导学生自主建构；
③ 设置学生操作环节，让学生有所感受；
④ 进行交流，质疑并解决问题；
⑤ 巩固练习、强化学生认知；
⑥ 回顾反思、小结拓展。

五、怎样进行模拟讲课

一堂课的教学大致包括课堂导入、新知讲授、课堂练习、拓展延伸、课堂小结、作业布置等环节。模拟讲课的重心一般集中在课堂导入和新知讲授环节，课堂导入环节要新颖、直观，开门见山；新知讲授环节要细致、合理并通过师生互动的形式展开；练习环节要重点突出、详略适当；各个环节之间的过渡、衔接要自然、严谨。

六、模拟讲课的注意事项

（一）精神要饱满

"模拟讲课"没有学生"在场"，教师在讲课时就少了学生发挥的亮点，少了学生带给教师的缓冲时间。这样，评委们的眼光都会聚焦到讲课者的身上，讲课者的优点和缺点都会一览无余地暴露在评委们的面前。特别是模拟讲课本身就具有很强的竞争性，讲课者如果缺乏激情、语调平淡，那将很难打动评委，要想在众多选手中胜出将非常困难。因此，要想取得模拟讲课的成功，要做到以下几点。

　　首先，要充满激情。有些教师在讲课时总感觉讲课内容平淡无奇、缺少新意，特别是在所讲的课练了很多遍以后，可能对讲课内容已经感到疲惫、麻木。但是学生永远是第一次听教师的课，所以教师在讲课时要确保呈现给学生的永远是自己最好的、充满感情的讲解，而不能流露出丝毫的厌倦和不屑，否则讲课就不会生动，也无法引起评委的共鸣。

　　其次，要充满自信。自信的表现有很多方面，如走路要步履稳健，讲课时要抬头挺胸，要声音洪亮，要与评委有目光交流，不能目光游离，不能老朝上看或朝下看。要力戒声音过轻，吞吞吐吐，言行举止不得体，语调平淡无奇。讲课时尽量不要看教案，不要一动不动地待在同一个地方，也不要自始至终都是同一个动作，更不要出现多余动作或口头禅。

　　再次，要有表现力。模拟讲课没有学生配合，完全靠教师自编自演。模拟讲课常常被称为"演课"，模拟讲课的最大特点是"模拟性"，模拟讲课能否取得成功贵在"演"。在模拟讲课时，教师不但要演得有板有眼、像模像样，而且要做到教学理念新、教学手段佳、教学评价得当等。

（二）心中有学生

　　模拟讲课虽然不是真实课堂，也没有学生在场，但不能因此就认为可以不要学生参与，就可以教师一个人唱独角戏。比如，有些师范生在进行模拟讲课时给人的感觉是从头到尾都是他一个人在讲解，而看不出有学生在回答，这是心中没有学生的表现。我们应该清楚地认识到，模拟讲课虽然具有"模拟性"，但它模拟的不仅仅是老师的讲解，它模拟的是真实的课堂，而真实的课堂从来不是单一的教师教，而应该是师生互动、共同演绎的过程。模拟讲课时，讲课者如果心中有学生，那么他在讲课时的一举手、一投足都会给人以亲切感，会让听课者如沐春风。因此，在模拟讲课过程中，教师要充分突出学生的主体地位，要努力营造和谐愉快的氛围、创设师生合作交流的活动平台，充当好学生学习的组织者和引导者，让学生在这样的环境下通过自主探索、师生对话获取知识、提高能力。

　　心中有学生要求教师在进行教学设计时首先要充分了解学生的学情并根据学情设计出合理的教学设计。比如制订的教学目标是否适合学生、创设的教学情境能否激发学生兴趣、能否引发学生思考；其次，高质量的模拟讲课必不可少的便是和学生的互动环节，虽然并无学生的真实参与，但是讲课者应注意虚构相应的互动场景，应根据教学进程的需要适时扮演学生角色，或通过小组讨论、提问转述、上台展示、板演、师生评价等方式来进行师生互动，以提高整个授课过程的真实性、生动性。

　　师生互动不能流于形式，一定要服从课堂教学的实际需要，同时还应该充分体现新课标理念。比如，有些讲课者在学生回答以后经常忘记对学生的回答给予评价，这是他在讲课时缺少学生"在场"意识的自然流露；而有些讲课者虽然也有评价，但采用的都是"非常好""你真棒""你真行"等笼统的评价，而很少有针对特定内容的具体评价，这里虽然看似有互动，但实际上做的还是面上功夫；再比如，许多模拟课堂都会设计小组讨论交流环节，而讨论之前最重要的是详细安排小组讨论交流的具体内容和方式，如：交流时该注意什么？交流时该怎么表达自己的观点？该如何吸纳别人的建议？有不同意见时该怎么办？教师如果仅仅简单地讲"下面进行小组讨论"，讨论结束后也只是评价"大家发言都很积极，很好"，这样的处理方式没有启发性，也没有总结，会导致小组讨论有名无实、形同虚设。

为了帮助初学者更好地了解师生互动，这里介绍几种常用的师生互动方法。

1. 复述法

所谓复述法，是教师通过对学生的回答进行复述的形式来展现师生互动的一种交流方法。如"正如刚才同学们说的那样，我们知道了……""这位同学的意见（看法）是……"等。

2. 评价法

评价法是教师通过对学生的回答进行评价来巧妙展现师生互动的一种交流方法。如"对呀，我们知道了……""这位同学的方法很好，他采用的……""真了不起，这位同学居然……"等。需要注意的是，评价一定要有所选择、有所侧重，要充分突出本节课的教学重点、难点，切忌面面俱到，因为我们只有 10～15 分钟的上课时间。

3. 板书法

板书法是通过对学生的回答进行板书来展现师生互动的一种交流方法。

4. 归纳法

归纳法是教师通过对学生的众多的回答进行归纳概括来展现师生互动的一种交流方法。如可以采用"刚才同学们讨论得非常热烈，有的……有的……"等形式来进行归纳。

（三）目标要明确

众所周知，教学过程从某种意义上说就是教学目标的实施过程。一方面，需要教师在充分吃透课标要求和充分体现课标理念的基础上，根据不同教材的具体特点和所教学生的学情恰当设计教学目标；另一方面，还要在此基础上确定教学目标的实施路径，让学生在顺利达成教学目标的同时得到最大限度的发展。

（四）理念要新颖

首先，教师要深入研读数学课程标准并深刻领会新课标的核心理念，如强调自主探索、合作交流、问题引领、互动生成、发展能力、提升素养等；其次，教师要在深入钻研数学教材的基础上，准确把握所教内容的具体特点。如这节课的主要目标是什么，重点是什么，难点在哪里，适合采用什么教法、学法等；再次，教师要针对所教内容的具体特点来突出新课标理念。如在这节课可以突出哪些新课标理念，应该重点突出哪些新课标理念，如何才能有效突出这些理念等。

（五）重点要突出

在模拟讲课中，因时间所限，学生的活动过程往往会被大大压缩，这样从一个环节到另一个环节所需的时间将大大减少，留给评委们的思考时间会更少。因此，在模拟讲课中，教学内容的安排不能一味贪大求全、面面俱到，否则只能是蜻蜓点水、一晃而过。在具体讲解过程中，要注重区分详略，要尽可能围绕一条主线或某一重点知识或截取一个相对独立的侧面来进行讲解，要针对主干知识进行讲解与剖析，或精要讲授、或巧妙启发、或积极引导，力争在有限时间内圆满完成课题规定的教学任务。

一般来说，概念课应集中在概念的生成、辨析过程；命题课应集中在命题的发现、命题的证明上。比如，"平行四边形性质"这节课的教学重点在于"平行四边形的定义以及平行四边形的性质"，而难点在于"平行四边形性质的探究"。定义的探究比较容易，无需深究，可以把重点放在性质的探究上，可以借助身边简单的教具如纸张等让学生画一画、猜一猜、量一量、剪一剪，去探究平行四边形的"对边""对角"在"数量"方面的关系，使学生体会几何论证是探究活动的自然延续和必然发展。这样不仅突破了教学难点，而且深化了学生的理解，提高了学生的能力。

（六）切题要快捷

模拟讲课教学时间短、教学内容高度浓缩。因此，切题必须果断、迅速，切忌拖泥带水、兜兜转转。比如，教师可以设置一个题目引入课题，可以从学过的知识引入课题，可以从生活现象、实际问题引入课题，也可以开门见山进入课题，甚至还可以采用"前面我们学习了……今天我们（继续，开始）学习……"这样的时空分割法来切入讲课主题。

（七）思路要清晰

模拟讲课时间紧、任务重，再加上评委们的"众目睽睽"，选手很容易因为紧张出现"断片"，讲课者在讲课时只有头脑冷静、思路清晰，才能从容驾驭。具体来说，可以围绕某一核心问题设计若干层层递进的问题串对学生循循善诱；或按照知识的来龙去脉组织教学内容；或根据事物产生、发展的内在逻辑次第展开。比如，在探究面面平行的判定条件时，可以围绕"能否在一平面内找到无数条直线与另一平面平行""通过几条平面内的直线才能判定面面平行""一条行吗""两条行吗""任意两条直线都可以吗"这一连串问题来逐步深入，直到最后归纳出"线在面内""线面平行""线线相交"这三个判定条件。

（八）语言要精炼

在进行模拟讲课时，教师既要语言精炼、高度概括，又要语言流畅、抑扬顿挫，使语言不仅具有感染力，而且具有启发性。如教师在讲面面平行的判定时，将判定方法总结为"线不在多，相交则行"，不仅十分精炼，而且便于学生记忆。

（九）板书要简洁

无论是模拟课堂还是真实的课堂，板书都非常必要。板书可以说是"微型教案"，它浓缩了一堂课的精华。板书要抓住重点、难点，巧妙设计，力求简洁，让人看了一目了然，同时还要讲究艺术性、美观性、科学性。然而板书的书写往往很占时间，所以板书内容一定要言简意赅、突出重点。另外，书写板书的同时要结合问题和内容作适当的讲解，做到边讲边写、讲写同步。

思考题

1. 什么是模拟讲课？模拟讲课有哪些常见类型？
2. 模拟讲课有何意义？
3. 模拟讲课有何特点？
4. 模拟讲课中需要注意哪些问题？
5. 模拟讲课通常包括哪些环节？
6. 自选某一课题撰写模拟讲课稿，然后分小组开展模拟讲课训练，要求同学互评并撰写反思心得。

第四节　研课

随着课程改革的不断深入，研课已经逐渐成为一种十分常见的教研活动。但研课的理论基础目前还比较薄弱，不仅相关的研究成果非常鲜见，而且对许多问题也尚未形成共识。但无论如何，学界对研课可以通过聚焦课堂来提升教学能力、促进课程改革已经形成共识。

一、研课的内涵

徐伯华认为，数学研课是数学教师根据自己对课堂教学的需要、感受和经历，运用有关的理论和经验，深入考察现实课堂的某些方面，从而促进教师专业学习、不断提高课堂效率的研究活动。

笔者认为，研课是研究者为了达到一定目的，依照自己所掌握的有关理论或实践经验，从教材、教师、学生及教学等方面对课堂进行全面、深入研析的过程。

二、研课的特点

（一）开放性

研课作为一种重要的教研形式，它具有很强的开放性。研课虽然针对的是课堂教学，但它又不局限于课堂，它常常要从课堂延伸到课外。研课的开放性首先表现在研课的形式上，研课既可以采用集体备课的方式，又可以采用公开课的方式，还可以采用课堂研讨的形式。其次，研课的开放性还表现在研课的对象上，研课既可以是同事之间的小型研修，又可以是针对某一主题举办的培训班或大型教研活动，还可以是高校老师为了提升学生的教学实践能力而专门开设的研讨课。再次，研课的开放性还表现在心态上，研课不同于关门上课，研课的目的是取长补短、共同提高。因此，执教者需要具有开放的心态，观课者也要具有开放的心态。执教者不能因为讲得不好或不愿与别人分享讲课经验而拒绝与他人研讨，而应该虚心接纳别人的意见或建议；同样，观课者也应该抱着学习的态度来进行研讨，而不能以仲裁者或旁观者的姿态来进行研课，应该本着学习的态度对讲课进行客观、中肯的评价，要对事不对人，要善于换位思考，而不能对执教者过于苛求甚至吹毛求疵。

（二）研究性

研课的核心在"研"，它是一种研究性很强的活动。研课不同于评课，评课的着眼点在"评"，它是从优缺点、成与败等方面对执教者的课进行评价的过程。而研课的着眼点则落在"研"上，即通过研课者之间的研讨、交流，以获得对课堂教学更深入的认识，从而促进研课者（执教者和观课者）共同进步的过程。研课不仅要及时、准确发现讲课过程中存在的问题，而且要深入分析导致这些问题的原因，并给出恰当的改进意见和建议。这不仅需要观课者具有扎实的专业知识，而且需要观课者掌握一定的研究方法，甚至还需要观课者具有独到的眼光和深刻的思考。研课虽然也涉及教学评价，但其最终目的在于改进课堂教学，实现教师的专业成长。

（三）互动性

研课的过程是一个参与者相互交流、相互促进、共同提高的过程。在这一过程中，参与者不仅可以见仁见智、各抒己见，而且可以通过思维碰撞，取长补短、达成共识，同时还可以增进了解、交流情感，实现从自知到共通再到共情的飞跃，最终促进研课活动的持久、深入开展。在研课过程中，观课者不仅要对执教者的课堂教学行为进行深度观察，而且还要听取执教者就其对教学中所出现的问题进行的解释和说明，这样不仅可以使观课者对执教者的教学理念和教学意图获得更加全面、深入的了解，而且观课者做出的合理评价与建议又可以使执教者及时发现自己讲课过程中存在的优缺点，从而进一步明确今后的努力方向。在研课过程中，参与对象不仅可以是一线教师，也可以是从事教育教学理论研究的专业研究人员，这样，通过研课既可以弥补专业研究人员教育实践方面的缺陷，又可以弥补一线教师教育理论方面的不足，真正实现理论与实践的良性互动。

（四）灵活性

研课因其在改进课堂教学、促进教师专业发展等方面的独特功能而受到学界广泛关注。但作为一种全新的教学活动形式，研课目前在理论方面的系统研究还不多见，还有很大发展空间。也正因为如此，研课往往具有很大的灵活性。研课的灵活性表现在很多方面，既可以体现在研课的形式上，又可以体现在研课的内容和研课的标准上。在研课形式上，研课既可以采用集体备课的方式来进行，又可以采用会议报告的形式来进行，还可以采用课堂教学的形式来进行。研课既可以采取自上而下的理论演绎方式，也可以采取自下而上的实践归纳方式。理论演绎方式可以借助一定的教学理论来分析、解释和指导课堂活动，规范教学过程，增强教师教学的自觉性；而实践归纳方式则可以通过课堂观察、反思，总结教学经验、丰富教学理论、改善教学实践。在研课内容方面，研课不仅可以针对具体的教学内容，如教材的地位与作用、一堂课的教学目标、教学重点、教学难点来进行研讨；而且可以针对教师的教学理念、教材把握能力和课堂表现来进行研讨，如教师上课时的精神状态、组织教学能力、临场处置能力、语言表达能力、板书设计能力甚至教学媒体的使用情况等都可以作为研课的观察点；同时，还可以对学生在课堂上的表现情况进行研讨，如学生的知识基础、能力水平如何，对教师讲授的内容是否感兴趣，学生的参与程度如何，课堂气氛是否活跃，学生的反馈情况如何等都是研课的重要内容。

三、研课的价值

（一）是教师专业发展的必经之路

教师专业发展中师德培植、知识获得、技能形成、能力提升、素养发展需要营造良好的专业发展环境，而研课则是其中不可或缺的重要一环。研课可以充分发挥集体智慧来合力攻关，可以一起研究教材、研究课堂，交流心得体会，反思教学，反思教育，共同成长。特别是对职前教师而言，由于他们通常以接受理论知识为主，实践能力往往比较欠缺，通过研课，他们不仅可以在真实课堂中充分了解学生的思想动态、心理特点、课堂表现等情况，而且可以通过全方位观摩执教者的一招一式来近距离学习与感受他们的教学理念、教学经验、教学智慧、教育情怀及心路历程等，可以大大缩短他们从职前教师向职后教师的过渡期。

（二）是深化课程改革的重要途径

课程改革需要广大一线教师共同参与才能取得成功。而课改的成功需要广大教师通过教研活动来传播课改新理念，交流新思想，发现新问题，总结新方法。研课则为这种教研活动提供了很好的平台，它以具体、真实的课堂为落脚点，从教材分析的准确性、学情分析的精确性、目标确定的恰当性、教法学法选择的适宜性、教学过程运行的逻辑性、教学反思的深刻性等方面对教学实施中的情境创设、问题提出、活动开展、评价反思、目标达成等情况进行科学研判，这样通过教学设计、实施、评价、反思来审视数学课程改革理念、目标、内容、实施、评价、管理在数学教学中的运行情况，不仅可以更加准确地把握课程改革的实施情况，而且可以为推进课程改革指明方向。这种基于现实课堂和真实问题的研讨不仅可以充分调动广大教师的积极参与，而且可以充分发挥集体的力量，可以促进参与者的思维碰撞与情感交流，突破教学中的思维狭隘、盲目自信等倾向，可以让广大教师以更加积极的姿态投入课程改革的大潮之中。

（三）是提高教学质量的重要保障

"教学是科研，科研是教学"。没有教学实践加持的教学理论只能是纸上谈兵，而没有理论指导的教学实践则如盲人摸象。研课可以为高效课堂确立科学的判断标准和规范的行为准则。一方面，研课有利于参与者统一思想、明确目标，避免教学的盲目性、随意性。目标是行动的指南，研课确立了教师进行教学和改进教学的基本方向、基本目标和基本途径等内容，这样可以激励不同教师朝着同一个方向努力，使整个参与研课的教师形成一股合力；另一方面，研课可以为高效课堂提供参照标杆。研课不仅可以为参与者营造良好的话语体系，而且可以为评判教学质量的优劣提供一个相对客观的参照框架和评价标准，从而可以为提高教学质量提供充分保障。

四、研课的类型

研课有各种不同的分类方法，向守万根据研课的表现形式将研课分为跟进式研课磨课、交流式研课磨课、生成式研课磨课和引领式研课磨课。张定强和王金燕按照课的进程将研课分为准备阶段的研课、实施阶段的研课、评价阶段的研课、反思实施阶段的研课。笔者根据研课的目的取向将研课分为以下五种。

（一）执教者取向的研课

执教者取向的研课，主要目的是通过研课，全面、准确了解执教者的教学情况并针对其执教过程中存在的问题提出改进意见，最终结果是促进执教者的教学能力提升和专业发展。这种研课常见于公开课、优课比赛前的打磨，它让执教者采用"一人同课多轮"的方式进行教学，充分利用团队的集体智慧对执教者的课堂进行研磨改进，从而让执教者得到充分锻炼和培养，促进其快速成长。

（二）观察者取向的研课

观察者取向的研课，主要目的是通过研课来提升观察者自身的教学能力、促进自身的专业发展。这种研课既可以是为了了解真实的课堂，又可以是为了学习执教者的优秀教学经验，还可以是为了促进理论与实践的融合、提升自己的实践能力等。观察者既可以是职后教师，也可以是职前教师，甚至还可以是专门从事教育教学研究的专家、学者。这种研课执教者可以在场，也可以不在场。比如，在很多高校，教师组织学生观摩教学录像、优课视频，然后再组织大家进行研讨，这就是一种典型的观察者取向的研课。

（三）学习者取向的研课

学习者取向的研课的着眼点是学习者的课堂表现。其目的主要是为了促进学习者的参与、理解与发展。比如，可以研究学习者能否回答老师提出的问题，如果不能，问题出在什么地方，为什么会出现这些问题，如何有效避免、改进这些问题。再比如，可以研究学习者有没有主动发现、提出问题，如果没有，那是什么原因。总之，教师只有充分了解学习者的课堂表现，才能在研课中更好体现学习者的主体性，才能为促进学习者的成长找到成功之道。

（四）教材取向的研课

教材取向的研课的主要目的是通过研课来深化对教材的理解。这是一种在平时的教学工作中经常采用的研课形式。它通过"多人同课异构""集体共备共研"等方式让执教者各自的不同执教理念，对教材的多元解读，对教学目标、教学重点、教学难点的理解以及教材的多种不同处理方法相互碰撞与交流，最终达到深度解构教材、优化教材教法、实现团队教师共同成长之目的。

（五）教学取向的研课

教学取向的研课是一种高层次的研课，它的主要目的是优化教法学法、促进课程改革。它既可以用于推进某一课改新理念，又可以用于推广或检验某一先进教学理论或教学方法，也可以围绕某一研究课题来进行专题研课。这种研课往往会召集教研员、专家与一线老师们共同参与，采用"一人同课多轮"或"多人同课循环"的方式来深度交流研讨、总结教学经验、提炼教学方法、完善教育教学理论、形成精品教学课例。

五、研课的流程

（一）确定研课主题

研课要有明确的研究主题。所谓主题，就是能引领研课者共同参与的问题。研课的主题可以不拘一格，既可以就某一知识点的教学展开研讨，又可以就某一课型的教学展开研讨，还可以针对某种教学方法的实施来展开研讨。在确定研课主题时，教师不仅要思考研课主题是什么，而且还要进一步思考为什么要确定这一主题，主题针对谁，主题有何研究价值等一系列问题。

（二）组建研课团队

在确定了研课主题以后，接下来就要根据研课目的和类型确定研课团队成员的构成。不同目的、不同类型的研课往往需要不同人员的参与，有些成员可能可有可无，而有些成员则不可或缺。比如，如果是执教者取向的研课，那么就要让执教者参与，而且还要让执教者充分介绍自己对教材的理解、对课的构思以及课堂处理情况；如果是围绕某一科研课题展开的研课，那么就要尽量让课题组的成员都参与到研课当中，要让课题组长介绍课题的研究背景、研究目标、研究内容及研究成果等，然后再据此判断有没有很好达到课题研究的目标；如果是推广新课标理念或新的教学方法，那就应该让相关专家参与到研课团队，并现场介绍、指导如何按照新课标理念或根据新的教学方法来进行授课，以及如何评价这些理念或方法在教学中的实施效果。

（三）组织观摩课堂

观课就是进行课堂观察。它是通过对课堂运行状况进行记录、分析和研究，以改善学生课堂学习、促进教师发展的专业活动。观课既可以观察教师的课堂教学情况，如教材处置、目标设计、课堂组织、情境创设、问题设计、教学语言、教态仪态、板书设计等；又可以观察学生的课堂表现情况，如学生对讲课内容的关注度、课堂参与的有效度、对教师教学的反馈度等。课堂观察的基本思路是：将课堂需要研究的问题具体化为课堂的观察点，通过对观察点的定格、扫描、反思、分析，在教师之间开展自我反思和专业对话，在改进教学的同时，促进教师的专业发展。

观课首先要带着明确的问题去观察。没有明确的问题引领，观课很有可能会变成走马观花。其次，观课要有一定的理论指导。观课不能仅凭自己的感觉或粗放的教学经验自发地进行，而需要具备一定的理论素养，因为只有理论水平高了才能站得高、看得远、看得真、看得切。再次，观察需要掌握一定的方法。随着教育技术的不断发展和教师水平的不断提高，如今的课堂观察已经不再局限于传统的定性方法，很多研究者已经开始采用各种课堂观察量表来对课堂进行定量研究，因此要想提高课堂观察的质量就需要尽可能全面掌握课堂观察的各种方法，并注意定性方法与定量方法的有机结合。

（四）执教者说课

执教者说课一般在研讨之前进行。说课包括说课标、说教材、说教法、说学法、说设计思路等，说课是教师对备课活动的再理解。说课的目的在于让参与者更好地了解自己的真实想法和设计意图，促进参与者之间的深入交流，从而使研课更有针对性、更具有效性，进而更好地促进执教者的后期改进与提高。

（五）组织研讨反思

组织研讨是指研究人员在课堂观察基础上针对授课过程中的教师行为、教学活动、学生行为等方面进行准确诊断并提出合理的改进意见或建议的过程。研讨重在反思，要通过反思揭示课堂现象背后的教学问题及教学本质。反思不仅要反思教学过程中的是非优劣，而且要反思其背后的成因及教学理念，同时还要反思其中有哪些值得借鉴与改进之处。研讨既可以研教师、又可以研学生，还可以研教材、研教学。

六、研课的深度优化策略

（一）要研之有"的"

研课不能为"研"而研，研课首先要明确研课的目的。研课有各种不同的目的，既可以是为了专门评价执教者的课堂教学能力而进行的研讨，又可以是为了改进执教者的教学能力、实现教学效果最大化而进行的研讨课，还可以是为了探讨某一节（类）课的上法而进行的研讨课，甚至是为了推进或检验某种教育理论、教学方法而开设的公开课。研课只有目的明确，才能使研课更有针对性，才能保证研课的有效性，才能为下一步的改进行动指明前进方向。否则可能会泛泛而"研"，不着边际，使研课无功而返。比如，研课如果单纯出于评价教师课堂教学能力之目的，那么研课的关键是对执教者的授课做出客观、公正的评价；研课的目的如果是改进执教者的教学能力，那么研课的侧重点就在于精准发现问题，只有找准问题，才有可能对问题背后的成因进行合理解析并进而找到教学能力的提升之道；研课的目的如果是探讨某一节（类）课的最佳上法，那么研课的落脚点应该放在"课"上，应该通过执教者的演绎来深度解析该课的教学目标、教学重点、教学难点，并在此基础上进一步探讨应采用怎样的教学方法和教学过程才能充分实现教学目标，才能更好突出重点、突破难点，其目标在于探讨课的优化之道；研课的目的如果是推进或检验某种教学方法或教育理论，那么研讨的侧重点应放在相应的教学方法或教育理论上，应该研讨这一方法或理论在实际教学中的可行性、适用性、有效性，并进而对相应的教学方法或教育理论提出修改、完善建议。

（二）要研之有"物"

研课忌大而无当、研而无"物"。

要使研课真正做到研之有"物"，观课者就不能做"旁观者"，而要做"参与者"，不能做表面文章，而应该在提高研课的针对性、实效性方面多做文章。首先，研课者要牢记促进发展、改进教学这一研课的"初心"；其次，要把研课看作是改进课堂教学、提升教学能力的契机，这样就会充分调动参与者的研课积极性，观课者就会主动帮执教者找问题、析成因、想对策，执教者也会善待观课者的意见和建议；再次，要多朝深处想，不仅要想讲课中有什么问题，还要想为什么会出现这样的问题，能不能避免以及如何克服等。

（三）要研之有"理"

所谓研之有"理"是说研课一要有理论指导。在研课过程中，一些观课者常常囿于个人视角或感性经验来进行研课，他们要么看不到执教者身上存在的问题，要么只看到现象、看不到本质，要么只看到局部、看不到全部。诸如此类的问题与观课者缺乏理论修养不无关系。因此，要想提高研课的深刻性、针对性、有效性，观课者就必须加强理论修养，充分发挥教育教学理论对研课的指导作用。另外，意见要合理、中肯。一些观课者由于认识、心态、情绪等方面的原因，他们或者只知其一不知其二，或者只见树木不见森林，或者只看缺点不看优点。这样的意见或建议由于过于片面、过于偏激，不仅难以起到促进发展、改进教学之效果，反而可能会对执教者产生刺激甚至误导，会与研课的初心背道而驰。因此，要想让观课者的建议或意见能在执教者身上真正产生效果，建议或意见就要合理、中肯。

（四）要研之有"尊"

研课要创设一种民主、平等、和谐的交流氛围，要能让参与者在研课中不拘一格、畅所欲言。首先，执教者应该带着学习的态度来虚心倾听观课者提出的意见，要认识到指出的问题越全面、越深刻，就越有利于改进自身的问题；其次，观课者要以平等、尊重、学习的态度对待执教者，应该多倾听执教者对教材、对学生、对教学的理解，这样对课堂的研讨会更客观、更中肯，执教者也会更乐意接受意见并改正自己的不足之处；同时，研课还应该立足于构建良好教研生态、创建优质教学团队、促进成员共同成长这一高度，这样的研课才更可持续、更有生命力。

（五）要研之有"格"

在过去，研课虽然也很常见，但囿于研究者的个人教学经验，很多研课往往既没有固定的程式，也没有严格的评价标准。因此，为了促进研课活动的深入开展和教师的专业发展，迫切需要给教师提供一个指导框架。徐伯华认为，研课是由备课、上课、观课、议课、改课和专题研究等课堂行动构成的一个循环体，备课是预设的课堂，上课、观课是现实的课堂，议课是可能的课堂，改课是理想的课堂。研课对象是真实的课堂，研课目标是课堂改善和教师发展，研究内容包括课堂教学过程和因素、教师经验与知识、教师能力与情感等。研课的过程按照研究内容的逻辑路线，可以看作：由课堂现象调动课堂经验——由课堂经验产生研究问题——由研究问题调动实践性知识——由实践性知识带动经验提升、专业发展、课堂改善等环节组成的一个动态循环过程。

研之有"格"不仅要有可操作的研究框架，而且要有一定的研课标准。目前学界尽管对研课的标准尚未形成共识，但标准不完善不等于可以没有标准，否则研课就会无的放矢。李祎认为，在确定研课标准时，可以围绕基本教学目标这个"纲"制订出一些研课的基本准则。比如，教学目标是否达成？教学方式是否适宜？学生的智力参与程度如何？是否获得成就感与愉悦感？学科知识本质的把握是否到位？这不仅可以为研课者进行有效观察、思考与对话提供一个可靠的抓手，而且可以为判断课的优劣提供一个相对客观的参照准则。

（六）要研之有"择"

研课活动要真正落到实处，在研课时应该有所为，有所不为，应该对研课的对象、内容及方法等要素进行精心选择，真正做到研之有"择"。要想真正做到研之有"择"，首先，要选好研课对象。研课的对象既可以是教师又可以是学生，还可以是师生之间的互动——教学过程。对象不同，研究内容、研究方法也会截然不同。其次，要精选研课内容。研课内容包括课堂过程和因素、教师经验与知识、教师能力与情感等要素，在研课时不能事无巨细，而应该根据研课目的重点选择其中的某个（几个）方面来进行研讨，这样才能研得深、研得细、研得透。再次，在研课过程中，应在充分把握研课对象和研课内容的基础上，针对性地选择恰当的研课方法，才能使研课真正做到研之有"物"、研之有"效"。

思考题

1. 研课有哪些特点？
2. 研课有何价值？
3. 研课有哪些类型？
4. 研课有哪些功能？
5. 研课流程通常包括哪几个阶段？
6. 结合自己的研课体会，谈谈研课有哪些常用策略？
7. 结合你的研习，撰写一篇研课心得。

数学教学基本技能

第一节　教学情境设计

一、情境与情境创设

（一）情境与教学情境

情境指作用于人的具体环境。情境通常包括社会情境、物理情境、心理情境等。

教学情境，是指学生从事学习活动、产生学习行为的一种环境和背景，它是能使学生产生某种情感体验进而诱发他们提出问题、研究问题、解决问题的刺激事件或信息材料，同时也是传递信息的载体。简而言之，它是指教师在教学过程中为了完成一定的教学目标和任务而运用各种手段和方式创设的一种适教和适学的情感氛围。这些手段和方式包括具体的场所、景象、境况等。

教学情境解决的是学生认识过程中的形象与抽象、实际与理论、感性与理性、旧知与新知、背景与知识以及问题与思维的关系和矛盾。它可以综合利用多种教学手段通过外显的教学活动形式，营造一种学习氛围，使学生形成良好的求知心理，参与对所学知识的探索、发现和认识过程。教学情境是教师教学意图的体现，它贯穿于全课，它可以是课的开始、课的中间或课的结束。

数学教学情境，简单来说，就是从事数学活动的环境，产生数学行为的条件。具体来说，它是指在数学课堂教学中，为达到既定教学目标，教师依据教学内容运用多种手段精心创设的引发数学概念产生，数学问题发现、提出并最终解决的各种背景、前提、基础和条件的总和。数学教学情境是含有数学知识和数学思想的情境，借助于数学教学情境所提供的信息，学习者通过联想、想象和反思等数学思维，可以发现数量关系与空间形式方面的内在联系，进而提出问题、分析问题、解决问题。同时数学教学情境还会带给学习者一种积极的情感体验，引发学习者对新知识的渴求，对客观世界的探索欲望，对数学的热爱等。

（二）情境教学

情境教学是指在教学过程中，依据教育学和心理学的基本原理，根据学生年龄和认知特点的不同，通过建立师生之间、认知客体与认知主体之间的情感氛围，创设适宜的学习环境，使教学在积极的情感和优化的环境中开展，让学习者的情感活动参与认知活动，以期激活学习者的情境思维，从而在情境思维中获得知识、培养能力、发展智力的一种教学模式。

数学情境教学是通过创设符合学生身心特点的教学情境，激发学生认知情感，挖掘数学认知动机，主动提出数学问题，探索数学知识内在联系的一种教学模式。

（三）情境创设

情境创设，顾名思义即创设一定的情境。它是教师运用某种教学手段，创设与学习材料相应的情境，或将学习材料以直观的形态呈现给学生，以激发和增强学生学习动机与兴趣，让学生如同身临其境，产生与情境的情感共鸣，从而调动学生积极参与学习活动，激发创新潜能，进而迸发创新火花的一种教学活动。

创设数学情境，就是给学生呈现刺激性数学信息以激发学生的好奇心与求知欲，让学生产生认知冲突、唤起问题意识、提出并验证数学猜想的一种教学活动。

二、情境创设的意义

情境创设的意义可以从"情"与"境"两个维度来阐述。

一方面，它为学生的学习提供认知停靠点。知识是从人类实践活动中得来的，是对实际事物及其运动变化发展规律的反映。知识本身具有丰富生动的实践内容，而表征它的语言文字（包括符号、图表）则是抽象和简约的，学生所学的正是语言文字汇集而成的书本知识。这就要求学生不论学习什么知识，都要透过语言文字、符号、图表把它们所代表的实际事物想清楚。从教育学角度讲，这样的学习就是有意义的学习。相反，如果学生只记住一大堆干巴巴的文字符号，而没有理解其中的实际内容，这样的学习便是机械学习。

另一方面，情境创设可以激发学生的学习心向。在教学中，教师必须以情感激发学生的学习欲望，这是有意义学习的情感前提。

总之，无论从哪个角度分析，我们都可以看出"情"与"境"是不可分割的两个部分。"情"会激发学生的学习兴趣、情感体验；"境"以学生的实际生活作为基础，为教学工作的顺利进行开辟了新道路。

三、情境创设的作用

情境教学理论将情境教学的作用概括为"五个要素"，它们分别是：以培养兴趣为前提，诱发主动性；以指导观察为基础，强化感受性；以发展思维为核心，着眼创造性；以激起情感为动因，渗透教育性；以训练语言为手段，贯穿实践性。

（一）激"情"

情境创设是针对教学中的一个严重的弊端——注重知识教学、忽视学生情感而提出的。数学由于具有高度抽象性等特点，常常让学生产生数学枯燥、难学的错觉。要知道，感情是智力发展的翅膀，是推动思维的动力。

精心设计的教学情境，能充分唤起学生的学习兴趣，激发学生的学习热情，提高学生的学习效率。激"情"可以采取各种各样的方式，如创设生活情境，激发学生对生活的热爱之情；创设数学问题情境，激发学生对数学的探究热情；创设数学家的故事情境，激发学生对数学家的崇敬之情；创设数学历史情境，激发学生对我国古代数学辉煌成就的赞美之情；创设贴近学生生活和学生喜好的游戏情境、实验情境，拉近师生之间的距离等。

（二）激"趣"

孔子说："知之者不如好之者，好之者不如乐之者。"可见，学习兴趣对于学习者而言是多么重要。心理学研究表明：兴趣是思维的动力，人在情绪愉悦时的思维水平是情绪低落时的两倍。浓厚的学习兴趣可以使人的各种感官尤其是人的大脑处于最活跃的状态，使感知更清晰、观察更细致、思维更深刻、想象更丰富、记忆更牢固，从而能以最佳状态接受信息。而目前许多学生将数学学习视为畏途，这与缺乏数学学习兴趣不无关系。因此，要想取得数学教学的成功，首要的任务就是要创设一种学生喜闻乐见的、生动活泼的教学情境来充分激发学生学习数学的兴趣和求知欲。

比如，有位教师在教学"圆幂定理"时，采用了这样的引入语："同学们一定非常熟悉诗句'欲穷千里目，更上一层楼'。其实，这是诗人的浪漫与夸张，事实上，要看到千里之外的景色，再登一层楼是根本办不到的！那么要登上多少层楼，才能看到千里之外的景色呢？"听到这个问题，学生的好奇心一下子被激发起来了，这时，教师可以顺理成章地引出了这节课的学习内容："大家想不想知道这个问题的答案呢？既然大家都想知道这个问题的答案，那么就让我们来学习解决这个问题用到的数学知识——圆幂定理。"

学习了圆幂定理之后，教师可以提问学生："现在大家能不能算出要登上多少层楼，才能看到千里之外的景色呢？"甚至，教师还可以提问："你们还能提出什么相关的问题？"这样可以启发学生思维，培养学生提出问题的能力。

因此，在进行数学教学时，教师应创设生动有趣的教学情境，激发学生的求知欲望，使学生意识到这节课的学习目标，从而使学生在知识与心理上都做好一定的准备，这样才能更快地进入学习状态，提高课堂教学效率。

（三）激"动"

学习数学最重要的是学生在"做数学"中学会学数学。因此，教师在课堂上要善于创设激发学生"做数学"的良好情境来让学生的眼、耳、手、口、脑都"动"起来。

从传统观点来看，教学内容的呈现基本上依靠两种媒体，一是教师的语言（包括形体语言），二是教科书和板书。目前的教科书基本上以文本形式呈现，主要采用文字和静态的图象来呈现教学内容，其结构基本是按章节排列的线性结构。但是在信息技术高速发展的今天，教学内容的集成可以从任何角度切入。教师可以利用多媒体技术，采用超文本的方式对信息进行组织管理，其管理的信息不仅是文字，而且还包括图形、图象、声音、动画等其他媒体信息。因此，在教学时教师应该创设良好的教学情境让学生的所有感官都"动"起来。

（四）激"思"

数学教学的本质是数学思维的教学。数学教师的根本任务在于返璞归真，把数学的形式化逻辑链条恢复为当初数学家发明创新时的火热思考。

比如，在教学"二面角的性质"这一课题时，有的教师创设了这样的问题情境："一个二面角的两个半平面分别垂直于另一个二面角的两个半平面，则这两个二面角的大小关系如何？"由于受平面几何中类似定理的影响，很多学生立刻回答："相等。"教师马上反问："一定相等吗？"边说边演示互补的模型，于是学生又补充道："相等或互补。"教师又进一步追问："一定相等或互补吗？"由此可以引发学生的深入思考。

四、情境创设的基本类型

（一）根据信息的获取形式来分

1. 直观情境

直观情境是指通过呈现实物、模型等手段让学生直观了解所学知识的一种情境。由于它具有很强的直观性，学生可以直接了解所学内容。特别是对于数学抽象能力和空间想象能力发展不够成熟的学生来说，它可以让他们积极参与到新知识的学习中，通过边观察、边思考的方式更加直观地理解所学知识，进而促进数学抽象、空间想象等能力的培养。

比如，在学习锥体体积时，可通过柱体模型分割进行演示；在讲三棱柱体积公式时，可让学生通过模型的拆拼感受多种证法，发展思维能力；在学习正余弦函数的图象及多面体欧拉公式时，可以运用多媒体辅助教学，集图象、文字、动画、音乐为一体。

又比如，在学习中心对称图形时，教师可以制作课件，将平行四边形绕其对角线交点旋转180°后发现仍然与自己重合，让学生对中心对称的定义有一个直观的印象。然后再给出一系列简单图形，让学生判断它们是不是中心对称图形，最后再通过课件演示来验证结论。

2. 对话情境

所谓对话情境，是通过教师创设的一系列问题串来循循善诱、逐步深入地启发学生获得发现的过程。良好的对话情境不仅可以激发学生参与学习活动的热情，而且可以改善师生关系。例如，在教学"异面直线所成的角"时，有的教师创设了如下的对话情境。

师：在平面几何中，两直线的精确位置关系是用什么量来刻画的？

生：是通过两直线间的夹角来刻画的。

师：仅仅通过夹角就能精确确定两直线的位置关系吗？

生：如果是平行线，则要通过两平行直线间的距离来刻画。

师：那么，空间两异面直线的精确位置关系又可以通过什么量来刻画呢？

（提示引入"两异面直线之间的夹角与距离"的必要性）

教师用两根细木棒代替两直线，先让两直线重合，然后平移（得到两平行线），继而旋转（得到两异面直线），让学生通过教师演示，直观发现异面直线具有"平行""相交"这两重性，因而必须同时用夹角和距离这两个参数来刻画。

师：由此可见，异面直线既具有"夹角"，又具有"距离"。这节课，我们先来研究它们的"夹角"。（板书课题——异面直线所成的角）

3. 问题情境

创设问题情境，是指在教学活动中，根据学情、教学内容等因素，营造一种现实的、富有吸引力的学习氛围，以激发学生的学习兴趣和动机，促使学生质疑问难、探索求解。其目的在于通过揭示事物之间的矛盾引发学习者内心的认知冲突，使之处于"欲求而不得"的状态，真正"卷入"问题探究之中。

在创设问题情境时，教师应充分联系学生的现实生活、精心选择教学材料，创设能引起学生共鸣、激发学生思考的问题情境，让学生在解决问题的过程中不断掌握知识和技能，培养分析、解决问题的能力，提升数学抽象、数学推理等核心素养。

4. 操作情境

动手操作是激发学生创新思维的源泉，它能帮助学生巩固数学知识，促成教学的良性循环。因此，在数学教学过程中，教师应该努力创设条件让学生充分参与数学活动。具体来说，可以结合研究性学习、校本课程的开发，组织学生走向社会，让他们从数学角度去观察和处理现实生活或生产实践中的各种问题，让他们通过社会调查、参观学习等渠道深度接触社会。这样不仅可以激发学生的活动天性，而且可以激发学生学习数学、运用数学的热情，同时还可以使学生的数学能力和素养得到充分提高。

比如在讲解"直线与平面平行的判定"这一课题时，教师可以创设如下教学情境。

让学生取出预先准备好的不规则四边形纸片（如图 5-1），引导学生尝试折叠，展示直线 a 在平面 α 内、直线 a 与平面 α 相交两种情况，再提问学生：怎样折叠才能使得直线 a 与平面 α 平行？

这里创设折纸活动情境，既可以让学生通过自己的动手操作来更好感知并找到线面平行的关键条件；又可以在这一过程中充分经历观察、操作、猜想、验证等活动并通过这些活动培养数学抽象和

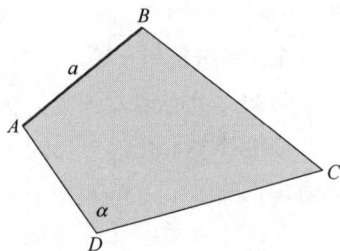
图 5-1 不规则四边形纸片

逻辑推理（特别是合情推理）能力；同时还可以让学生在生动有趣的数学活动中激发学习兴趣，充分体会数学回归生活这一教育理念。在这里之所以选用不规则四边形纸片是因为平行四边形等特殊图形容易给学生造成心理暗示，不利于学生思维的拓展。

（二）按新旧知识之间的关系来分

数学课程有较强的系统性，很多知识之间都存在着密切联系，一节新课的内容往往起着承上启下的作用，通过情境创设让学生从旧知识中找出与本节课的联系，可以使新旧知识之间形成逻辑联系，有利于建立良好的认知结构，这样获得的知识一般不容易被遗忘，有时即使被遗忘，也能通过相关的知识回想起来。

1. 类比情境

类比是通过比较两个或两类数学对象的共同属性来引出新知识的方法。一般来说，学生如果对与新知识具有类比关系的数学对象比较熟悉，那么就可以通过类比该知识来学习新知识。例如，在探索相似三角形性质时，可以与全等三角形的性质进行类比，通过类比全等三角形的对应角相等想到相似三角形的对应角相等，类比全等三角形的对应边相等想到相似三角形的对应边成比例。

2. 归纳情境

数学中的许多公式、法则、定律一般都是通过归纳获得的。对于这类知识的教学，教师应尽可能通过呈现大量实例来让学生进行归纳。比如，有的教师在教

学等差数列这一概念时举了这样的例子，"全国统一鞋号中，成年女鞋的各种尺码由大到小排列如下：

26，25.5，25，24.5，24，23.5，23，22.5

然后再引导学生观察这些数的特点与变化规律并归纳得出等差数列的定义。

3. 转折情境

所谓转折情境，是指当新知识与学生认知结构中的某些旧知识之间存在转折关系时，可以通过创设转折情境将新知识与这一旧知识建立联系从而完成新知识的学习。比如在学了加法以后学减法时、在学了乘方以后学开方时、在学了整式的乘法以后学因式分解时、在学了指数以后学对数时，创设转折情境往往是比较有效的方法。

4. 递进情境

所谓递进情境，是指当新知识与学生认知结构中的某些旧知识存在深化、延伸、顺接等关系时，可以通过创设递进情境将新知识与这一旧知识建立联系来完成新知识的学习。比如学了乘法以后学乘方时、学了三角形以后学四边形时、学了一次函数以后学二次函数时，创设递进情境往往是比较好的方法。在这一情境的创设过程中，教师要善于运用启发性的问题来顺利完成递进。

5. 因果情境

所谓因果情境，是指当新知识与学生认知结构中的某个旧知识存在因果关系时，可以通过创设因果情境将新知识与这一旧知识建立联系来完成新知识的学习。比如，在学习平面与平面垂直的判定时，可以先让学生观察转动的教室门，然后提问学生："教室的门不管转到哪一个位置为什么总能与地面垂直？"接着再引导学生通过观察、思考发现门框轴线始终与地面垂直，而门是固定在门框轴线上的，所以无论怎样转门，门与地面都垂直，从而发现两个平面垂直的判定条件。

6. 抽象情境

所谓抽象情境，是指如果新知识是由已有生活经验或文字语言抽象而来，则应创设抽象情境来激发学生的学习。比如在学习"绝对值"这一概念时，可以提问学生："我们通过观察已经发现，在数轴上，表示两个互为相反数的点到原点的距离相等，那么大家能不能用简洁的数学符号来表示这句话呢？"又比如，在学习"函数的单调性"这一概念时，教师可以这样提问学生："在初中，我们经常听到'某个函数在某一范围内 y 随着 x 的增大而增大（或减小）'这样的话，这句话说起来很啰嗦，我们能不能用简洁的数学符号来表示这句话呢？"再比如，在学习"正切"这一概念时，有的教师创设了这样的问题情境：一架梯子，靠在墙上，太陡了不行，太平了也不行，这个"陡"与"平"是生活语言，同学们能不能从数学角度来说明什么是"陡"与"平"呢？

（三）按情境的表现形式来分

1. 故事情境

故事情境是一种常见的教学情境，许多数学知识能从一些历史故事、数学家的故事中找到情境创设的素材。上课伊始通过故事或典故导入，可以吸引学生的注意力，唤起学生的好奇心和求知欲，激发学生的数学思考。

比如在讲"实际问题与一元一次方程"这节新课时，教师可以利用麦特罗尔为古希腊数学家丢番图书写的墓志铭创设情境，墓志铭大意如下：过路人，这里埋着丢番图的遗骨，童年时代占了他生命的六分之一，又活了十二分之一的时间，他的脸颊上长起了细细的胡须。不久，丢番图结婚了，可是还不曾有孩子，这样，又度过了他一生的七分之一。又过了 5 年，他有了一个儿子，他感到非常幸福，可是命运给予这孩子的生命只有他父亲的一半。从他儿子死后，丢番图在极度的悲痛中生活，只活了 4 年丢番图就死了。他一生到底活了多长？

然后再引导学生列出下面方程：

$$\frac{1}{6}x + \frac{1}{12}x + \frac{1}{7}x + 5 + \frac{1}{2}x + 4 = x$$

解方程求得 $x=84$，也就是说丢番图活了 84 年。

可见，创设故事情境往往能够充分吸引学生的注意力，把枯燥的知识转变成一个个生动的故事，能让学生觉得数学其实十分有趣，进而调动学生学习数学的热情。

2. 无情境

所谓无情境是开门见山直接引入课题的一种教学方法。上课一开始，教师就直接揭示课题，将有关内容呈现给学生，用三言两语阐明对学生的要求，简洁明快地设疑或设问，引起学生的有意注意，诱发学生的探求兴趣。这种情境要求教师语言精炼、简短、生动、明确、富有感染力，能使学生产生强烈的好奇心和求知欲。

比如，有的教师在教学"方程的根与函数的零点"时一上来就直接在黑板板书课题"方程与函数"，让学生产生"为什么要把方程与函数放在一起"的疑惑，这不仅会引发学生强烈的好奇心，而且会引发学生的深度思考，会提出"方程与函数之间有没有关系""如果有关系，那可能有什么关系""如何研究这两者之间的关系"等一系列问题。这一情境不仅简单直接，而且能够充分激发学生的学习兴趣和数学思考，引发学生发现并提出数学问题。

3. 悬念情境

悬念情境是根据学生喜欢追根求源的心理特点，一上课就给学生创设疑问、设置悬念，使学生产生迫切学习的浓厚兴趣，诱导学生由疑到思、由思到知的一种情境创设方法。悬念情境适合各年龄阶段的学生，当教师提出一个问题，特别是学生一时无法解答的问题时，学生就会急于知道问题的答案，于是他们的注意力会高度集中，会想方设法去解决问题。

比如，在讲授"等式的性质"时，有的教师这样引入："因为方程$-5x=3x$两边有相同的字母x，两边同时去掉x，就有$-5=3$。这句话对吗？如果不对，错在哪里？"在学生百思不得其解时，教师再水到渠成地引出课题："你们想要知道其中的道理吗？通过今天的新课——等式性质的学习大家就可以找出问题的症结了。"

设疑、质疑只是创设悬念情境的第一步。要使悬念情境真正产生效果，教师还必须掌握一些设问的方法与技巧，并通过启发、引导将学生的思维引向深入。

4. 旧知情境

在复习旧知基础上提出新问题，这是目前被大家广泛采用的一种情境创设方式。这种方式不但符合学生的认知规律，而且可以为学习新知铺路搭桥。因此，教师在引入新课时要善于抓住新旧知识的某些联系，并通过提问旧知识引导学生思考、联想、分析，使学生认识到新知识就是旧知识的引申和拓展，这样不但能起到复习巩固旧知的目的，而且能使学生准确把握新旧知识间的联系，消除对新知识的畏惧心理，达到温故知新的效果。

比如在初中学习三角形内角和定理时，教师可以先让学生回顾小学学习的三角形内角和知识，然后提问学生得到内角和等于180°的根据是什么？当学生回答是通过测量或剪拼得到时，再追问这样得到的结论会不会有误差？怎样才能保证所得结论的可靠性？从而自然引出本节课的课题。需要注意的是，在运用这种引入方法时，教师必须根据教材内容和学生的实际精心选择复习内容，使旧知识为新知识开辟道路，从而实现由旧知识向新知识的迁移。

5. 实验情境

实验情境是教师通过实物、模型等教具进行演示实验，自然巧妙地引入新课的一种方法。运用这种方法不仅可以增强学生的感性认识，提高他们的学习主动性；而且可以培养学生的数学抽象能力，更好地实现从形象思维向抽象思维的过渡；同时，还可以锻炼学生的动手操作能力和观察能力，培养学生的科研能力。

比如，有位老师在教学切线性质时创设了这样的情境："请同学们看，我手中有一个圆形纸片，现在我挖掉一个与它同心的小圆。"教师一边说一边用手挖去中间的小圆，然后提问学生这个圆环的面积是多少。学生当然可以很快做出回答。接着老师又拿出一个事先准备好的细棒放在圆环内，并使细棒恰好既是外圆的弦，又是内圆的切线。然后将细棒从中点折断并以其中一段为半径在黑板上画了一个圆（图5-2）。

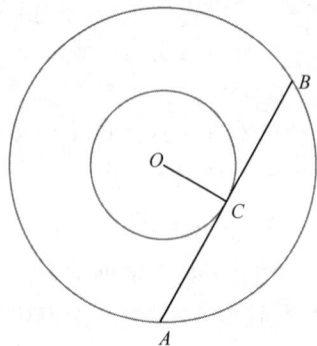
图5-2

老师告诉学生，有人认为这个圆的面积与圆环面积恰好相等。你相信吗？为什么？由此激发学生探究切线性质的热情。

6. 生活情境

数学知识来源于生活，并且作用于生活。数学教学如果脱离生活实践，那么数学课堂将会失去生机，探究活动也将很难展开。因此，在数学教学中教师应具有发现的眼光，应善于从生活实践中寻找情境创设素材。

比如，在教学"科学记数法"时，为了激发学生对科学记数法的学习兴趣，有的教师创设了如下情境："随着科学技术的飞速发展，芯片的尺寸越来越小，目前最先进的芯片只有几个纳米。同学们知道 1 纳米大概有多长吗？1 纳米等于多少米？如何用比较简便的方法来表示进率？"这一情境不仅可以激发学生的好奇心，而且可以拓展学生的知识面，同时还可以让学生深切体会到科学技术的迅猛发展。

7. 游戏情境

创设游戏情境是让学生通过游戏来探寻知识奥秘的一种方法。现在，中学生的学习压力普遍比较大，而游戏具有很强的趣味性，它不仅可以让学生在轻松愉快的氛围中进行学习，而且有利于激发学生的求知欲，培养学生的动手操作能力。因此，教师应根据学生的心理特点和教材内容设计各种趣味游戏以满足学生爱动、爱玩的心理，让学生在与同伴游戏玩耍中，不知不觉完成知识学习，获得愉悦体验。

如在教学"平面上点的位置的确定"这一课题时，有的教师创设了如下情境：以 A 同学为基准，以 A 同学的座位所在行的向右方向为 x 轴的正方向，以 A 同学的座位所在列的向前方向为 y 轴正方向，然后请 B 同学、C 同学依次说出自己在该直角坐标系中的坐标。

这一游戏情境不仅可以充分激发学生的参与热情，而且可以促进学生对所学知识的深刻理解和灵活运用。

又比如在教学"字母能表示什么"时，有的教师首先向学生提出问题："请你随便想一个自然数，将这个数乘 5 减 7，再把结果乘 2 加 14，只要你报出最后得数，老师马上就知道你心中想的是什么数，不信，你试试看。"这个问题顿时激起学生强烈的参与意识。当学生没有"考住"老师并感到惊奇之际，教师又及时抛出了"为什么老师知道你心中想的数""想知道其中的原委吗"等问题，进一步激发学生的学习兴趣和探究欲望。

8. 数学史情境

教师如果在创设情境时能紧扣教学目标，配合教材内容，穿插一些精彩历史故事、数学发展历史、数学家的趣事，则往往能够燃起学生对数学的热爱之情和对数学家的尊敬之情，同时对学生理解数学、欣赏数学也大有裨益。比如，在学习解析几何时可以介绍笛卡尔创建直角坐标系的故事；在学习数列时可以介绍数学家高斯童年的故事；在引入复数时，可以向学生介绍著名的卡当问题。

9. 应用情境

数学应用的广泛性给数学学习带来勃勃生机，充分扩大数学应用领域有助于增强学生的参与意识。如学习基本不等式时，一位教师提出了这样的问题："墙壁上挂着一张 2 米高的巨幅图画，底边距地面 3 米，身高 1.8 米的人应站在离墙壁多远的地方看得最清楚？"学生得出答案以后教师又问："在日常生活中还有类似的问题吗？"学生议论后得出"电影院看电影时座位的选择，足球射门时射门点的确定"等问题都与上面问题类似。在学生自认为已经懂了的时候，教师进一步引导学生将这一类问题一般化："如果将题目中实际背景抽去，题目应该怎样出呢？"经过适当启发以后，学生归纳出："在平面直角坐标系中，在 y 轴的正半轴上给定两点 A、B，试在 x 轴上求一点 C，使 $\angle ACB$ 最大。"通过创设这样的应用情境，不仅可以充分凸显"问题求解—数学建模—解决问题"这一新课标理念，而且可以让学生在应用过程中培养建模能力和创新能力。

10. 竞赛情境

这种方法通常用在一些新知识、新方法的教学中，让学生分别采用以前的知识和这节课新学的知识来运算，然后比较运算难易程度与运算速度，从而发现新知识、新方法的优点，而通过竞赛，可以激发学生学习的欲望，吸引学生的注意力。

比如教师在教学"分母有理化"这个知识时，让学生分别运算 $1 \div 1.732$ 与 $1.732 \div 3$ 的值，这里的 1.732 是 $\sqrt{3}$ 的近似值，不难发现后者的运算更加简便，这样就能很好地突出分母有理化的重要性与必要性，同时也能提高学生的学习兴趣。

五、情境创设的原则

情境创设应遵循以下基本原则。

（一）目的性

情境创设一般都有明确的目的，或者是为了激发学生的学习兴趣，或者是为了引发学生的思考，或者是为了让学生发现问题、提出问题，或者是为了更自然地引出新知。然而，有的教师会创设一些与学习任务貌似有关，而实际上并无多大关系的教学情境，这样的情境不但不能为学生理解教学内容提供支持，反而会误导、干扰学生的数学理解。例如，在讲授"向量"概念时，有的教师演示的"猫抓老鼠"动画虽然能激起学生的强烈兴趣，但学生的注意力却被有趣的动画吸引而分散了对向量实质的关注。之所以会出现这种现象，根本原因是教师没有真正明确情境创设的目的。因此，教师在备课时，一定要结合教材和学生实际恰当创设教学情境，使教学情境更有目的性、针对性。

（二）趣味性

数学概念、定理、公式若单从符号形式看，容易会给人枯燥乏味之感觉。因此，情境创设如果不能让学生感受到趣味性、挑战性，不能激发他们强烈的求知欲，那么情境创设就失去了它的应有价值。相反，如果教师在教学中能充分挖掘教材中的趣味因素，寓教于乐、以趣引学，往往可以获得意想不到的教学效果。具体来说，教师可以通过艺术加工、美化处理，在遵循科学性与规范性的前提下，用幽默风趣的语言、生动形象的比喻来充分唤起学生的学习兴趣。

比如，在学习球面和球的概念时，有的教师特地带了西瓜和地球仪，并问学生："大家是吃球面还是吃球体？是住球面还是住球体？"风趣的语言使抽象、枯燥的数学内容生动有趣，充分调动了学生的学习兴趣。

值得注意的是，讲究数学语言的趣味性应该密切结合数学教材，做到言之有物、言之有理、言之有据，掌握分寸，恰到好处；另外，趣味性不应仅仅理解为形式的新颖。事实上，即使再新颖的形式反复刺激学生，也会变得陈旧。因此，真正的趣味性不能仅仅停留于感性层面，而应该在正确观点指导下，以精辟的分析、严密的论证、循循善诱的启发引导，将外在手段引发的兴趣转化为学生的内在的发展需要——学生对数学学习本身的兴趣，才能达到顺利传授知识、有效发展学生智力的目的。

（三）合理性

合理性原则要求教师在创设数学情境时，要十分关注学生原有的认知水平，要根据不同年龄段学生的年龄特点、心理特点、认识水平及学生的内在需求来设置问题。问题不可太难，否则会加重学生的心理负担，甚至会挫伤学生的学习积极性；同时，也不可流于肤浅，那样会冲淡学生的探索欲望。也就是说，教师创设的情境既要让学生可接受，但又要具有一定的障碍性和挑战性，即必须落在学生的"最近发展区"内。

情境要尽量真实。所谓真实，是说情境应符合客观现实，不能与生活常识相悖，不能为了教学的需要而任意"杜撰""假造"情境。比如，有的教师在讲有理数的加法运算法则时就创设这样的情境："一只企鹅在公路上由西向东行走 5 米，再由东向西行走 3 米，问这只企鹅离出发地点几米？"这一问题情境明显有悖常理。

（四）启发性

学生求知的欲望是由有价值的问题引燃的，有了问题，学生的思维就有了方向。因此，情境的创设必须隐含数学问题。在数学课堂教学中，教师应该把问题作为教学的出发点，在创设良好情境的同时精心设计好每个问题，以便更好地激发学生的参与意识，调动起学习的热情，让学生充分经历发现问题、探究问题、解决问题的过程，即把"创设数学情境"与"提出数学问题""解决数学问题"有机结合起来，并贯穿于课堂教学的全过程之中，这样才能充分培养学生的问题意识，提高学生分析问题、解决问题的能力和创造能力。

（五）发展性

情境创设不应仅仅满足于学生的一时兴趣，而应立足于学生的能力发展和核心素养的提升。在教学中，如果能创造有效、和谐的教学情境，诱导学生把学习活动变成自己的精神需要，则不仅可以有效培养学生的创新能力，而且可以大大提高教学效率。经验丰富的老师往往能恰如其分地将情境创设融入一节课当中，启发学生积极思考问题，引导学生进行更深层次的探索与发现，使学生从问题中挖掘出一节课的重点和难点，最终实现有效教学。

比如，在探索"在同圆和等圆中，一条弧所对的圆周角等于它所对的圆心角的一半"这一结论时，有的教师先向学生提出"一条弧所对的圆周角与它所对的圆心角的大小有怎样的数量关系"这一问题，然后让学生围绕这个问题通过动手测量，弄清它们之间的数量关系，操作完成后，让学生把数据公布在黑板上，结果发现这些数据大致上遵循"一条弧所对的圆周角等于它所对的圆心角的一半"这一规律；正当学生因为发现规律而洋洋自得时，教师立即追问学生："是不是所有的弧所对的圆周角都等于它所对的圆心角的一半？"此时，学生会发现如果圆的大小不一样则结论未必成立；老师再追问："要使这个结论更加严密，应加上个什么条件呢？"学生很快便发现，要建立在"在同圆或等圆中"。

在这一探究过程中，学生不仅通过操作与合作获得数学发现，而且在教师层层递进的问题启发下不断深化对数学知识的理解，此外，在这一过程中还能培养严密的逻辑推理能力和精益求精的钻研精神。

综上所述，"目的性"是情境创设的正确方向，"合理性"是情境创设的基本前提，"发展性"是情境创设的价值导向，"趣味性"是保证情境创设作用发挥的动力机制，而"启发性"则是情境创设作用发挥的重要保障。教师只有充分结合这几个方面的要求创设情境，才能创设出符合学生内在发展需要的"真"情境。

六、如何创设教学情境

（一）充分认识情境创设的意义

新课改虽然已实施 20 余年，而且数学课程标准也非常强调情境创设，但从目前实际教学情况看，不少教师对情境创设的认识还存在一定片面性，比如过于注重情境创设的"激趣"功能，而忽视情境创设的"激思"功能、"激情"功能；过于关注情境创设的"教育味"，而忽视情境创设的"数学味"；过于重视情境的创设，而忽视对情境的深度开发……广大教师如果对情境创设的价值缺乏深刻认识，那不但无法在实际教学中创设恰当的教学情境，而且也不可能促进学生数学核心素养的培养和有效教学的真正实施。

（二）以思想和精神境界为前提创设情境

教师和学生美好的思想情操是创设教育教学情境的源泉。教师和学生的感情是构成良好教学情境的重要条件之一，有了美的心灵，才能有美的情感。所以，教师只有把自己全部心血倾注到学生身上，学生只有把自己的生存与人类美好的理想联系起来，才能使学生的学习活动变成一种美好的精神享受，才能出现和谐的、激动人心的、触及学生情绪和意志的教学活动。所以，各科教学都要把思想教育放在首位。

（三）充分了解教材地位、作用

某一知识在整个教材中所处的地位与作用直接影响教学情境的创设。教师在进行情境创设时必须充分了解所教知识在教材中的地位与作用并根据教材地位与作用的具体特点选择恰当的教学情境。比如，新知识如果是建立在学生已有的生活经验的基础上，那就应该创设抽象情境并通过抽象情境培养学生的数学抽象素养；新知识与旧知识如果具有比较明显的类比关系，那么可以考虑采用类比情境。

（四）深刻领会教学目标

教学目标不仅是教师完成教学活动所要达到的标准和要求，而且是教育方针、教育目的和课程标准在教学上的具体化，同时它又直接决定教学各具体环节的实施。可以说，一堂课的成功与否很大程度上就看教学目标有没有真正落实。而真正落实教学目标的前提是创设良好的教学情境。这是因为，教学情境不仅是教学的起点，而且通过情境可以激发目标意识，促进教学目标的更好实现。

（五）深入分析教学重点、难点

教师只有紧紧围绕教学重点和教学难点来组织教学，才能既不迷失方向，又不本末倒置。而这又需要教师在精准把握学情和教学目标的基础上深入分析教学重点、难点，然后再根据教学重点、难点创设恰当的教学情境来突出重点、突破难点。

（六）情境创设要因"材"而变

1. 要根据知识特点灵活选择

创设教学情境时首先要考虑所学知识的特点，即应根据知识的特点灵活选择教学情境。如果所学知识具有很好的生活基础，如自然数、三角形、平行四边形等，可以直接创设生活情境或实际问题情境；如果所学知识比较抽象，可以尽量创设直观情境，比如，在涉及抽象的数量关系时可以借助图形、图表来深化学生的数学理解。

2. 要根据学情灵活选择

教师只有准确把握学生的思想脉搏，从学生的心理特点出发，灵活运用各种方法来刺激学生、调动学生，才能使学生在不知不觉中从已知和浅显的内容里不断悟出未知的、深邃的内容，而进入新知识的境界。具体来说，就是情境创设应以学生的实际经验为基础，素材背景必须接近学生的现实，充分考虑学生所生活的自然环境，尽量做到就地取材。比如学习椭圆概念时，我们可以结合自然界天体运动的轨迹创设情境；学习立体几何时，我们可以借助所处的教室，所用的桌椅、学习用品创设情境。

3. 要根据教师自身特点灵活选择

情境创设中人的因素，不仅仅指处于主体地位的学生，同样还要考虑处于课堂主导地位的教师。教师在长期的教学实践中，形成了不同的教学风格，有着各自不同的研究方向，教师应充分发挥自己的特长，创设既适合学生又适合自己的情境。教师如果对数学史比较熟悉，可多创设一些数学史情境；教师如果知识面比较渊博，则可多创设一些故事情境或具有启发性的问题情境。另外，随着年龄增加，教师的学识与阅历也会日益丰富，教师对同一知识的理解也会不断深化，因此，教学情境的创设也应随之进行调整，否则不仅无法打动自己，更别说打动学生了。

4. 情境创设还应与时俱进

建构主义认为，只有接近现实世界的情境，才有助于学生加深对所学知识的理解，才有助于学生学会应用所学知识去解决现实世界的问题。在创设情境时，教师应该与时俱进，使情境赋予时代气息。教师不仅应该及时了解国际国内时事，并尽可能从新近发生的国内外重大新闻和社会热点中寻找学生熟悉的、感兴趣的情境素材；同时还应该用动态的、发展的眼光来看待学生，应充分了解学生的所见、所思并根据学生的实际去选择、改造、运用现有材料，努力创设既富有时代性又与学生生活紧密联系的教学情境，这样才能引起学生共鸣并激发学生的兴趣和情感。

（七）准确把握情境创设时机

从知识的发展脉络来看，可以选择新知识的生长点、知识形成的关键点、新旧知识的连接点等作为情境创设的时机。比如，在学习无理数时，有的教师就创设了"同学们都知道 1 的平方等于 1，2 的平方等于 4，那有没有什么数的平方等于 3"这一问题情境，这一情境就创设于新知识的生长点。从学生思维所处的当下状态来看，可以选择学生思维的疑惑处、探究活动的切入点、发散思维的引发点以及思维的转折点作为创设情境的时机。

（八）努力提高教学能力

教师强大的教学能力本身就是一种良好的教学情境。这些能力包括教材分析能力、解题能力及语言表达能力等。这些能力无论对于启发学生发现、提出问题，还是促进学生的数学理解、数学素养的提升以及良好品格的形成都有十分重要的作用。因此，教师只有不断提高自己的教学能力，才能为课堂教学的顺利开展创设一种得天独厚的情境。

/ 思考题 /

1．什么是教学情境？
2．创设情境有什么意义？
3．数学教学情境有哪些常见类型？
4．情境创设需要遵循哪些原则？
5．举例说明如何创设教学情境？

第二节　课堂提问设计

一、什么是课堂提问

在数学课堂，提问是在一定的问题情境的启发下，由教师或学生把疑问用数学语言表达出来的过程。课堂提问在课堂上表现为师生之间的对话，是一种师生之间教学信息的双向交流活动，是通过师生相互作用促进思维、引发疑问、巩固所学、检查学习、应用知识实现教学目标的教学行为方式。

二、课堂提问的意义

近年来，随着教学问题逐渐聚焦于真实的课堂，提问受到的关注度越来越高。有研究表明，"提问"已逐渐成为课堂师生互动、语言交流的最重要的活动之一。课堂提问适用于教学的各个环节，在新旧知识过渡、直观演示、分析归纳、演绎概括、总结谈话、指导练习时，都需要使用提问这一手段。

对教师而言，课堂提问可以更好地发挥教师主导作用，可以让教师以问题为纽带活跃课堂气氛、促进学生思维、提高学生能力、优化课堂结构、评价教学效果、提高教学效率、推动教学活动的有序开展。

于学生而言，提问可以充分凸显学生主体地位，可以使学生深度参与课堂教学活动，可以激发学生学习兴趣，可以让学生紧跟教师的讲课节奏、更积极主动地参与到课堂讨论与交流之中；同时，提问还可以促使学生系统回忆旧知，巩固、评价、纠正新知。

然而，在实际教学中一些教师常存在提问目的不明、提问方法不当、提问质量不高等问题。为优化课堂提问效果，有必要对课堂提问进行深入研究。

三、课堂提问的功能

（一）组织教学功能

课堂提问的组织教学功能即通过提问唤起学生的有意注意，把学生的注意力引向课堂教学内容。实践表明：一个好的问题犹如水中投石，它会打破学生脑海里的平静，会使学生的注意力高度集中于教师所提的问题。因此，教师应善于提出既具趣味性，又具思考价值的问题来激发学生的求知欲、集中学生的注意力。另外，当发现个别学生注意力不集中或有违纪行为时，教师也可以结合所教内容灵活设问，使其注意力集中到课堂上来。

（二）激励功能

实践证明，提问是开启学生思维的钥匙，是思维的催化剂。有效的课堂提问能充分激发学生学习兴趣、启迪学生思维、发展学生智力与能力。倘若没有提问，自始至终都是教师"一言堂""满堂灌"，学生只能"洗耳恭听""不能发言"，虽然课堂秩序很好，但课堂气氛沉闷，学生的注意力很难集中，学生的思维活动将难以为继。因此，在课堂教学中，教师应适时适地进行提问，以充分激发学生求知欲，调动学生积极参与到问题的探究中来。

（三）导入功能

课堂提问的导入功能即通过提问为导入新课提供铺垫。课堂导入是课堂教学中的重要环节，它直接影响教学效果，特别是刚开始上课时，教师如果能提出新颖有趣、富有启发性的问题，往往可以迅速抓住学生眼球，引起学生强烈的探究兴趣，为后续教学活动的顺利开展奠定基础。在设计导入性问题时，可综合考虑复习旧知和导入新知的双重需要来精心设计问题。

（四）授课功能

如果说导入功能主要是为了引入新知的话，那么授课功能主要在于通过课堂提问来引导学生发现新知、验证新知、巩固新知，促进教学活动的持续开展。课堂提问在对话教学、启发式教学、探究性教学以及问题解决教学中被广泛使用，它通过层层递进的问题对学生循循善诱，让学生在解决一个又一个问题的过程中，逐步发现新旧知识之间的联系，不断优化自己的认知结构，并最终达到发展能力、提升素养之目的。

（五）交往功能

教学活动是师生共同参与的双边活动，在这一活动中，不仅存在知识的传递，而且还存在人与人的情感交流，这种交流要在和谐融洽的师生关系和教学气氛中才能顺利完成。虽然交流的途径各种各样，如目光的交流、肢体语言的交流等，但这些只能作为辅助手段，知识的传授主要还是依靠口头语言。而在口头语言交流中，以往那种教师独白式的教学方式已被证明不仅不利于师生和谐关系的构建，而且也不利于学生创新能力的培养和人格的发展。而以问题为纽带的课堂提问则可以将师生间的教与学、情感和意向紧密连接在一起，它不仅可以使学生在和谐融洽的气氛中消除紧张心理、逐步积累获得成功的愉悦感和自信心，而且可以使教师与学生在这一过程中促进交往、增进感情。

（六）反馈功能

在课堂教学中，利用提问来及时反馈教学信息，对于提高教学效果和教学质量具有十分重要的作用。对教师而言，通过提问可以及时、准确了解学生对知识的理解程度，对重点、难点的掌握情况，学生学习中存在的困难及成因，学生的个性特点及认知差异等，然后针对以上问题灵活调整后续的教学活动。对学生而言，通过理答可以及时获取老师对自己学习状况的评价信息，从而在学习中不断审视自己、改进学习方法和学习态度，使自己后续的学习活动更富成效。

（七）总结功能

课堂提问的总结功能是以提问的方式总结归纳教学内容的一种功能，通过课堂提问可以使学生系统梳理并强化、巩固所学知识。这是充分体现学生主体地位、启发学生自主归纳总结的好办法。比如，在课末，教师可紧紧围绕教学重点，提出若干概括性的问题，学生通过回答问题可对本节课的教学内容进行概括归纳，这种当堂提问式的总结归纳，要比教师自己概述式的归纳效果好得多；又比如，进行单元复习时，教师可紧紧围绕单元重点，按照知识的内在结构提出一组精心设计的问题来总结归纳单元的教学内容，这种总结比单纯教师讲解的效果好得多。

四、课堂提问的类型

（一）按照问题的内容、性质和特点来分

1. 直问

对某一简单问题直接发问，它往往通过联系现实生活或学生的学习实际，提出一个看似简单实则暗含学问的问题，让学生参与探究。其表现形式为"是什么""有什么"等。

2. 曲问

教师不正面揭示问题的实质，而是迂回地指向问题，即问在此而意在彼。这种提问富于启发性，能吸引学生探究和发现，能激起学生思维的浪花。比如，有位教师在教"两点确定一条直线"这一数学事实时，不是采用常见的画图讲解方法，而是先问学生"木工为什么通过弹动绷紧的墨绳就可以画出直线"这一问题来迂回引入，这不仅可以激发学生的探究兴趣，而且可以加深学生对"两点确定一条直线"这一数学事实的理解。再比如在学习有理数的乘方时，有的教师为了让学生真正理解"当底数是负数或分数时，底数应加括号"这句话，没有采用单纯强调的方法，而是通过下面的一系列提问来引发学生的思考，从而起到加强记忆的目的。

"$\dfrac{2^4}{3}$ 代表什么意思？"

"如果要表示 $\dfrac{2}{3}$ 的 4 次方，那应该怎么书写呢？"

"这里的 $\dfrac{2}{3}$ 能不能分开来？"

"既然 $\dfrac{2}{3}$ 是一个整体，那么同学们还记得我们过去是用什么办法来表示整体呢？"

通过这样循循善诱的提问，学生就能真正弄清楚 $\dfrac{2^4}{3}$ 与 $\left(\dfrac{2}{3}\right)^4$ 之间的本质区别。

3. 反问

针对学生的模糊认识和错误症结进行反问，步步紧逼，或让学生对现成结论进行质疑、反思，使学生幡然醒悟，达到化错为正的目的。这种提问可以开阔学生思路，引发学生的逆向思维，促进学生创造性思维能力的培养。这种提问常常使用"不""无""反"等词语，常见的问题有"不这样可以吗""为什么不那样呢""反过来会怎么样呢"等。

4. 激问

在学习新知识之前，如果学生的思维还没有进入状态，教师可以使用激励性

的提问激发学习情绪，促使其进行知识间的类比、转化和迁移，将思维从抑制状态调到兴奋状态。比如，教学"一元二次方程的根与系数关系"时，首先写出像" $2020x^2 - 2003x + 1 = 0$ "这样一个系数较大的一元二次方程，然后激问："老师能马上说出它的两根之和与两根之积，同学们能吗？"

5. 引问

这种方法又被称为联想性提问，它是在学生遇到难以理解的问题需要疏导或提示时，通过揭示教材内容之间的联系，让学生通过类比、联想发现解题思路、解题方法或问题答案的一种提问方法。比如问"已学了几种三角形相似的判定方法？本题所给的边角关系如何？还应寻求何种边角关系？"等。

6. 追问

追问是由两个或两个以上问题组成的提问。它常常以问题串的形式出现，它是在对某一发问得到肯定或否定回答之后，针对原来问题进行的更深层次的发问。教师可以在学生对问题的回答表述不够明确时进行追问；可以在学生回答不够准确时进行追问；可以在学生回答不够深刻时进行追问……其表现形式有"为什么""请解释其算法原理""你还有什么想法""如果条件变了，结果又会怎么样"等多种形式。

如在讲授"角的平分线"时，教师可以提问学生："如何将一个纸制的角二等分？"学生一般都能说出对折这一方法。此时，教师追问学生："如果角是木板或铁板做的又该怎么分呢？"这样可以激发学生思考新的解决方法。又比如，在学了"三角形任意两边之和大于第三边"这一性质之后，可问："长分别为 13，14，15 的线段 a，b，c 能否构成三角形？"如学生回答"可以"，则可追问："根据是什么？"学生可能回答："因为三角形任意两边之和大于第三边！"再追问："一开始，尚不知道有无这个三角形，哪里来的边？"通过这样的追问会使学生对问题的理解不断加深。

恰当地运用追问，可以使学生的思维更深入、更清晰，使学生的回答更规范、更详细。因此，教师在课堂提问过程中要善于运用追问由表及里、由浅入深、由易到难、由此及彼澄清学生的错误认识、模糊认识，深化学生对问题的理解。

教学案例

师：我们在小学学过平行四边形，大家能不能画一个平行四边形？

……（学生画平行四边形）

师：你是怎么画的？

生：用两个三角板平移的方法来画的。

师：其他同学还有不同的方法吗？

生：直接通过画平行线的方法来画的。

师：大家做得很好！通过刚才的实验，我们发现要画一个平行四边形只要画两组对边分别平行的四边形就可以了。像这样，两组对边分别平行的四边形叫做平行四边形。在学习三角形时我们用"△"来记三角形，那么，平行四边形有没有符号来记呢？

生：……

师：平行四边形的定义中说两组对边分别平行，那什么样的边叫"对边"？我们这里所说的"对边"与过去所学的全等三角形的"对应边"区别是什么？

生：……

师：刚才我们研究了平行四边形的定义，那下面该研究什么呢？

生：研究平行四边形的性质。

师：研究平行四边形的性质应该从哪些方面去考虑呢？

生：？

师：我们在研究三角形时是从哪些方面来进行研究的呢？

生：从三角形的边与角这两方面来进行研究的。

师：很好！那现在你们能否知道研究平行四边形的性质应该从哪些方面来进行呢？

生：应该从平行四边形的边与角这两方面来研究。

师：嗯，很好！那大家就来探究一下平行四边形的边与角有什么性质？

生：对边相等。

师：你是怎么知道的？

生：测量发现的。

师：除了对边相等还有没有其他性质？

生：对角相等。

师：你是怎么知道的？

生：根据同旁内角互补得到的。（学生直接把证明过程讲了出来）

师：我们刚才通过观察和测量发现了平行四边形的性质，但仅有观察是不够的，还需要通过证明才能确认结论的正确性。大家思考一下，怎么证明对边相等呢？

生：证明三角形全等。

师：可平行四边形里并没有全等三角形啊？

生：连 AC。

师：你怎么想到连 AC 的呢？

生：过去我们证线段相等常用的办法是证全等，连接 AC 就可以得到全等三角形。

师：这位同学想到将四边形的问题转化为三角形的问题来进行研究，很好！

（二）按照知识理解的水平来分

1. 知识水平的提问

也有人称它为识记水平的提问。它是对学生识记能力的考查。具体表现为提问学生能否记忆具体的事实、过程、方法、理论等,它只能考查学生对知识掌握的最低水平。其表现形式为说出、写出、举例说明、复述等。

知识水平的提问实际上就是对基本事实的提问,对提问的度需要恰当把握。一方面,在课堂提问中,不能有太多的知识水平提问,那样,只是知识的机械重复,很难激发学生的思考,会束缚学生的发展。另一方面,也不能完全排斥这种提问,因为厘清基本事实是进一步学习的基础,这两方面都应视具体情况而定。一般说来,低年级的学生可以多涉及一点知识水平的提问,随着学生知识和经验的增长,应多采用高水平的提问。

2. 领会水平的提问

也有人称它为理解水平的提问。它考查的是学生是否把握了所学材料的意义。此时的提问已超越了记忆,具体表现为提问学生能否概述和说明所学材料的意义,能否用自己的语言表达所学的内容,能否估计预期的后果等,此时考查的仍然是学生较低水平的理解。理解水平的提问包括横向理解提问和纵向理解提问。横向理解提问的目的是让学生通过对事件、事实、物质、概念、文章、公式、方法等进行横向对比,以抓住各自的特性,区别其本质的不同,提高对知识的辨别能力;纵向理解提问是教师抽取知识与技能、过程与方法、情感态度与价值观中的关键部分进行提问,以引导学生对此进行深度思考和准确理解。其表现形式为概述、解析、比较、转换、区别、推断、分类等。比如,"你是如何理解三角形的内角和等于180°的"这一问题就属于领会水平的提问。

领会水平的提问能促使学生组织所学的知识并弄清其含义,这就较知识水平的提问前进了一步。如果说知识水平的提问考查的仅仅是材料的表述和再现,而领会水平的提问就要考查材料所代表的意义了。

3. 运用水平的提问

它考查的是学生能否将学习所得运用于新的情境。此时的提问已达到了较高水平的理解。具体表现为考查学生能否运用概念、方法、规则、原理等。其表现形式为计算、示范、解答、修改等。

"实践出真知",没有实践和运用,所学的知识就会显得苍白无力。运用水平的提问能培养学生运用所学知识解决问题的能力,它能鼓励学生参与实践,在实践中更加深入地理解和运用所学的知识。

4. 分析水平的提问

这种提问主要考查学生能否从整体出发去把握材料的组成要素及其彼此间的联系。它通常考查学生两个方面的能力:一是对材料内容的理解能力,这上承运用水平的提问;二是对材料结构的理解能力,这下接综合水平的提问。此时的提问已能考查出一种比运用更高的智能水平,其表现形式为证明、分析、找原因、作结论等。

　　分析水平的提问要求学生通过要素分析、关系分析、功能分析、原理分析等途径对问题的原因、结果进行阐述和解析。比如，能运用批判性思维从错综复杂的知识网络中寻找事物间的区别与联系；又比如，能立足事物的发展变化去分析事物的前因后果等。素质教育要求发展学生的批判性思维能力，故分析水平的提问应适度加强，这对于学生核心素养的培养尤为必要。

5. 综合水平的提问

　　它考查的是学生能否把先前所学材料或所得经验组合成新的整体。此时的提问涉及学生新知识的建构，故能考查出学生的创造力。具体表现为提问学生能否概括出一些抽象关系，能否以口头或书面形式表达自己的新见解等。综合水平的提问包括分析综合提问和推理想象提问两种，前者要求学生对已有的信息进行综合分析，从而得出结论；后者要求学生根据已有事实推理、想象可能的结论。综合水平提问的表现形式为计划、归纳、设计、创造、组织等。比如，"三角形内角和定理与过去所学的知识有什么联系"这一问题就属于综合水平的提问。通过这一问题可以引导学生将三角形的内角和与前面学习的"两直线平行，同旁内角互补"及"两直线平行，同位角（内错角）相等"等知识自然而然地联系起来。

　　综合水平的提问可以促进学生将所学知识组合成新的形式，可以训练学生的综合能力、预见能力，尤其是创造性解决问题的能力。教师在课堂提问时要想训练学生的创造力，就必须深入研究教材体系并提出综合水平的问题，研究如何才能充分开发学生的思维空间。

6. 评价水平的提问

　　它考查的是学生能否评定所学材料的合理性，如材料本身的组织是否合乎逻辑；它还能考查学生能否评定所学材料的意义，如材料对所学学科的价值、对学生发展的价值及对社会的价值。此时的提问涉及学生对所学材料的价值判断。评价水平的提问反映了学生对所学材料所能达到的最高掌握水平。其表现形式为评价、论证、判断、说出价值等。

　　评价水平的提问可以培养学生的价值判断能力，它有利于发展学生的思想、信念与世界观，这是"立德树人"的一个极为重要的途径。回答评价水平的问题要求学生头脑中必须具有完善的知识结构，良好的情感、态度和价值观并掌握评价的原则和依据。

五、课堂提问的原则

（一）目的性原则

　　课堂提问是一种由教学目标所决定的有目的、有计划的教学行为。但在目前的课堂提问中，目的不明确的现象还比较普遍。例如，在教学"角的初步认识"这一内容时，有的教师首先向学生出示叉开指针的钟面、三角板、张开的剪刀和折扇四种实物，然后带领学生仔细观察并提出问题："谁能发现这些实物中的共同特征？并说出它叫什么。"

生1：（很积极）我知道，剪刀和三角板是学具，钟和折扇是在家里用的。（显然这位学生并没有理解老师提问的目的）

生2：我发现上面都有三角形。（上学期认识了三角形，于是学生便产生了这样的联想，这是老师没有想到的）

老师发现学生的回答有漏洞，于是便追问学生："都有三角形吗？"

这位学生便用手比划着说："假如这里加条线，这里也加条线，不都是三角形吗？"（他指的是钟的指针和剪刀，看来这位学生还是挺富有想象力的）

生3：我发现都是尖尖的。（一看到学生马上就要接近目标了，教师暗自高兴）

师：那你指给大家看一下。

学生指出了针尖，三角板的三个顶点和剪刀的刀尖，扇子上的角却没有指出来。（看来这位学生也没有看出角）

生4：我看出来了，都有角。（学生终于答出角了，老师非常激动，赶紧在黑板上写了一个大大的"角"字）

老师发现学生指出的部位基本上是正确的。于是便继续追问学生："你能说说角是什么样的吗？"（这是老师因激动而临时提出的问题，当初设计时并没有这一问题）

学生歪着头，皱着眉，想了一会儿，答道："我感觉角是尖尖的。"

老师担心学生表达不够清楚，便进一步启发这位学生："能再说说你曾见过的角吗？"

这时便有很多学生自告奋勇地回答。

有的说："书有角，黑板有角。"

还有的说："墙有角，叫墙角。"

……

学生的回答漫无边际。

之所以会出现这样的结果，从表面上看是老师的提问缺乏针对性，从深层次看，则是教师没有真正明确提问的目的，不知道要通过恰当的问题来启发学生从这些实物中抽象出"角"这一基本图形并通过要素分析来发现"角"的本质属性。再加上这位教师没有很好掌握研究图形的基本方法，不知道应该怎么研究图形，应该从哪些方面去研究图形。教师如果掌握了图形研究的一般方法，那就可以启发学生："过去研究图形一般从哪些方面进行？"让学生认识到可以从图形的组成要素、形状、大小、位置关系、运动变化等方面进行研究。

因此，教师在进行课堂提问时要有强烈的目标意识，不仅要知其然，而且要知其所以然。即不能仅凭感觉来进行提问，而要对所提问题从各方面进行反思。比如，要真正明确为什么要提问学生，为什么要提这一问题，为什么这样问，为什么问这些学生而不是那些学生等。教师不能偏离教学目的节外生枝提一些又怪又偏的问题，将教材内容搞得支离破碎，更不应该突然冒出一个与教学内容无关的问题打乱教学节奏。总之，教师只有真正明确提问的目的，才能保证提问的计划性、科学性，才能有效避免提问的盲目性、随意性。

（二）启发性原则

提问的启发性是提问艺术的精华。要使课堂提问具有启发性，教师要注意以下几点。

第一，问题本身必须真正有价值。一个鸡毛蒜皮的问题，即使冠以华丽的辞藻，也不可能造成学生思维上的落差，更别提引起学生注意了。好的数学问题应该具有潜在的逻辑意义，应该有利于学生在新旧知识之间建立起非人为的实质性的联系。

比如在讲解"黄金分割"时，可以提出问题：某女士身高 1.68 米，下半身 1.02 米，她应该选择多高的高跟鞋使自己看起来更美丽？这个问题不仅可以充分激发学生的学习兴趣、引发学生的深入思考，而且可以拓宽学生的知识面，让学生充分认识数学的价值。

第二，启发性的问题应该有利于激发学生学习兴趣。启发性的问题要富有情趣、意味和吸引力，使学生在思索问题时感到有趣和愉快，在愉快中接受知识。而这需要教师充分立足教材巧妙设计问题，以引起学生的好奇心，激发他们强烈的求知欲望，促使学生在生疑、解疑过程中获得新的知识和能力，并从中体会到思考与创造的快乐。

第三，启发性的问题应该有利于促进学生思考。富有启发性的提问应具有一定的开放性，应能让学生举一反三，触类旁通，而不是启而不发。所谓开放性，是指问题应具有适度的不确定性和较大的信息量，应能拨动学生思维的心弦，打开联想的闸门，使学生积极调动已有的知识与技能去思维、去探索。比如，"过两条相交直线可以作几个平面"只是一个识记性问题，学生可以毫无困难地回答，这个问题就没有什么开放性，思维价值也很有限。但如果将其改为"过两条直线可以作几个平面"，学生就难以马上做出回答，他们必须对两条直线可能出现的"相交""平行""重合""异面"这四种位置关系进行讨论并根据不同情况给出不同解答。在这一过程中，学生可以充分经历提出问题、分析问题、解决问题的完整过程，这有利于启迪学生思维，提高学生数学素养，像这样的问题就是具有启发性的问题。

因此，在设计问题时，教师要努力避免那种目标单一或思维水平较低的问题。要鼓励学生运用多种方法解决问题，而不应以得出一个答案为目标，更不能以教师自己设定的答案为唯一标准，凡有异者都视为错误，这只会扼杀学生的创造思维，不利于开发智力。例如，在教学"数学归纳法"这一节课时，教师如果提问"什么是数学归纳法"就很难使学生产生疑问，但若改为"数学归纳法为什么要有两步证明过程？每一步的作用是什么？'假设'永远是假设吗？第一步证明中的 $k = n_0$（n_0 为 n 取第一个数值）的意义是什么"，则会使学生积极动脑思考。回答这样的提问，学生不仅需要对知识进行回忆，而且还需要对知识进行理解，因而必然会促进学生积极思考，从而达到良好的教学效果。

第四，启发式的提问还需要有恰当的提问方式。一个好的问题还要有恰当的提问方式才能取得好的效果。

课堂提问的启发性首先来源于发问形式的创造性。提问应力求有新鲜感、新奇感、幽默感，能引起学生高度的注意。教师提问时如果能"于无疑处生疑""问人之未问"就很容易产生震撼人心的力量。因此，在确定提问方式时，不能墨守成规、一成不变，而应根据知识特点和学生学情灵活选择或适当变化提问方式。比如，对于同一个概念，可以正问也可以反问，可以直问也可以曲问，可以明问也可以暗问，可以实问也可以虚问；同样，一个思考性的问题，可以编成因果性的思考题，也可以编成辨认性或比较性的思考题，还可以编成解释性、评价性、分析性、推理性、综合性、概括性的思考题。

其次，启发式提问应具有暗示性。具体到数学教学中，就是在学生的思维达到"愤悱"状态时，教师要通过启发给学生必要的暗示，让学生通过自己的思维获得暗示并对暗示进行内化、感悟，从而获得理解上的进步。暗示的特点是含而不露，指而不明，开而不达。教师的暗示犹如思维的"脚手架"，可以使学生的思维拾级而上，在"暗中"帮助学生。涂荣豹提出的"元认知提示语"是一种很好的暗示启发形式，它很好地体现了数学启发式教学的暗示特征，它从采用隐蔽性强的弱暗示提示语进行启发，逐渐过渡到采用隐蔽性弱的强暗示提示语进行启发，通过这样的"分级提问"引导不同层次的学生进行思考，不仅可以充分激发学生全员参与，而且可以使学生的思维上升到一个新的高度，达到激发学习兴趣、牢固掌握知识、学会学习方法、提升数学核心素养之目的。

另外，启发性的提问还应该是循循善诱的，应能引导学生深入思考，自己寻找正确的答案。即使是检测性和反馈性提问，也应尽可能设计得有启发性，简单的应答式提问应少用。

比如，有的教师在教学"三角函数的图像"这节课时，先创设了摩天轮的教学情境后就提出了："我们能从中抽象出什么问题？""假如我把初始点 P_0 的位置放在这里（见图5-3），那么此时 P 点的纵坐标 y 可以表示成怎样的形式呢？""根据经验我们通常采取什么方法来研究函数的图像？""在这个大家庭中有没有同学们熟悉的函数呢？""既然它是这里的一个特殊情况，那么这个特殊函数的图形与一般情形的图形之间有怎样的关系呢？""怎样由 $y=A\sin x$ 的图像得到 $y=A\sin(\omega x+\varphi)$ 的图像呢？"

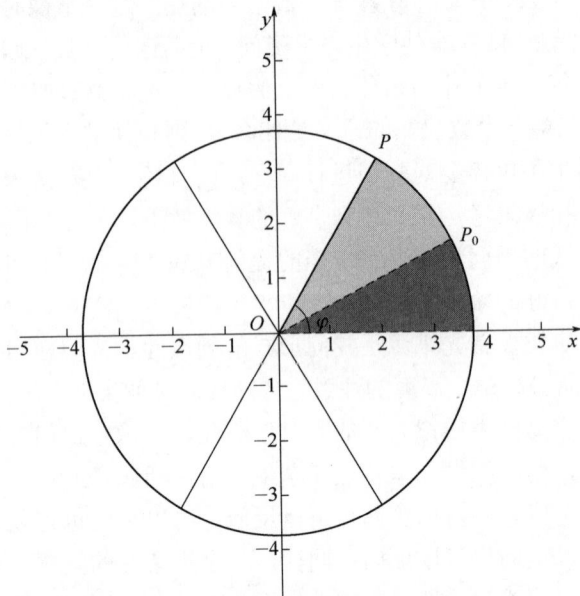

图 5-3

又比如，一位教师教学"圆周角定理"时就通过以下启发性的问题很好地突破了定理的发现及需要分类讨论进行证明这两个难点。

师：一个圆周角所对的弧有几条？一条弧所对的圆周角有多少个？这条弧所对的圆心角有多少个？

（用几何画板给出图 5-4，拖动点 A，使之在 BC 弧（优弧）上移动，让学生观察思考）

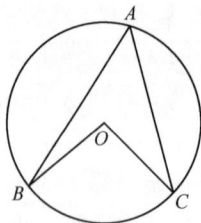

图 5-4

生：……一条弧所对的圆周角有无数多个，这条弧所对的圆心角只有一个。

师：由此你会想到什么？

生：圆心角和这些圆周角之间可能存在一定关系。

师：好！你能发现是什么关系吗？如何进行研究呢？

生：可度量这两个角的大小。

师：很好！请作出如图 5-4 所示的图形，用量角器测量所作图中∠BAC 与∠BOC 的度数，找出这两个角之间的关系，同学之间相互交流。

（巡视发现由于作图和测量的误差，少数学生测出的数据影响了结论的得出）

师：大多数同学已经找到了这两个角之间的关系，为了验证这种关系，请看老师演示。（用几何画板测出图 5-4 中两个角的度数，并拖动点 A 在 BC 弧（优弧）上移动）你看到了什么？

生：虽然两角的大小会发生变化，但它们之间却始终保持着 2 倍的关系。

师：由上面的研究，你能得出一个命题吗？

生：一条弧所对的圆周角等于它所对圆心角的一半。

师：从有限次的实验中得出的命题，能当作定理吗？

生：不能，需要证明。

师：如何证明呢？BC 弧（劣弧）所对的圆周角有无数多个，如果把这无数多个角与∠BOC 逐一验证，显然是不现实的，有没有其他办法呢？请同学们来看老师的演示并注意观察这无数多个圆周角与圆心有几种位置关系？

（再次拖动图 5-4 中的点 A，使之在 BC 弧（优弧）上从 B 点向 C 点移动）

学生的思维能力如果比较强可以将问题提得开放一些，比如直接问学生："你能证明吗？"当学生给出一些特殊证明时再追问学生"这种方法有没有缺陷？""还有什么情况没有考虑到？""对于这些情况应如何证明？"

生：三种位置关系，一是圆心在角的一边上，另一种是圆心在角的内部，再一种是圆心在角的外部。

师：（作出图 5-5）发现定理的证明思路了吗？

生：对上面的三种情况分别进行证明……

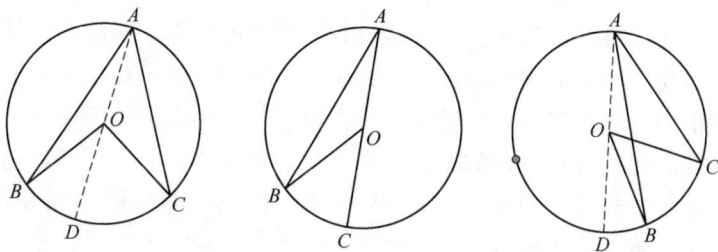

图 5-5

（三）针对性原则

首先，提问的设计要符合知识发生、发展的内在逻辑。

一问重点、难点。课堂提问要能突出重点，解决教材中的难点问题。每堂课中必有若干个教学重点或难点，课堂提问一定要紧扣教材内容，切中重点、难点，合乎学生实际，使学生准确、高效地掌握所学知识。

二问盲点。盲点即不容易被注意到但解决问题中又往往会影响人们正确思维的地方。比如在学习指数函数定义时提出"为什么规定底数要大于 0 且不等于 1"这一问题有利于学生真正理解规定的合理性而不必采用死记硬背的方法去学习。

三问模糊点。在数学教学中，常有一些容易与其他知识发生混淆的知识，对学生的模糊知识，教师可以针对性地提出一些问题让学生弄清知识之间的区别与联系。

四问发散点。问发散点旨在激发学生的创造性思维。如教师在证明三角形内角和定理时可问学生："除了课本上给出的证法外还有没有其他证明方法？"

其次，提问要符合学生认知发展规律和思维特点。在问题的选择上要符合"最近发展区"原则。心理学研究认为，人的认识水平就是在"已知区""最近发展区"和"未知区"这三个层次之间循环往复，不断转化，螺旋上升。课堂提问不宜停留在"已知区"与"未知区"，即不能太易或太难。为什么有经验的老师的提问，总能于不知不觉中激起学生学习的热情，进而逐渐提高难度，最后圆满地完成任务？这是因为他们是在"已知区"与"最近发展区"的结合点，即知识的"增长点"上设问的。这样有助于原有认知结构的巩固，也便于新知同化，使认知结构更加完善，并最终使学生认知结构中的"最近发展区"上升为"已知区"。

再次，提问还要符合教学的内在规律。课堂提问不应是教师即兴的、随意的行为，而应做到因材施问、循序渐进。这样才能使提问不仅切中要害，而且成为思维的源泉和推动力。

（四）主体性原则

第一，要坚持学生的主体地位不动摇。课堂提问虽然主要是教师的行为，但也应充分尊重学生的主体地位。在进行课堂提问时，教师不应把学生单纯视为被提问的对象，还应视他们为课堂提问这一教学活动的主体，应该心中时刻装有学生，应尽可能切合学生的兴趣特点、知识水平和生活背景，甚至以学生的语言和口气来进行提问，特别是对低年级的学生，要尽量多用口语化的语言，少用书面化的语言，同时还应该预设他们会怎样思考，怎样回答。只有这样，课堂提问才能由教师的单方行为真正变为师生的共同行为，才能充分调动学生的学习主动性，充分激发学生思维的积极性，使学生积极主动地参与到提问活动中来，努力思考，踊跃回答，共同评判正误，甚至主动发问。

第二，提问要面向全体学生。面向全体学生要求问题能代表教材设计的意向和学生的心声，能帮助绝大部分学生消化所学知识。有些教师在课上常常只提问少数尖子学生，而很少提问其他同学，这会使多数同学失去锻炼机会，长此以往，不仅会造成学生的两极分化，而且会影响师生和谐关系的构建。因此，教师在进行提问时要在充分了解所教学生的学习水平和学习特点基础上，设计既具有一定的共性，又具有一定针对性的问题，使每个同学的积极性都得到充分发挥。必要时可以让学生进行讨论，教师注意观察、捕捉学生的不同反应和意见，让主要的分歧转变为全班普遍关心的问题，使不同程度的学生都能充分参与到讨论中来。

第三，要充分调动学生积极性。在设计提问时，要充分调动学生的主动性、积极性，引导学生积极探求真理，鼓励学生发现和提出问题。要放手让学生直接参与提问设计，引导学生提出这样或那样的问题，由此发现新的天地，创造新的情境，从根本上改变"生从师问"的被动局面。同时，要欢迎学生发表创新见解，欢迎学生对自己的讲解提出不同看法、对教材内容和问题提出疑问。

第四，提问应该有利于促进师生情感交流。课堂教学不仅是在教师的启发、引导下学生自主获取知识的过程，更是师生之间进行情感交流的过程。因此，提问应该有利于激发学生的情感。

首先，要创设良好的课堂气氛。提问作用的充分发挥依赖于良好的课堂气氛，如果课堂气氛融洽、师生关系和谐，那么教师提出的问题学生就比较容易接受、也比较乐于回答；相反，如果课堂气氛沉闷，或师生关系紧张，那么学生就会有顾虑，就不太愿意去思考、回答教师所提问题。

其次，提问要饱含感情。在进行提问时，教师应怀着对学生和教学内容的满腔热情去提问，让学生时常被热烈的情感包围，保持积极的学习态度，并逐渐培养起强烈的求知志趣。切忌将课堂提问变成教师与个别学生的单独活动或变成假借课堂提问对学生进行变相惩罚，否则会伤害他们的自尊心和学习积极性。

再次，提问要充满期待。期待从某种意义上来说就是对学生的一种鼓励，教师充满期待地等待学生回答，可以一下子拉近师生距离，让学生产生信任感、亲近感，从而乐于积极思考并回答教师所提的问题，甚至会让学生产生一定要回答出老师所提问题的强烈愿望。在这方面需要注意的是不仅要对先进的学生充满期待，而且对后进生也要充满期待。一般来说，教师对先进生期望值比较高，常常会提一些难度比较大的问题来让这些学生回答，这可以对先进生起到鼓励和鞭策作用。而许多教师往往对后进生期待不够，实际上，后进生更需要教师的期待，教师的期待可以给他们以信心和鼓励。因此，教师应该在学生不能顺利、正确作答时，热情地启发和鼓励他们，这样可以让学生充分感受到教师的期待与信任，甚至当他们哪怕答对很少部分时，也充分予以肯定。

另外，提问应富有耐心。这主要表现在两个方面：一是教师在提出问题后，要等待足够长的时间，这样可以让学生有充分的时间来思考问题；二是在学生回答问题后，教师也应该等待足够长的时间，再对学生的回答作出评价或者再提其他问题，这样可以使学生有充分的时间来仔细斟酌、说明、修改、补充他们的回答，从而使他们的回答更系统、更完善，而不至于打断他们的思路。

第五，要积极评价学生的回答。对学生的回答进行评价，不仅可以让学生更好地认识自身的优缺点，而且评价本身就是对学生积极参与的鼓励，它可以让学生充分感受教师对自己的尊重，可以更好地拉近师生距离。评价通常可以采取以下方法。

① 重述：重述学生的回答，给予肯定或表达疑问。

② 追问：追问其中的要点，指出不足。

③ 更正：给出正确答案，订正错误。

④ 评价：对学生的回答进行评价，给予鼓励。

⑤ 延伸：从学生的答案中引出新的问题。

首先，评价要及时。无论学生的回答对与不对，教师必须及时给予回答，千万不能模棱两可。有的教师在学生回答之后，立即转入另一项活动，这不仅会错失宝贵的学习时机，使提问失去应有的积极作用，而且还有可能造成学生的迷茫甚至思维混乱。

其次，评价要适度。对于回答正确甚至有创新的学生，教师应给予表扬和鼓励，但评价学生时所采用的语言和方式应慎重，表扬不宜"过分"，防止言过其实；表扬时不要同时批评先前回答错误的学生，防止"表扬一人，批评一片"。对于经过教师启发仍未能正确回答问题的学生，教师的评价应一分为二，首先肯定他已经会了哪些并给予适当的表扬和鼓励，然后亲切、善意地指出不足之处。总之，要表扬与批评相结合且表扬在先，批评不要言过其实、不能借题发挥、更不能讽刺挖苦，否则就会出现事与愿违的结果。

再次，明确学生回答得"对不对"。教师对学生回答的结果客观、公正地做出评估，这样可使人人受益。很多教师认为对于错误的回答要进行纠正，而对于正确的回答，教师只要告知学生结果正确就行了。其实，这种观点是片面的，教师不应用学生的回答代替教师应做的工作，教师对学生的正确答案完整地复述一遍，不仅可以起到强化效果，而且会让学生获得成就感，会激发学生踊跃回答问题的积极性。

最后，评议学生回答得"好不好"。对于学生的回答，教师直接给予简单评判，指出回答正确与否，虽然无可指摘，但若能从学生回答的各个方面对学生进行一分为二的评价往往更有针对性，效果也更好。评议学生回答得"好不好"可以从6 个方面进行：（a）知识掌握的准确度；（b）知识理解的深广度；（c）知识掌握的牢固度；（d）错误的数量与性质；（e）口头表达能力；（f）是否有创新。这方面的工作比"对不对"的评价难度更大，对此，教师应有深刻的认识。

另外，要多肯定，少否定。教师要允许学生发表不同于教师、书本、他人的独到见解。学生回答对了，当然很好，即使答错了，也应当给予鼓励，要尽量保护学生回答问题的积极性，做到"对事不对人"。这样，学生在回答问题时才能始终活跃，才不会有思想负担。有的教师一看到学生的回答与教师或书本上的所谓

"正确答案"或"标准答案"不一致，不等学生说完，就迫不及待地打断学生，说："错了，不必说了。"其实，学生的回答与正确的思路、标准答案南辕北辙是难免的，即使学生的回答是完全错误的，教师也应耐心听他说完，因为他的思路可能在全班具有一定的代表性，可以作为典型问题予以讲评、纠错。

比如，在学习"两角和（差）的余弦公式"时，有的学生就提出了这样的问题："老师，既然有两角和（差）的余弦公式，那有没有两角乘积的余弦公式呢？"老师马上回答："这不属于本节课研究的内容，我们暂时不讨论这个问题。"于是老师便继续他的讲课，而学生则表现出一副无精打采的样子。其实，这个问题很有价值，教师如果能给予积极评价，则不仅可以培养学生勇于思考、勇于提问的积极性，而且有利于学生对已学知识的理解并为后续知识的学习埋下伏笔。老师可以这样回答学生："因为两角和（差）仍然是角度，有实际意义，而两角的乘积并无什么实际意义，当然两角乘积的余弦也就没有意义了。当然乘法也是有的，但不是两角相乘，而是一个数与一个角相乘，稍后我们会学习相关内容。"

（五）科学性原则

首先，提问的内容要科学。课堂提问不仅要能充分激发学生的内在动机，启迪学生的数学思维，做到科学性与思想性的内在统一；而且要从整体上把握前后设问之间的逻辑与层次联系，使每一设问都成为整个课堂教学中的一个有机组成部分，以实现教学目标的整体积累效应。

科学的问题应该是答案确切和唯一的，切忌大而无当、模棱两可。即使是发散性问题，其答案的范围也应是可预料的，不能太过分散学生对中心的注意力。

其次，提问方法科学。

① 先发问后叫人，以使每个学生都有面临被提问之紧张感，从而调动全体学生的注意，使人人都积极思考。反之，则会使被点到名的学生如临大敌，神经高度紧张，而其他学生却抱着与己无关的态度在一边看笑话，根本不用心思考，这样的提问意义会大打折扣。

② 乱而有序，即时前时后、时左时右、时后进生时先进生提问学生，以不让学生觉出规律，让每个学生都能处于紧张的思考状态。另外，需要注意的是提问要"盯"而不"死"，即当一个学生不能作答时，既不轻易让其坐下，亦不"死盯"不放，置其他学生于不顾。

③ 控制提问次数。根据心理学原理，学生的"注意力"和"兴奋点"往往难以持续较长时间，所以教师应该把一节课中最需要提出的问题浓缩成"屈指可数"的问题并设置一定的情境加以提问，让学生积极参与思考、讨论。问题解决了，教学目的也就达到了。

再次，问题表述科学。问题的表述要明白、简练。所谓明白，就是语言通俗易懂、深入浅出，使学生明确知道教师要问的内容；所谓简练，即语言简洁清楚、干净利落、恰到好处。

比如"观察这两个数列，你发现了什么特征"这个问题就显得含糊不清，因为不知道究竟是问其中的每个数列各自的特征呢，还是指这两个数列共同的特征；是问每个数列相邻两项之间的数量关系，还是指两个数列对应项之间的数量关系。又比如，在学习了棱柱和棱锥两种几何体后，教师往往会问："棱锥和棱柱的体积有怎样的关系？"学生也往往会做出"棱锥体积是棱柱体积的三分之一，棱柱体积是棱锥体积的三倍"这一令教师满意的回答。然而稍加注意，我们就会发现教师这一提问表述本身就存在问题：因为并非所有的棱柱和棱锥都存在这种关系，一般来说，只有在高和底面积都相等的情况下，这一结论才成立。在这里，教师提问显然也是针对等底面积等高这一情况的，但在提问中不注意细节的处理，就会使内容发生科学性错误。

（六）层次性原则

课堂提问的设计要关注学生的思维流程，重视学生思维的层次性，遵循由浅入深、由已知向未知迁移的认知规律，做到环环相扣，层层递进。这首先需要在深入分析教材地位与作用、教学目标和教学重点、难点基础上准确把握问题的特点、难易程度及层次。其次，要充分了解学生的思维层次和掌握水平并知道什么问题适合什么学生。再次，要针对不同层次的学生设置不同的问题，要让不同层次的学生都有回答问题的机会，使其在各自已有水平上都有所提高和发展。例如："已知 $-x^2 + kx(x+2) + k - 2 = 0$ 的两个实数根为 x_1、x_2，且有 $x_1^2 + x_1 x_2 + x_2^2 = \dfrac{11}{2}$，求 k 的值。"可先请后进生回答："它是关于未知数的几次方程？它的各项系数是什么？方程的两根之和、两根之积与方程的系数有什么关系？"待回答后，教师再提问成绩中等的学生："如何把 $x_1^2 + x_1 x_2 + x_2^2$ 化为两根的和或积的形式？"待学生回答后，再问："根据已知条件，你能否建立一个关于 k 的方程而求出 k 呢？"当学生求出" $k_1 = 5, k_2 = \dfrac{3}{5}$ "后，教师可提问先进生："此时的 k 是否都符合题意呢？"当学生答出" $k_2 = \dfrac{3}{5}$ 不合题意应舍去"后，教师再问："以后碰到这样的问题时应怎么思考？通常按怎样的步骤来解？"通过这样循序渐进的提问，可以让不同层次学生的思维都得到锻炼，都能得到不同程度的提高和发展。另外，问题的设计要有台阶、循序渐进、步步引入。例如，有的老师在教学"指数函数"这一概念时，在创设了"细胞分裂"和"放射性元素衰变"这两个情境并让学生写出它们的函数解析式后就设置了如下几个有阶梯的问题："函数 $y = 2^x$ 与 $y = (\frac{1}{2})^x$ 具有哪些共同特点？"待学生回答出"底数是常数""指数是变量""都具有幂的形式"等特征后，再提问学生："你能否写出具有类似结构的函数解析式？"当学生写出诸如 $y = 3^x$、$y = 10^x$、$y = (\frac{1}{3})^x$ 等解析式后，教师再追问："上面这些具体的函数表达式能否统一成一般的函数表达式？"当学生得到指数函数的一般表达式 $y = a^x$（其中 a 为常数）后，教师进一步追问："这里的 a 是不是随便什么数都可以取？"从而引发学生对 a 的条件的讨论。

通过上面层层递进的提问，可以一步一步引导学生由浅入深地逐渐理解指数函数的概念。

（七）灵活性原则

课堂提问固然需要预先设计，但仅按事先设计的问题按部就班地进行提问往往很难适应瞬息万变的课堂，为应对突发情况，必须精心预设，灵活提问。一方面，在进行课堂提问设计时，教师要做足功课，要预见学生可能的思考方向、解题方法及可能出现的困难和错误，并尽可能准备多种应对方案，这样在教学时才能坦然面对学生，才能做到临阵不乱、从容应对。另一方面，要根据课堂教学的具体情况灵活提问。教学是学生在教师的启发下动态生成的过程，在这一过程中常常会出现一些教师事先无法预料的情况，如果教师一味按照预设的问题进行提问，或者会让学生无所适从，或者会错过课堂随机生成的思维的闪光点。因此，教师应在对问题的广度、深度、角度等充分了解的基础上，根据学生的反馈情况及时、动态调整提问的方向、角度和难易程度，以使学生的思维始终保持一定兴奋度，防止出现精神涣散。

在提问方式上，提问不能太单一，不可处处直问，要尽量避免"是不是""对不对"等无需深入思考的问题。课堂提问并没有绝对固定的程序，教师要根据学生的具体情况综合运用引问、侧问、追问等方法来进行提问，这样可使提问不呆板，不落俗套，可以充分激发学生的学习兴趣和学习热情。在提问时，教师要善于把知识藏在问题里让学生去主动探索、发现，要在维持问题原意的前提下对问题的形式和内容作适当的变化。要在问题与学生的求知心理之间，创设一种触及学生情感和意志领域的情境，有意识地把学生引入一种解决问题的最佳心理状态，让问题情境与学生心理产生情感共鸣。这不仅可以充分发挥学生的非智力因素作用，而且可以充分激发学生的智力潜能，让学生在主动探究中解决问题。

在提问角度上，教师应根据教学内容作多角度的设计，并依据教学目标和学生实际选择最佳角度进行提问，问在学生"应发而未发"之前，问在"似懂非懂"之处，问在"有疑无疑"之间，这是提问的艺术，这样的课堂提问往往更能促成有意义的学习并顺利完成教学目标。

六、几种重要的课堂提问策略

（一）元认知提问策略

有关"元认知提问"请参考第二章第四节内容。

为了更好地了解元认知提问在课堂教学中的运用过程，下面我们来看一下"指数函数与对数函数"这节课中出现的元认知提问。教师在上课一开始先引导学生复习指数函数与对数函数的概念和性质，然后话锋一转讲了一句意味深长的话："大家回答得很好。我们一般有这样一个习惯，那就是学习完一些知识以后总希望把这些知识联系起来。"这样，学生很自然地就会想到："指数函数与对数函数之间是不是有什么关系？""如果有关系，那到底有什么关系？"当学生发现了指数函数与对数函数之间的某些关系，但没有发现图形关于直线 $y=x$ 对称这一性质时，教师又进一步追问学生："还有其他关系吗？"当发现学生还是不能发现这一性质时，于是便借助几何画板的直观演示来启发学生："变动 a 的大小，看这两个函数的图象之间到底有什么关系？"当学生发现这两个函数的图象关于直线 $y=x$ 对称时，教师又进一步追问学生："对于你所发现的关系能给出证明吗？"这样引导学生探索证明的思路和方法。在给出反函数的定义后，教师又顺势提出："为什么给它取名为反函数？你觉得这个'反'到底反在什么地方？"而学生回答："对应法则互反，定义域与值域互换。"教师又进一步提出："是不是所有的函数都有反函数？"当学生发现并非任何函数都有反函数时，教师进一步追问："那么什么样的函数具有反函数？""一般地，原来的函数与反函数之间到底有什么关系？"通过这一系列问题串一步一步将探究活动推向深入。当学生以为探究快要结束之时教师又突然提出："在一般情况下互为反函数的两个函数之间的性质还有什么关系？"这样进一步激发起学生对函数的单调性、奇偶性等方面进行更全面、深入的学习，使学生的思维达到高潮。在行将下课之前教师又适时地提出了一个统领全课的问题："请大家反思一下，你觉得学了反函数有什么好处啊？"这个问题不仅起到画龙点睛的作用，而且让人回味无穷。

（二）"6W+H"提问策略

1. 什么是"6W+H"理论

1948 年，美国传播学者哈罗德·拉斯韦尔首次提出了"5W 模式"：描述传播行为的一个方便的方法，是回答下列五个问题——谁（who）？说什么（says what）？通过什么渠道（through which channel）？对谁（to whom）？取得什么效果（with what effect）？据此，引申出传播研究的五个参数或五个内容：控制分析（谁），内容分析（说什么），媒介分析（通过什么渠道），受众分析（对谁），效果分析（取得什么效果）。

此后，"5W 模式"逐渐在商业、教育学、心理学等众多领域推广开来，在推广过程中"5W 模式"逐渐演变为"5W+H"模式、"6W+H"模式甚至"7W+H"模式，这里的"H"指英文中的"how"（怎么做）。虽然，教育界已经有不少人开始注意到"6W+H"模式，但从理论上进行系统论述的成果并不多见。下面将探讨如何利用"6W+H"理论来指导数学课堂提问。

运用"6W+H"理论指导数学课堂提问主要体现在两个方面，一方面是利用"6W+H"理论来建构并完善数学课堂提问理论。从理论上看，课堂提问主要需要解决"什么是课堂提问""问什么（what）""为什么要进行课堂提问（why）""怎么进行课堂提问（how）"，即课堂提问的策略。而这又要进一步研究"谁问——如何确定提问主体（who）""问谁——如何确定提问对象（whom）""何时问——如何确定提问时机（when）""何处问——如何确定提问场合（where）"等一系列问题。另一方面是利用"6W+H"理论来指导数学课堂提问实践。

2. 怎么运用"6W+H"理论指导数学课堂提问

（1）"问什么"

"问什么"这一环节中的"什么"应该从复数意义上去理解，应该理解为由多个问题组成的问题链或问题组，从而很自然地要进一步思考这些问题之间有没有内在联系，这些问题中有没有一个核心问题，其他问题与核心问题之间到底是什么关系，甚至还要进一步思考由这些问题还能提出什么其他问题。需要注意的是，在回答"问什么"这一问题时要充分体现因材施教的教学原则，要综合教材特点、学生学情、教学目标及教学重点难点等方面来统筹考虑应该提什么问题，要使所提问题不仅具有很好的针对性，而且有利于教学目标的落实。比如，教师在高中进行函数概念的课堂提问设计时，发现本节课的核心问题应该是"既然初中已经学过函数，为什么高中还要再学函数？"因为这一问题不仅统领着这节课中的所有知识和问题，而且是其他问题的生长点，从这一问题可以自然而然地引出其他问题。如"初中函数定义是否存在不够严谨之处？""初中函数定义是否不能适应数学发展的需要了？""初中函数是怎样定义的？""初中函数定义有哪些地方不够严谨？""初中函数定义在哪方面不适应数学发展的需要？""高中函数的定义是什么？""初高中函数定义之间有何区别与联系？"

（2）为什么问

明确了"问什么"以后很自然地就要进一步回答"为什么问"。因为只有真正明白"为什么问"才能真正提高提问质量，尽可能避免低效问题、无效问题的出现。关于"为什么问"这一问题，可以从学生、学科及其他学科（其他领域和外部世界）这三个维度进行分析。从学生维度分析就是要明确所提问题对学生能力的发展及数学素养的提高有什么价值；从学科维度分析就是要明确所提问题在整个数学知识体系中的地位与作用。即通过提问让学生明白知识究竟从哪里来，将往何处去，并在此基础上逐渐形成良好的认知结构。从其他学科维度分析就是要站在其他学科的角度去思考所提问题对它们有何作用与影响。

（3）"谁问"

"谁问"回答的是提问的主体到底是谁的问题。教师在设计课堂提问时应该深入思考问题到底应该是由教师提出来还是由学生提出来，只有这样才能既充分凸显学生的主体性，又不会挫伤学生的积极性。在思考"谁问"这一问题时，首先要考虑学生是否具有提出问题的能力或潜力。如果学生有提出问题的能力，那当然应该把问题留给学生，如果学生有潜力但暂时还不具备提出问题的条件，那教师要通过问题情境、数学活动、启发性问题或过渡性问题为学生创造提出问题的条件。其次，要考虑学生有没有提问的意识或积极性。很多时候学生虽然具有提问的能力，但由于提问意识不强、积极性不高、碍于情面、怕出错误或缺少提问氛围等原因，往往明明有问题也不愿提出来，这就需要教师一方面要善于营造良好的提问氛围，鼓励学生大胆质疑、踊跃提问，另一方面要在平时的教学中有意识地培养学生的提问意识和习惯。再次，要考虑学生有没有掌握提问的方法。提问从本质上看就是发现思维过程中所产生的矛盾，因此让学生掌握提问方法的关键还是要加强思维方法的指导。这方面有很多比较成熟的教学策略，如可采用教师示范，指导学生学会倾听、学会讨论、学会表达，培养学生反思、质疑习惯，加强科学思维方法特别是元认知方法训练等。

（4）"问谁"

"问谁"要解决的是应该由谁来回答的问题。一个问题不管设计者自认为设计得如何精巧，如果提问的对象不合适，那也很难达到预期效果。因此，提问是否具有针对性就显得十分重要，可以说提问是否有效的标准是看问题能否充分激发回答者的思维。问题既要有足够的挑战性来激发回答者思维的积极性，同时又不能因为问题过难而挫伤学生探索的积极性。比如，在函数概念的教学过程中，当教师（或学生）提出了"为什么初中学了函数概念高中还要再学"等问题以后，教师可以进一步提出："你觉得初中函数的定义严谨吗？如果不严谨，那不严谨在什么地方？假如你是数学家，你会怎么办？"这对学生来说确实有一定难度，但这一问题确实是学生想了解的，而且由此可以引出对函数概念发展历史的探索。

（5）"怎么问"

"怎么问"可以从"何处问""用何法问""何时问"等方面来进行思考。

① "何处问"

"何处问"，基本上是与"何时问"一起作为提问时机的研究内容出现的。但随着研究的逐渐深入，特别是"6W+H"理论的出现，我们终于明确了两者之间的区别与联系。"何处问"要解决的是对思维的"定位"问题，而"何时问"要解决的则是对思维的"定时"问题。回答"何处问"的问题，首先需要教师对教材地位与作用有全面的了解并在此基础上设计恰当的探究线路；其次，需要准确把握学生思维现状并通过巧妙的设问引导学生的思维到达指定的位置（认知起点）；再次，要根据知识之间的地位、作用及探究目标设计合理的课堂提问引导学生实现教学目标。这样，我们很容易演绎出"何处问"的一些基本策略，比如在"新旧知识的联系处""知识形成的关键处""知识的矛盾处""知识的分化处""知识的疑难处""知识的升华处""知识的转折处"等进行提问。

②　"何时问"

众所周知，学生的注意力会随时随地发生变化，兴奋点也会稍纵即逝。因此，即使问题设计得再好，如果不能准确捕捉提问时机，没有在学生最需要的时候进行提问，那再好的提问也不会产生好的效果。事实上，教师如果提问太早，学生会感到问题突然，不知所措，会因为无法作答而丧失思考的勇气；反之，教师如果提问太晚，学生会觉得问题多余，不值一提，会因为缺乏悬念而失去思考的兴趣。而只有恰到好处的提问，才能充分激发学生强烈的求知欲望。

③　"用何法问"

首先，教师要充分了解课堂提问的各种方法及其适用条件。其次，教师要充分了解提问时的具体情况并据此选出合适的提问方法。这里的具体情况包括教材的地位与作用、学生的思维特点、提问的时机等。比如，当教师提出问题后，学生的思维不够深刻或回答不够全面、不得要领时，教师可以运用诸如"你能说说你这样做的道理吗""你还有什么需要补充的吗""你能换一种其他同学更容易理解的方式来表达你的想法吗""你能把你的观点用一句话概括一下吗"等提问来引发学生的深入思考。再比如，当需要由某个知识引出与之有关的其他知识时，可以通过"你有没有见到过类似的问题""你有没有见到过更特殊（或更一般）的问题"等由此及彼的提问方法来引发学生的进一步思考。

最后，需要说明的是运用"6W+H"理论指导数学课堂提问时，不一定每个环节都面面俱到，可以根据教学的具体情况突出或淡化某些方面，甚至也可以省略某些不太重要的方面。

七、课堂提问的时机

（一）提问于学生的疑惑处

教师在组织教学时，要善于根据教材内容，或课前设疑、引人入胜，或课中置疑、波澜跌宕，或课后留疑、回味无穷，使学生在课堂上始终处于一种积极的探求状态。

有的教师在进行椭圆标准方程的教学时巧妙地创设了以下问题情境：想必同学们在生活中都听说过椭圆，也见到过具有椭圆形状的物体，那现在我就来问问大家，你在生活中见到过哪些椭圆形状的物体？你能肯定它们一定就是椭圆吗？你判断的根据是什么……

（二）提问于思维的卡壳处

学生思维发生卡壳的地方，往往是教学的重点、难点之所在。教师要通过适时的课堂提问，达到帮助学生释疑解惑、开拓思路、启迪思维之目的。比如在学习"等腰三角形的性质"这一内容时，学生遇到的难点是辅助线的探索，这时教师可以这样启发学生："我们现在要证明什么？"学生一般能说出"证明角相等"，教师进一步追问："我们学过哪些证明角相等的方法？"当学生梳理出证明角相等的各种方法后，教师再提问："我们这里的两个角有什么关系？""你看本题中用哪种方法比较合适呢？"待学生回答"利用全等三角形知识来进行证明"时，教师再提问："怎样才能把它们放在两个三角形中呢？"如果学生想不到，老师可以进一步启发学生思考："题目中有哪些已知条件？"当学生发现有一条边相等时，老师可以再次引导学生思考："证明三角形全等的方法有哪些？"学生一般不难列出全等三角形的各种判断方法，此时，教师可以继续追问："每种方法都可以吗？如果可以应该怎么添加辅助线？如果不可以，又是为什么？"这样学生自然会根据全等三角形的各种判定方法想到不同的辅助线添加方法。

（三）提问于知识形成的关键处

所谓"关键处"，是指教学中的重点、难点，是那些对学生的思维有统领作用，能"牵一发而动全身"的地方。比如，有的教师在证明三角形内角和定理时就设置了以下问题："我们过去在什么地方研究过几个角的和等于180°的问题？"当学生回答"两直线平行，同旁内角互补"这一定理时，教师进一步提问："要使同旁内角互补，必须出现什么条件？"当学生回答出"平行线"时，教师再进一步追问："可图中并没有平行线呀？"从而启发学生通过构造"平行线"来证明三角形内角和定理。

（四）提问于新旧知识的联系处

在新知识的教学中，教师要善于把新知识放在学生的原有认知结构中去思考，要从学生原有的知识中找到新知识的生长点，并在新旧知识的联系处设置层层递进的问题串，启发学生从旧知中自然而然地生成新知。

（五）提问于探究活动的切入点

提问目的之一，就是为了引起学生的学习兴趣。课堂上经常看到，当学生对某个问题产生激烈争论而又不得其果，或急于知道自己的想法是否正确之时，注意力往往非常集中，会异常关注教师的一言一行。故此，教师要善于从教学内容或教学过程中挖掘学生的"兴趣"点，以便高效地组织教学过程。

（六）提问于归纳的生发点

比如，有的教师在讲解"概率"这节课时，先向学生呈现表 5-1，然后再通过"从表中你能看出规律性的东西吗""是什么规律""为什么具有这样的规律""这与抛掷的次数有没有关系"等一系列问题来引发学生从具体实例中归纳出抛硬币正面朝上的概率。

表 5-1　历史上数学家抛硬币实验情况

试验者	抛硬币次数/次	正面朝上次数/次	正面朝上的频率
德·摩根	4092	2048	0.5004
蒲丰	4040	2048	0.5069
费勒	10000	4979	0.4979
皮尔逊	24000	12012	0.5005
罗曼诺夫斯基	80640	39699	0.4923
棣莫佛	2048	1061	0.5181

（七）提问于发散思维的引发点

在学习过程中，学生经常会在思维的发散处碰到抉择困难的问题。此时，教师如果不加引导，有的学生可能会止步不前，也有的学生可能会误入歧途；而如果能针对学生的实际情况适时适地提出启发性的问题给学生指明正确的前进方向，那不仅可以激发学生强烈的探究兴趣，而且可以使学生少走弯路。

（八）提问于思维的转折处

受思维惯性的影响，人们往往喜欢顺向思维，而不习惯逆向思维。尤其对于比较感性、缺乏理性思维的中小学生来说，逆向思维往往会造成他们的学习困难。这就要求教师在学生思维处于转折时，给予适当点拨，引领他们一步一步地去寻找正确答案。比如，有的教师在讲解"一元二次方程的根与系数关系"这一课题时，就先后出示二次项系数为"1"和不为"1"的两组问题，让学生先观察并归纳二次项系数为"1"的一元二次方程的根与系数关系，当学生发现了"两根之积等于常数项，两根之和等于一次项系数的相反数"这一结论后，再让学生观察二次项系数不为"1"的一元二次方程并提问学生："刚才得到的结论是否仍然成立？"当学生发现结论不成立时，教师可以继续提问："原来的结论能否做适当的修正呢？"如果学生仍然不能发现根与系数的关系，教师可以进一步提问学生："我们能不能把二次项系数不为'1'的一元二次方程转化为二次项系数为'1'的一元二次方程呢？"

从而引发学生对二次项系数不为"1"的一元二次方程的根与系数关系的探究。

（九）提问于思维的无疑处

学生在学习过程中，经常会出现这样的现象：从表面上看，学生对知识点理解了，但深入思考或进一步追问可能又会出现问题。对于这些看似平常之处，教师千万不能轻易放过，而应该于无疑中设疑，激发学生的探究兴趣，引发学生深入思考，培养学生的创新意识。比如，在学习"圆与圆的位置关系"时，学生对圆与圆的位置关系的五种分类一般并不存在多大困难。但当学生自认为这个知识很简单，几乎不需要思考就能知道结果时，教师可以突然向学生提出："如果两圆半径相等，那是不是还是五种关系？""除此之外还有没有其他关系？"将学生的思维引向深入。

（十）提问于理解的错位处

所谓"理解错位"，就是学生在数学知识理解过程中存在的片面认识、模糊认识甚至错误认识。此时，教师应针对学生理解中的这些问题来设疑问难、澄清认识。

思考题

1. 课堂提问具有哪些功能？
2. 课堂提问有哪些常见类型？举例说明。
3. 课堂提问需要遵循哪些原则？
4. 什么是元认知提问策略？举例说明如何运用元认知提问策略进行课堂提问。
5. 什么是"6W+H"提问策略？举例说明如何运用"6W+W"提问策略进行课堂提问。
6. 课堂提问的时机应如何把握？举例说明。

第三节　板书设计

一、板书的含义与现状

（一）板书的含义

板书是教师根据课堂教学需要，在黑板上写出来的文字、符号或画出来的表格、图画，这些文字、符号、表格和图画形象、精炼地展示了课堂教学的思路和重点，成为课堂教学的重要组成部分。板书还可以理解为动作，即在黑板上书写。板书是课堂教学中一种应用广泛的教学手段，由于它能以有限的符号高度浓缩教学信息，所以又被称为教师的"微型教案"和课堂教学的"集成块"。

板书一般表现为板书、板演、板画三种形式。板书是指教师写在黑板上的文字，这是各学科教学中普遍采用的一种板书形式；板演是指教师在黑板上推导公式、演算例题或书写方程式等，是自然科学教学中常用的一种板书形式；板画是指教师在黑板上画的各种图形、符号和表格等，是数学等许多学科常用的一种板书形式。一般我们将教学板书简称为"板书"。板书是以传统的黑板为载体的特定呈现形式，它处于教室的醒目位置，具有空间视觉优势，是学生视线的主要焦点，能最大限度保证教学信息的辐射范围。

（二）板书的现状

随着现代信息技术的发展与新课程改革的不断深入，教师的教学环境发生了翻天覆地的变化，传统的黑板板书也迎来了严峻的挑战：板书的出路在何处？以后到底还要不要使用板书？继续使用的理由何在？教师又该如何运用板书优化课堂教学效果？

如今，部分教师对于现代信息技术使用不恰当，存在理解误区，导致教师的教学基本功——板书出现问题。

① 板书随意化。教师的板书无重点、无系统、无框架，想写什么就写什么，想写哪里就写哪里。如：有的板书写成密密麻麻一大片，学生看起来很吃力；有的板书只是几个毫不相关的字，学生看了摸不着头脑；有的板书字迹潦草，学生难以看懂等。

② 板书形式单一、千篇一律、毫无生机。

③ 板书屏幕化。随着现代信息技术的发展，一些教师过于依赖多媒体，忽视传统板书，有的教师甚至上完一节课，黑板上只字未留。

教师要充分认识板书设计在课堂教学中的重要地位和独特作用，应将板书作为一个重要课题来进行研究。

二、板书的功能

板书虽然受到现代教育技术的严重冲击，但作为一种传统的授课形式，它的存在还是有其合理性的。

（一）授课功能

首先，板书具有即时性和生成性。板书实际上就是动态展现教师思维的过程，学生的思维与教师的思维可以通过板书这一渠道形成良性互动，保证教学活动的顺利进行。这一过程不仅可以让学生直观感知实际的教学过程，而且可以把抽象、静止的教材内容变为有动感的视觉形象，给学生以美的享受。其次，板书具有延迟性。板书的过程从某种意义上来说就是播放思维的"慢镜头"，特别是在讲解数学问题时，教师如果只是口头讲解甚至单纯播放 PPT，学生不仅很难有足够时间进行思考，还会因为课件的快速播放而造成视听觉疲劳、增加记忆负担，而教师边讲解边板书则可以有效地引起学生的有意注意并对学生的思维进行定向，可以让学生边听、边看、边记、边思考。再次，板书具有持续性。板书可以反复感知，它能不断刺激学生的视觉注意，这样，教师可以利用板书来呈现教学目标、提出研究问题或展示研究材料来让学生从容观察、思考、探索、发现。最后，板书具有逻辑性。高度概括的板书能清晰呈现教学内容之间的逻辑关系，这对强化知识脉络、揭示数学思想方法、启发学生思考等起着不可替代的作用。基于以上理由，目前板书的授课功能还不可能完全被多媒体所取代。

（二）提要功能

板书是教师进行课堂教学的重要手段，在课堂教学中起着十分重要的作用。好的板书具有提挈要点、强化记忆的功能，它能把有声的口头语言以浓缩的方式书面化、视觉化，从而帮助学生了解和掌握教学的重点、难点和关键点，促进知识的理解与记忆。在课堂上，有些内容可能会多次出现或需要通过不断反复来加以强调，对于这些内容如果单纯采用口头语言进行描述就需要教师反复讲解，这不仅会增加教师的负担，而且还会浪费时间、降低效率。而教师如果把这些内容直接板书在黑板上，那么教师只需要在必要时指示学生观看黑板而不需要反复强调，甚至不需要教师的提醒，学生在抬头看黑板的过程中也会有意无意地注意到这些内容并在潜移默化中得到强化，这样既减轻了教师的负担，又节约了时间，可谓一举两得。

（三）组织功能

板书能帮助学生把握知识的发展脉络和逻辑体系，促进认知结构的完善。在数学教学中，特别是当知识之间的关系比较复杂时，教师若能注重知识结构的梳理和知识本质的提炼并将其板书出来，则不仅有利于学生明确整个知识结构中各知识之间的内在联系并将其系统化、条理化；而且有利于突出知识本质，方便学生理解、记忆所学知识。如在二面角的教学过程中可以先将二面角的度量问题转化为线面角、线线角（异面直线所成角或平面角）的度量问题，然后再转化为平面角的度量问题，或将二面角的度量问题直接转化为平面角的度量问题（见图5-6）。

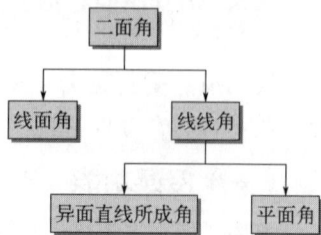

图5-6 "二面角"板书

以上板书，不仅为学生探索二面角的平面角的作法指明了方向，而且使二面角、线面角、线线角（平面角）之间的关系更加清晰、直观。

（四）直观功能

心理学的实验证明：人识别一种东西，用语言描述需要 2.8s，而用线条、图表、符号只要 1.5s；看一遍接收的信息量比听一遍多 1.66 倍。在记忆方面，视觉比听觉重要，一份材料显示，只凭听觉，3 小时后能记住约 65%；而单凭视觉，3 小时后能记住 70%左右，3 天后只能记住 40%左右；而视听结合，3 小时后能记住 85%左右，3 天后则能记住 70%左右。可见，视听结合起来，比单一的听觉或视觉所接收的信息量要多得多。

数学语言具有高度的抽象性和概括性，教师往往很难通过口头语言将其直观形象地描述出来，有时虽然可以通过口头语言来进行描述，但由于口头语言缺乏生动性和直观性，这对于短时记忆容量有限的大脑来说，要从整体上全面把握教师讲授的信息是非常困难的，更不要说迅速记住这些知识了，这就需要通过板书来呈现信息，减轻大脑的记忆负担，而把更多的空间留给思考。

另外，数学图形、表格、函数的图象等虽然很直观，但用口头语言来叙述不仅费时费力，而且容易丢三落四，同时也很难全面、准确地描述图形的各要素或符号之间的内在关系。这时通过板书来呈现教学内容可以让学生更加直观、全面地把握对象的信息，特别是在有图的情况下，教师只需要一句"如图所示"就可以省去许多废话，让图形起到无声胜有声的效果，能让学生把精力集中在问题的思考上，而不是花在对信息的回忆与提取上。

（五）示范功能

板书要对教学内容进行由表及里、由浅入深的提炼加工，要揭示知识之间内在的、本质的、必然的联系，这需要教师充分运用分析、综合、抽象、概括等思维方法对原有信息进行识别、提取与深加工，这对学生思维的发展和学习方法的掌握可以起到很好的示范作用。

在数学教学中，一些形式化的知识、技能与规则（如解题步骤、解题格式、解题方法、图形画法、书写格式等），单靠一两次的讲解很难起到良好的教学效果，往往需要依靠教师多次强化才能取得明显效果，这时板书就可以通过潜移默化的示范作用达到口头讲解难以达到的效果。特别是在低年级，学生的抽象思维水平还比较低，数学学习更多靠记忆与模仿，这时，教师工整、规范的板书就显得尤其重要，它可以为学生的思维、书写提供榜样。

（六）育人功能

随着现代教育技术的不断发展，尽管板书的部分教学功能会被多媒体替代，但板书的育人功能却很难被多媒体替代，因此，教师必须正确认识并强化板书的育人功能。首先，多媒体课件给人的感觉是冷冰冰的数学符号或图形，无法让学生感受教师的情感和智慧，而具有灵动性、生成性的板书则可以将教师的一言一行、一招一式甚至喜怒哀乐充分展现在学生面前，这有利于拉近师生距离、增进师生情感交流、促进学生人格健康发展；其次，布局合理、构图新颖、字迹工整的板书，能将知识脉络、教师思路、学生思路三者融合、升华为精美的艺术作品，它不仅能激发学生的学习兴趣、启迪学生思维，而且能美化学生心灵、陶冶学生情操；再次，板书可以让学生更加直观地感受教师的思维过程和个人风采，可以让学生充分体会教师劳动的辛苦，会倍加珍惜教师的劳动成果，从而让学生受到生动的劳动教育。总之，良好的板书可以对学生心灵、人格产生潜移默化的影响，可以为落实"立德树人""课程思政"等教学目标提供重要渠道。

三、板书的类型

（一）提纲式板书

提纲式板书以教学内容的结构为主，围绕教材，用简洁的语言和清晰的条理将要点准确地表示出来。提纲式板书层次井然、结构清楚，使学生深得要领，能简明扼要地掌握课堂教学内容。提纲式板书是教学中最常用的一种板书，它基本适用于各种内容。它简单易行，非常适合新入行的对教材内容还不够熟悉的教师使用。例如，表 5-2 中的提纲式板书不仅层次分明、重点突出，而且能帮助学生理清思路、加深理解。

表 5-2 "球的概念和性质"板书

球的概念和性质
1．球的概念
球心：
球的半径：
2．球的性质
（1）
（2）
3．球的有关计算

（二）语词式板书

语词式板书是指教师在教学中选择或总结出能准确反映教学内容的关键性词语并加以板书的一种板书形式。在讲解一个定义、定理、公式或刻画一个概念、说明一个问题时，把反映事物本质的关键词语写在黑板上。这种形式的板书，便于学生记忆和抓住重点。图 5-7 是"平行四边形"这一课时的板书。

（三）表格式板书

表格式板书是将教学内容的要点与彼此间的联系以表格的形式呈现出来的一种板书形式。教师在课前将设计好的空白表格板书在黑板上，表格中的内容由师生在课堂教学过程中共同生成（表 5-3）。

平行四边形

一、定义：两组对边分别平行的四边形是平行四边形。

二、性质：

1. 平行四边形的对边相等。

2. 平行四边形的对角相等。

3. 平行四边形的对角线互相平分。

图 5-7 "平行四边形"板书

表 5-3 "反比例函数"板书

函数	图象		所在象限	性质
$y=\dfrac{k}{x}$ $(k\neq0)$	$k>0$	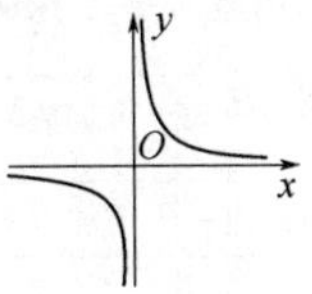	第一、三象限 （x，y 同号）	在每个象限内，从左到右单调递减，y 随 x 的增大而减小
	$k<0$	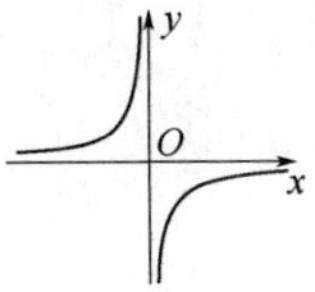	第二、四象限 （x，y 异号）	在每个象限内，从左到右单调递增，y 随 x 的增大而增大

（四）对比式板书

对比式板书是把具有可比性的内容，用对比的方法写在黑板上。这种形式的板书可使似是而非的不同对象形成鲜明对照，由于对比强烈，这种板书可以更好地突出比较对象的各自特征，有助于学生抓住要点、深化理解、避免知识模糊与混乱。对比式板书适用于内容对比成分较多的教材。在采用对比式板书时，教师可根据教材内容设计一些比较性的问题让学生思考并作出解答，然后再根据教材内容和学生的回答，把各种信息放在一起，让学生对照、比较、区别、分辨，见表 5-4。

表 5-4 "指数函数与对数函数的图象、性质比较"板书

项目	$y=a^x$（$a>0$ 且 $a\neq1$）	$y=\log_a x$（$a>0$ 且 $a\neq1$）
定义域	$\mathbf{R}$	$(0,+\infty)$
值域	$(0,+\infty)$	$\mathbf{R}$
单调性	$a>1$ 增 $0<a<1$ 减	$a>1$ 增 $0<a<1$ 减
不变性	恒过点（0,1）	恒过点（1,0）

（五）线条式板书

线条式板书是根据教学内容的内在逻辑，选择关键性的概念或术语，以线条、箭头等连接起来构成的框图。它一般采用大括号、关系框等形式，将纲目及主要知识点组成一个能明显反映出从属关系的结构图，这种板书主要用于复习、归纳章节知识，不仅可以让学生系统回顾所学的主要知识，而且可以让学生清晰了解知识之间的联系，如图5-8所示。

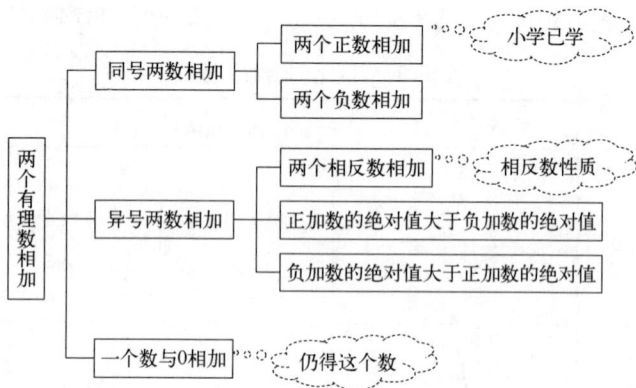

图 5-8 "有理数加法法则"板书

（六）图解式板书

图解式板书是借助较为形象的线条、符号、图形等来表达教学内容的板书形式，也就是图文结合的板书。它形象、直观，有利于学生感知、思考和记忆。这种板书形式在数学概念的讲解，法则、公式的推导，规律的归纳和例题的分析，图形面积、体积关系的剖析等方面有着广泛应用。它在具体表现形式上又分为情境图、线段图、韦恩图、面积图和关系图等不同类型。其中关系图用得最多。

比如，图 5-9 就用图解式板书非常直观地揭示了阴影部分的面积与正方形及两个半圆面积之间的数量关系。通过图示可以清晰呈现推导思路，便于学生理解，同时还可以渗透转化思想，培养学生的形象思维能力。

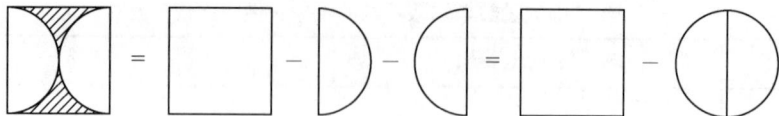

图 5-9 "阴影面积计算"板书

（七）归纳式板书

归纳式板书是反映归纳推理过程的一种板书。归纳推理是由特殊到一般的推理，因此，归纳式板书一般将具体例子写在上面，结论写在下面，形成上下结构。这样，就能清晰、直观地展现知识之间的内在逻辑。归纳式板书多用于公式、定律的推导和猜想的发现。例如，求解"同一平面内 n 条直线最多可以将该平面分成多少个不同部分"这一问题时，就可采用如下板书：

$f(1) = 2$

$f(2) = 4 = f(1) + 2$

$f(3) = 7 = f(2) + 3$

$f(4) = 11 = f(3) + 4$

······

由此归纳得到

$f(n) = f(n-1) + n$

（八）演绎式板书

演绎式板书是反映演绎推理过程的一种板书。演绎推理在数学命题教学或数学解题教学中应用十分广泛，定理的证明、公式的推导、例题的解答一般使用演绎式板书。例如，教学"等比数列前 n 项和"时就可运用演绎式板书来阐明。

数列 $\{a_n\}$ 是等比数列，则其前 n 项和 $S_n = a_1 + a_2 + \cdots + a_n$ 可以写成

$$S_n = a_1 + a_1 q + a_1 q^2 + \cdots + a_1 q^{n-1} \qquad ①$$

用公比 q 乘①式的两边，可得

$$qS_n = a_1 q + a_1 q^2 + a_1 q^3 + \cdots + a_1 q^n \qquad ②$$

用①式的两边分别减去②式的两边，得到

$$(1-q)S_n = a_1 - a_1 q^n$$

当 $q \neq 1$ 时，等比数列前 n 项和的公式为

$$S_n = \frac{a_1(1-q^n)}{1-q}(q \neq 1)$$

总之，数学板书的形式多种多样，没有绝对固定、统一的模式，教师在教学中可根据教学内容、教学过程及学生的具体特点灵活选择。总原则是板书应该从教材实际出发，为教学目标服务，服从于培养学生能力的需要。板书的生成应与教材知识结构的发展顺序、学生的认知发展顺序及课堂教学的推进进程同步，真正达到由教材的知识结构向学生的认知结构迁移过渡的目的。

四、板书设计的原则

（一）目的性原则

板书是课堂教学的一种手段，不是简单、盲目地在黑板上写写画画。任何一则好的板书都应具有明确的教学目的。板书设计或者是为了突出教学重点，或

者是为了展示知识的来龙去脉，或者是为了启发学生的思考……在板书时，只有真正明确板书的目的，才能使板书有的放矢，才能为进一步思考"准备板书什么内容""准备板书在什么位置""为什么要这样设计"等问题提供可靠的判断依据。

首先，要深入钻研课程标准和数学教材。课程标准和数学教材是教学的"纲"和"本"，板书设计作为教学的有机组成部分，自然需要依"纲"据"本"才能真正体现因材施教的教学原则，如果离开了这个"纲"和"本"，板书设计就成了无本之木。

其次，要在深入钻研课标和教材基础上准确把握每节课的教学目标、教学重点、教学难点及关键点。

再次，要知道如何落实板书的目的，仅仅明确教学目标、教学重点、教学难点及关键点还不够，只有找到恰当的教学方法来突出重点、突破难点，才能有效地完成教学目标。因此，在进行板书设计时，不仅要根据每节课的教学目标、教学重点、教学难点及关键点来确定板书设计之目的，而且还应该选择合适的板书类型来落实上述目的。

（二）启发性原则

教师在设计板书时一定要充分体现板书的启发性，要通过精巧的构思、艺术的加工、优美的文字、生动的图形为学生创设一种和谐、勃发的教学情境，使每一个文字、符号和图片都充分体现启发性，让学生在这一情境中激发求知欲望、引发数学思考、感受美的熏陶、促进情感升华。

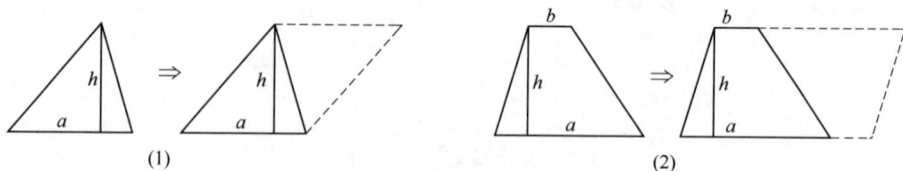

图 5-10　"梯形面积公式的推导"板书

分析：图 5-10 中虽然没有一个文字，但却以简明的符号和图形展现了三角形面积公式的推导过程，同时还采用类比的方法启发学生独立推导梯形的面积公式，它不仅突出了知识间的内在联系，而且实现了证明方法的顺向迁移。

（三）概括性原则

从教学角度看，精炼的板书不仅能高度概括教学内容，促进学生对教材结构的清晰梳理和整体感知；而且能集中学生的注意力、激发学生的想象力，让学生通过板书这一渠道与教师进行思维碰撞、情感交流并最终完成知识建构、提升思维品质、促进人格发展。不加提炼的板书不仅容易分散学生注意力，甚至造成学生思维混乱，进而加重学生思维负担；而且会在无形之中影响师生之间的正常交往，严重的还会损害教师形象，影响学生人格的健康发展。

　　因此，教师在板书时，要高度重视概括性这一原则。具体来说，一要在深入钻研课程标准和数学教材基础上准确把握教材的教学目标、教学重点、教学难点和关键点，这样在板书时才能做到心中有数；二要选用准确、精炼的文字语言，简洁、形象的图形、图表来体现教学内容之精髓，揭示知识发展之脉络，展现教学构思之意蕴。

（四）条理性原则

　　数学知识系统性强，逻辑推理严密，这就要求数学板书必须条理清晰，层次分明。条理清晰的板书不仅可以准确反映知识的来龙去脉和知识的层次、结构；而且可以给学生的思维提供示范，提高学生思维的逻辑性；同时，还可以优化学生认知结构，减轻学生记忆负担。

　　首先，要准确把握教材的地位与作用。教材的地位与作用要研究"哪些知识之间有关系""有什么关系"以及"这些知识对其他知识的学习、对学生的发展有何影响"等问题。因此，只有真正弄清教材的地位与作用才能设计出条理清晰的板书。其次，要充分了解学生的认知特点与规律。板书是教学过程的高度浓缩，而教学过程必须顺应学生的认知特点与规律，因此，只有使教学过程真正符合学生认识的发展序，才能从根本上保证板书的条理性。再次，要充分了解教学目标及教学重点难点。一堂课的教学不能不分主次、面面俱到，而必须有所为有所不为。最后，要采取恰当的板书形式来体现条理性，教师必须充分了解各种板书的优缺点及适用范围，并在此基础上根据知识的内在逻辑和学生的认知特点选择恰当的板书来凸显知识的条理性。

　　例如"三角形"这一单元的复习课，可这样设计板书（图5-11）：

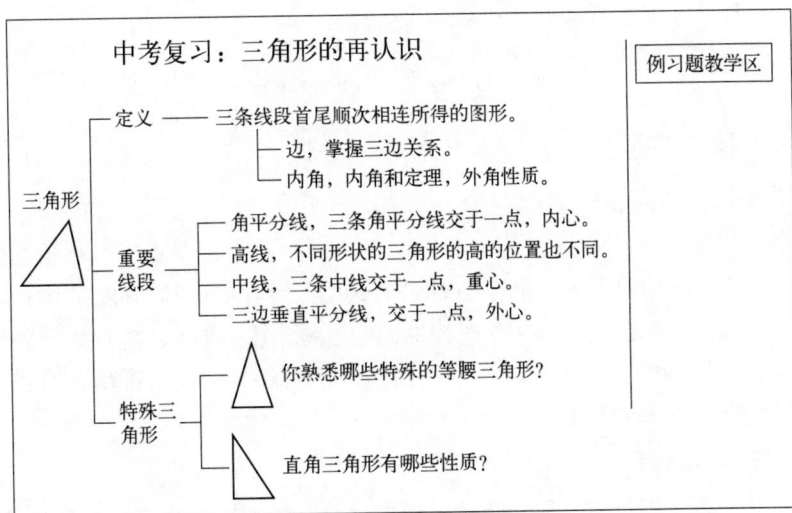

图5-11　"三角形单元复习"板书

143

（五）直观性原则

直观形象的板书能将语言不能传达的信息通过板书显示出来，起到化难为易、化抽象为具体的作用。因此，在教学过程中要注重板书的直观形象性，让学生在直观感知所学客观事物和现象的基础上形成表象或概念，并通过积极思维，从整体上把握学习内容，弄清它们之间的相互联系，获得较为系统的信息和知识体系，从而掌握学习重点、突破学习难点。在具体教学中需要注意以下几点。

① 将重点、难点、关键点和注意事项写在突出位置或用醒目的色彩加以标记。一般来说，在学生难记、难以理解、难以掌握以及易错处，教师可以有针对性地进行设计，以预防错误产生，帮助学生理解。

② 要特别注意板书中的作图。数学符号具有高度的抽象性，学生往往不容易发现其中的内在联系。比如，一些学生常常对求内接或外切问题存在困难，主要原因是不会画图导致思考无法继续。因此，在数学教学中，教师要善于配以简单的图画、形象的图表来分析、讲解，这样可以让学生快速、直观地发现数学对象之间的内在联系。又比如"某班有学生若干人，其中 5 人有兄弟，8 人有姐妹，有兄弟又有姐妹的有 2 人，其余 35 人皆为独生子女，问该班有学生多少人？"若结合题意画出如图 5-12 韦恩图，答案便一目了然。

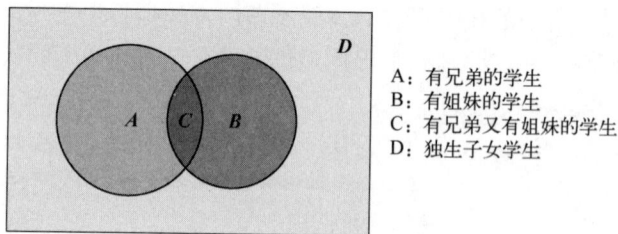

A：有兄弟的学生
B：有姐妹的学生
C：有兄弟又有姐妹的学生
D：独生子女学生

图 5-12 "学生人数韦恩图"板书

（六）科学性原则

1. 板书的内容要科学

绝不能出现科学性错误。首先，每个字、词、符号都要正确、规范，数学符号要符合标准。比如，"a 与 b 的平方都是有理数"，就没有表明到底是"a^2 与 b^2 都是有理数"，还是"a 与 b^2 都是有理数"；其次，绘图要准确、美观。在作图入门时，教师必须用辅助工具作图；再次，对例题的解答要清楚、准确、有条理，要体现数学的严谨性与科学性。

2. 板书布局要科学

板书设计要逻辑严密、揭示规律、形成整体。教师要对板书内容出现的先后、内容间的联系和呼应、位置的安排和调整、文字的大小去留、虚实的配合、符号的选用等方面做周密计划，力求顺理成章、水到渠成。板书一般分为主体板书（主板书）和辅助板书（副板书）。主板书是讲授内容的系统板书，如标题、例题、结论等。副板书则灵活机动，如复习、提示、错例等，不必保留。一堂课结束时，黑板上显眼位置留下的是重点突出、简洁清晰、结构完整的板书，它有利于学生归纳所学的知识。

3. 板书与多媒体的配合要科学

当前，板书与多媒体的使用正逐渐融合，运用白板、投影仪、多媒体进行教学，既节约时间，又形象直观。多媒体与板书的配合尤其需要注意科学性，做到多媒体的使用适时适量。在中学数学教学中，一般对演示性教学内容多用多媒体，而对过程性、示范性的教学内容则多用板书。如果多媒体可用可不用就坚决不要用，因为同样内容制作成多媒体课件需要花费更多的精力，而且也没有板书那么直观、印象深刻。

4. 板书与讲解的配合应科学

若板书与讲解配合得科学，讲解就可以深化板书的内涵，使板书的直观性得到最大限度的发挥，从而使板书成为师生思维碰撞的平台。

（七）艺术性原则

板书艺术，是课堂教学艺术的重要组成部分。研究和学习它，对于提高课堂教学质量具有重要意义。数学的"冰冷美丽"常常会使学生产生距离感、疲倦感，而高度概括的板书如果形式单一、缺乏观赏性则更容易引起学生的抗拒。因此，在设计板书时，教师应讲究板书艺术，应根据教材的具体特点，对板书进行精心构思，使板书不仅直观形象、图文并茂、妙趣横生，而且色彩协调、错落有致、造型优美，做到形式多样化、内容系列化、结构整体化、表达情景化。这样的板书不仅能给学生以美的感受，使学生受到美的熏陶，而且能激发学生的学习兴趣，调动学生主动参与的积极性。

板书设计作为一种特殊的艺术创造和生成性知识，它既是对知识的一种再加工，同时又是对知识呈现形式的艺术创造，它不仅浸润着教师的学识、智慧，而且充分体现了教师的个人魅力和审美情趣，从某种意义上说，板书设计已经成了衡量一个教师综合教育教学水平的重要标志。因此，在进行板书设计时，教师要根据教材特点和学生实际，设计新颖、灵活的板书，使板书与其他教学活动构成一个有机的整体。

五、基于"6W+H"理论的数学课堂板书设计策略

从目前的课堂板书研究现状看，尽管研究成果非常丰富，但很多研究往往偏重经验积累且比较零散，缺乏理论性、系统性。这不仅会严重影响教师

对相关知识的学习，而且也难以在教学实践中有效运用。而"6W+H"理论作为一种重要的思维理论和元认知方法不仅应用十分广泛，而且正受到学界的高度关注，鉴于此，下面将介绍如何利用"6W+H"理论来指导数学课堂板书设计。

（一）为什么要用"6W+H"理论指导数学课堂板书

1. 有利于完善课堂板书理论

"6W+H"理论将纷繁复杂的课堂板书设计问题分解为"写什么""为什么写""谁写""写给谁""何时写""何处写""怎么写"等问题，它紧紧抓住了课堂板书的主线，这不仅为板书的理论研究指明了正确的方向，而且可以促进板书理论的深化与完善。

2. 有利于构建和谐的师生关系

长期以来，板书已经形成了"教师写，学生抄"的固定模式，这种模式不仅严重弱化了学生的主体地位，而且也不利于和谐师生关系的构建。而运用"6W+H"理论来指导数学课堂板书设计，可以让教师在有意识思考"who"和"to whom"的过程中更加关注学生的主动参与和板书的动态生成，这样不仅可以充分调动学生自觉思考和主动板书的积极性，在这一过程中还可以让学生获得成就感、自豪感，促进和谐师生关系的构建。

3. 有利于提升课堂板书质量

随意、凌乱的板书不仅浪费了宝贵的课堂教学时间，也不利于学生知识结构的顺利建构。利用"6W+H"理论指导数学课堂板书设计可以让教师有意识地反问自己"写什么""为什么要写""怎么写""何时写""何处写"等问题，这样可以充分提高课堂板书的目的性、计划性，降低课堂板书的盲目性、随意性，并从根本上提升板书质量。

4. 有利于提高课堂教学效率

运用"6W+H"理论指导数学课堂板书设计，有助于生成形象直观、脉络清晰的数学课堂板书，能使学生在学习过程中快速把握重点、难点，便于理解，加强记忆，提高课堂教学效率。比如，在解决"6W+H"中"what"问题时，能对板书内容删繁就简；在解决"6W+H"中的"where"问题时，能帮助教师将板书分清主次并合理布局；在解决"6W+H"中的"when"问题时，能不失时机地引入板书；在解决"6W+H"中的"how"问题时，可以通过色彩鲜明、美观、精致的板书吸引学生的注意力。

5. 有利于提高教师教学能力

运用"6W+H"理论指导数学课堂板书设计，可以让教师有意识地从七个方面系统思考板书的各种问题，这样可以提高板书设计的目的性、针对性、规范性和可操作性，避免板书的随意性、盲目性。通过长期的有意识训练，还可以进一步提升教师的板书技能，提高教师的教学能力。

6. 有利于提升学生思维品质

运用"6W+H"理论设计出的板书能使教学内容重点突出、层次分明，它能够帮助学生快速抓住课堂的关键内容，加深学生对课堂知识的理解与掌握。同时，在这样一种思维模式的长期熏陶下，学生会逐渐养成按照"6W+H"理论思维的习惯，这又能从根本上提升学生思维的条理性、灵活性、广阔性和深刻性，提高学生的元认知思维能力。此外，教师工整、优美的板书还能在潜移默化中帮助学生形成良好的书写习惯，使学生的作业和卷面更加美观、更加规范，学生的学习态度也会更加端正。

（二）怎么运用"6W+H"理论指导数学课堂板书设计

1. 板书什么（what）

在进行板书设计时，教师首先要明确到底应该板书什么。而这需要综合考虑教学目标、教学内容及学情等因素，即要在充分了解所讲授内容的整体结构与具体特点基础上根据学生的实际情况制定恰当的教学目标，确定本堂课的教学重点、难点、关键点及学生的易错点；然后再根据教学进程的安排思考该板书哪些内容才能充分落实教学目标，才能更好突出重点、突破难点。一般来说，数学课堂板书需要包含以下内容：一节课的课题、概念的形成、算理的揭示、法则的归纳、解题思路的分析、解题的过程与步骤等。不过有时也需要板书图表、例证、文字解释说明等补充内容来帮助学生更好理解与记忆。总之，数学课堂板书的内容不是固定不变的，教学内容、教师的教学风格和学生的接受水平都会对板书的重点和详略产生影响。例如，在进行"勾股定理"这节课的课堂板书时，板书的主要内容应该是勾股定理的表示、证明与应用，但定理发现与证明背后所体现的数学文化和数学思想方法不仅有利于培养学生的数学思维与发现能力，而且有利于学生接受数学文化的熏陶，因此设计了如图 5-13 所示的板书。

2. 何处板书（where）

"何处板书"实际上就是要解决数学课堂板书的板位安排问题。板位安排要避免没有计划、随意乱写、见空就写的现象，要使板位安排精准到位。

第一，要充分了解板书内容的重要程度与层次关系。前面虽然已经探讨了什么内容应该板书，但板书的内容一定要主次分明、重点突出。因为混乱无序的板书不仅影响学生的知识学习，而且还会造成学生的思维混乱。

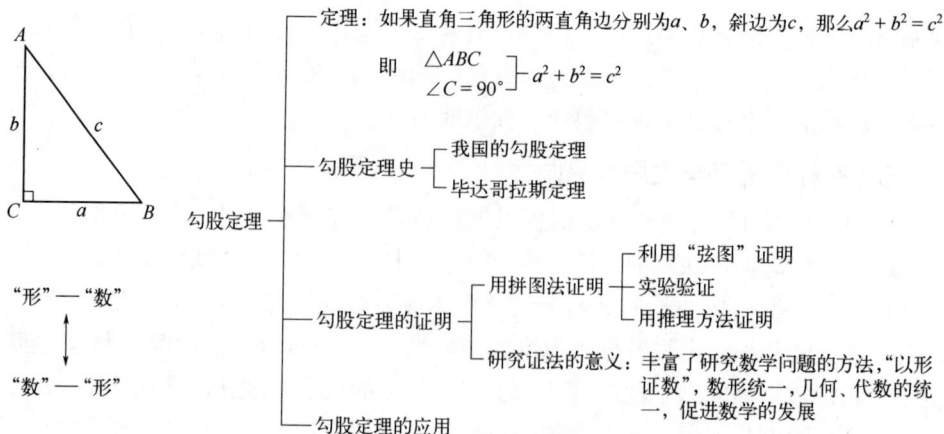

图 5-13 "勾股定理"板书

第二，要将黑板区块化。所谓区块化，是将板书分为若干区域或板块，目的是让每个区域或板块展现不同的教学内容，避免教学内容的凌乱与错位，帮助学生更好理解和掌握数学知识。区块的划分有多种不同方法，最常见的是将黑板分成主板书和副板书两大块，主板书一般位于黑板的左侧，它用于呈现一节课的核心教学内容，如重要概念、主要性质及重要方法等；副板书一般位于黑板的右侧，它主要用于绘制图形、图象，展示解题思路以及临时性的书写与演算等。不过，随着多媒体技术的广泛应用，现在很多教室会有两块黑板，一块位于多媒体大屏的左侧，另一块位于多媒体大屏的右侧，这时一般将左侧黑板用于主板书，右侧黑板用于副板书。还有的人将黑板区块进一步细化，分为标题区、推演区、绘图区、便写区等。虽然区块的划分方法不尽相同，但目的都是为了区分主次，突出重点。需要注意的是：在分区时要注意划分合理，不同区域之间要有明显的界限，不要过于拥挤。同时，还要根据教学内容的多少与层次灵活调整区块的位置和大小，以保证各区块之间的整体和谐。

第三，要使教学内容各就其位，井然有序。在区块确定以后，还需要根据教学内容的结构、层次等因素对区块进行科学设计、合理布局。在布局时，不仅要充分考虑同一区块知识之间的逻辑层次，同时还要注意不同区块内容之间的衔接与照应，这样才能做到整体协调、相得益彰。

3. 何时板书（when）

在课堂中，为了充分发挥板书效果，教师要善于抓准时机，在最合适、最恰当的时间节点进行板书，力求使板书与教学内容的呈现、教师的讲解进程和学生的思维过程形成共振。板书过早，学生的思维还未到位，难以起到对思维的导向和调控作用；过迟，则不能起到画龙点睛的作用。好的板书应该伴随着教师的讲解自然而然地动态生成。一般来说，教师既可以边讲边写，通过板书引领学生的思维进程；又可以先写板书，让学生明确思考方向或引发学生思考，然后再与学生一起进行探索、研究；也可以先讨论、分析、归纳、总结，然后再通过板书展现研究成果。当然，板书的最佳时机还要结合课堂教学实际统筹考虑。

（1）板在学生期待时

在数学学习中，对于一些重要的知识点或学生容易疏忽的知识点，有些教师会反复强调如何重要、怎样注意，但常常收效甚微。而一些经验丰富的教师则反其道而行之，通过板书留白设悬念，增加学生期待值，以此创造板书的最佳时机。例如，在学习二面角的概念时，有的教师就故意在"从同一直线出发的两个平面组成的图形"的"平面"前留了一个空格，当学生很好奇老师为什么要留这么一个空格时，教师再引导学生深入探索二面角的特点，当学生发现构成二面角的两个面只是半平面时再在空白处用彩色粉笔板书"半"字，这既解开了学生心头的疑惑，又起到了很好的强化效果。

（2）板在师生互动时

板书作为课堂教学的重要环节可以促进师生的良性互动。很多优秀教师都深知这一点并擅长利用板书来实现这一目的。因此，在课堂教学中，教师要有意识地将板书作为一种重要的师生互动形式，要善于运用板书这一教学手段来引发师生的思维碰撞、增进师生的情感交流。比如，在公式、定理的推导过程中，在解题思路的分析或解答的书写过程中，板书往往能够起到调动学生的思维、促进师生互动的独特效果。

（3）板在问题发生时

如今的教学十分强调学生发现、提出问题能力的培养，而问题的发现与提出需要一定的触发点，板书往往能够引发悬念，让学生主动发现并提出数学问题。例如，在学习任意角的三角函数这一概念时，教师一上课就在黑板上板书"任意角的三角函数"，这可以立刻引发学生的悬念并提出"什么是任意角的三角函数""为什么要学习任意角的三角函数""任意角的三角函数与初中学过的锐角三角函数之间有何区别与联系"等一系列有价值的问题。

（4）板在知识生成时

数学中许多概念、公式、法则是在不断地探索、发现过程中通过归纳、总结生成的，此时进行板书不仅顺理成章、十分自然，而且可以起到提炼、概括（升华）的作用。比如，在分析完解题思路以后让学生板书解题过程不仅可以将分析的思考过程及时固化下来，而且可以促进学生对问题的深刻理解。

4. 谁板书（who）

"谁板书"回答的是板书的主体到底是谁的问题。《义务教育数学课程标准（2022 版）》中明确指出"学生是学习的主体"，体现在板书中就要打破教师"一手包办"的现象,让学生真正成为板书的"主人翁"。但在实际课堂教学中,一些教师只在课堂练习时让学生板书,而很少在概念的形成、规律的发现、知识的总结等环节让学生板书。其实有时通过教师点拨,学生可以做到在这些环节参与板书。比如,在课堂小结阶段,教师可以让学生总结这节课的主要内容和学习心得并在黑板上进行板书,这样既能锻炼学生的组织表达能力,又能培养学生的主动性、独立性。

5. 对谁板书(to whom)

"对谁板书"回答的是板书的对象到底是谁的问题,比如是思维需要启发的学生,还是解题格式需要规范的学生,是比较容易犯错误或容易出现困惑的学生,还是不会抓重点或不会梳理知识体系的学生。课堂教学是师生、生生互动的过程,作为课堂教学的重要环节,板书同样也要体现互动性。教师不能只顾板书,将学生丢到一边,让学生完全成了教师板书的"复印机"。

6. 怎么板书(how)

要想写出好的板书,教师必须充分掌握课堂板书的各种方法及形式并针对相应的教学内容选择适合的板书形式。

(1)了解板书设计的常见方法

① 内容再现法,指教师通过一定的策略将教材上的内容浓缩后再进行板书的方法。数学教材中的很多内容往往比较具体、详细,若是直接将它们照搬到黑板上,不但会浪费宝贵的课堂时间而且教学效果也不理想。故需要教师用简练的语言将主要内容进行提炼、概括,然后再现到板书中,这样学生会看得清、记得牢。

② 逻辑追踪法,指根据知识点之间的内在逻辑来组织板书的设计方法。板书的基本原则之一是要有逻辑性,这在数学学科中尤为重要。板书设计的各部分之间要有一定的逻辑关系,板书的具体内容、先后顺序要有可推导性,让人觉得顺理成章,否则轻则会让学生莫名其妙,重则会造成学生的思维混乱。

③ 推论法,是按照问题的推导过程来设计板书的一种方法。这种板书可以详细展现由已知到结论的层层推理过程。这种方法多用于定理、公式的推导和数学问题的求解。

④ 思路展开法,指教师根据自己的教学进程或思路来设计板书的方法。这种方法能够清晰地展现出教师的教学思路,同时培养学生良好的思维品质。

(2)灵活运用不同板书形式

板书没有固定的模式,不仅不同的教学内容会采用截然不同的板书形式,即使同一个教学内容也会因教学主旨、风格、对象及侧重点的不同而迥然不同。

因此,在进行板书时,教师应针对每节课传授知识的目的、不同内容的特点、不同学生的特点、不同课型的特点以及不同教师的个性特点,从实际出发,因材制宜、因人制宜、因课制宜，设计出富于变化、活泼多样、不拘一格的板书，以体现"以变应变"的灵活性。

当然板书不能过于关注形式，形式应该服务于本质，衡量板书形式好坏的主要标准是看它能否在揭示教学基本内容的同时充分激发学生思维。

（3）掌握一定的板书技法

要写好课堂板书，还需要掌握一定的板书技法。

① 书写姿势。钢笔字、毛笔字主要书写在纸上，而板书需要写在直立于墙面的黑板上，所以板书需要站立书写，而为了不遮挡学生视线且能随时与学生进行目光交流，教师板书时一般采用侧身书写的姿势。为了书写美观，教师身体一般距黑板 30～40 厘米。书写时，使用"三指持笔法"，笔身倾斜与黑板保持约 45°角，持笔时小臂微曲，笔端用力，轻重适度。

② 字体大小。板书的字体大小直接影响板书效果。若字体过大，黑板很快便会写满，往往难以将事前设计好的板书内容尽数写上；若字体过小，坐在后排的学生难以看清，不利于后排学生观看、记录。所以，板书一定要控制好字体的大小，既要确保有足够空间完整展示板书内容，也要确保每一个学生都能看得清楚。另外，字距要适当，字距一般为半个字，行距以一个字为宜，可适当调整，但始终保持字距小于行距的原则。

③ 板书字迹。字迹要做到正确、清晰、认真、整洁。书写时字迹要正确，不少字、错字、倒笔字，不写不规范的简化字，杜绝"自造字"。教师板书时态度要认真，不能开始时写得工工整整，教学过程中逐渐放飞自我，最后变得龙飞凤舞、难以辨认。这不仅会导致学生的理解困难，甚至误解，并直接影响学生的听课效率；而且会给学生不好的示范作用，不利于学生严谨学习态度的培养。

④ 行列安排。在黑板上写字不同于在纸张上写字，没有横线，难以对齐，加之在书写时由于视域狭小难以看到整体板书状况，因此很容易写歪，这既影响美观，也不利于版面的充分利用。有效的解决方法是写好第一行字，然后不断调整和正确使用最佳书写区。对于新教师而言，板书不直的原因就是不会调整最佳书写区，这需要教师在书写过程中不断进行移动，若是站在原地书写自然容易写偏。

⑤ 板书色彩。板书一般用白色粉笔进行书写，红色粉笔进行批改，在需要强调的重点处用其他彩色粉笔进行标注，图画可以综合运用多种色彩进行区分。色彩缤纷的板书不仅可以引起学生的有效注意，激发学生的求知欲，还能增加板书的艺术性。故板书切忌只使用一种色彩，一种色彩的板书不仅显得单调，而且难以突出重点；当然，也要避免滥用色彩，色彩过多会使板书眼花缭乱，影响美观的同时也分不清主次。

⑥ 板书布白。适度布白能够使板书整体看起来更加美观，更具艺术性，也更能凸显出重点内容。在书写板书时，一定要四圈留白，不要靠边写，不然显得局促、压抑。

7. 为什么板书（why）

"为什么"涉及板书的一切方面，如：为什么板书这些内容？为什么这时板书？为什么板书在这里？为什么这样板书？只有真正明白板书背后的为什么，在板书时才能做到心里有数，才能有的放矢，才能真正提高板书的质量，才能从根本上减少低效、无效板书。同时，也只有不断反思板书背后的为什么，才能提高对板书的理性认识，才能促进板书理论的不断发展。

／ 思考题 ／

1. 课堂板书有哪些功能？
2. 课堂板书有哪些常见类型？
3. 教师在进行课堂板书时，需要遵循什么原则？
4. 谈谈如何运用"6W+H"理论指导数学课堂板书。
5. 调查目前中学数学课堂板书的现状，你认为在哪些方面需要改进。

第四节　体态语言

一、什么是体态语言

体态语言是一种由人体各部位发出的姿势语言、仪态语言、动作语言、表情语言等构成的无声语言的总和。姿势、仪态、动作、表情等之所以可以称作一种"语言"，是因为它们能使人从中解读到运用者的素养、风格、情感，它们既是信息的载体，也是人们进行交流的手段和工具，体态语言被广泛应用于人与人接触、交流的各种场合和领域，起着不可忽视的作用。课堂教学是教师教与学生学的一种互动和交流，这种互动与交流的效果和质量如何，除了与有声语言及其他一些因素有关之外，与体态语言的运用也有很大关系。

二、体态语言的功能

体态语言是教师在教学过程中借助非言语的方式与学生进行情感、信息沟通的一种方式。在一般情况下，它只是课堂教学的一种辅助手段。但是，如果将体态语言与口头语言有机地结合起来，将会使课堂教学更具活力，更能激发学生的学习兴趣。

正确运用体态语言可以丰富言语教学的表达效果，更好地反映教师的情感。通常情况下，教师的体态语言是随着教师的言语行为自然产生的。它的运用可以加强言语教学的直观性和形象性，使言语教学更具说服力和感染力。尤其是在讲述一些形象性、动作性突出的知识时，恰当的体态语言有助于学生对这些知识的理解。

在一些情况下，无声的形态交流要比有声的言语交流深刻得多。比如无声的愤怒、沉默的抗争、忧郁的神态，这些无声的情感是言语所无法完全表达清楚的。特别是中小学生，他们对教师有一种特殊的依赖和信任，会关注教师的一言一行，从教师那里获得的不仅仅是教师的言语所传授的信息，而且还从教师的体态语言中获得更多的知识和情感。教师体态语言的运用是否得当，会在很大程度上影响学生的学习积极性，甚至影响学生今后的人生发展。体态语言的功能如下。

（一）指示功能

教师通过体态语言可以将学生的注意力集中到口头语言所指向的内容。例如教师在讲解例题时，一边讲解，一边用手来指点板书，所起的就是指示功能。

（二）强调功能

紧紧抓住教材重点和难点进行教学，这是课堂教学中最基本的要求。当讲到重点、难点处，教师如果配合斩钉截铁的手势、慷慨激昂的情绪等吸引学生的注意力，就会使重点、难点在学生脑海里留下深刻印象。

（三）管理功能

管理功能是指教师在课堂教学中运用体态语言来组织、管理教学活动的一种功能。

课堂教学实践反复证明，教师如果能恰当地运用无声的体态语言暗示学生，往往能收到比有声语言更令人满意的教育效果。比如，上课铃声响过以后，教室仍然一片嘈杂，学生们还无法安静下来。这时，作为教师，不要阴沉着脸，更不要高声训斥，可以面带微笑走上讲台，学生起立后，不马上回礼，而是停顿片刻，用目光环视教室，再把亲切的目光停留在某些还不安静的学生身上。这样教师不开口比开口的效果更佳。学生们会立即安静下来，把目光投射到教师身上。教师此时再回礼，学生的注意力就集中起来，一堂课便可正常开始。

处于成长期的青年学生，自控力往往比较弱。有的学生在课堂上难以自始至终集中注意力听课，教师可在课堂上不出声地恰当运用目光、手势等体态语言，维持课堂纪律，督促学生。比如，课堂上出现了学生交头接耳、搞小动作的不良现象，教师发现后，可稍微停顿一下讲课，向他们挥挥手，或用目光注视一下他们，暗示他们马上停止。只要教师的手势、表情得体，学生一般都会自知自觉。

即使再调皮的学生也会吐吐舌头或耸耸肩表示歉意，并马上终止自己的不良行为。倘若教师讲课兴致正浓，忽然发现某个学生在看课外书，这时教师如果疾步走上去，冷不防从这个学生手中夺过书，并高声训斥，这样效果肯定不好，不仅难以起到教育作用，反而会激起这个学生的逆反心理，同时也会分散其他学生的注意力，影响课堂秩序，打断讲课进度，破坏教师和学生双方情绪，这堂课肯定会以失败告终。遇到这种情况，教师不妨换一种处理方式，轻轻地走过去，拍拍这个学生，示意他将课外书收起来，这样会使该生感到教师既责备了他，又原谅了他，会按教师的示意立即改正错误。教师不动气、不动口、不出声，效果却很好。由上可见，教师恰当得体地运用无声的体态语言进行暗示教育，是维持课堂秩序、维护课堂纪律的好手段，是加强课堂教学管理的好方法。

另外，体态语言还具有调节、反馈功能。教师对学生体态语言的观察是教师了解学生的主要手段。眼神、表情、动作是学生内心状态的"晴雨表"。教师可以通过这些"晴雨表"来了解自己的课堂教学效果，随时调节教学进度，改进教学方法，调整教学内容，并通过自己的体态语言把反馈信息传递给学生，调动学生的学习情绪和学习积极性。

（四）启发功能

讲课过程中，教师启发同学发言时，通过手势和表情可以减少言语重复，节约时间，提高课堂教学效果。

（五）辅助功能

在课堂上，学生对教学信息的接收主要通过两种渠道，一是听觉器官，二是视觉器官。课堂教学时，只有这两条渠道都保持畅通才能取得好的教学效果。单靠听觉渠道，势必影响和削弱这种效果。特别是当一些教学内容仅仅通过口头语言来进行表达不够清楚、不够传神时，教师如果辅助一定的体态语言则可以增加有声语言的生动性、形象性和准确性，达到以形传神的效果。对学生而言，丰富生动的教学形式不仅有助于激发学生的学习兴趣，而且可以加深学生的印象、促进学生的理解。例如，教师在讲图象向上平移时辅以手掌向上运动的动作，在讲图象向下平移时辅以手掌向下运动的动作，在讲曲线较"陡"这一特征时辅以立掌向上运动的动作，在讲曲线较"平"这一特征时辅以手掌横向运动的动作等。

（六）激励功能

单一的口头讲解过于呆板、不够直观，长时间地采用这一形式往往很容易造成听者的听觉疲劳和注意力涣散。听者如果不够专注，就会漏掉教师正在讲解的内容，无法跟上教师的节拍。教师在课堂教学中如果善于运用体态语言来配合口头讲解，则可以使讲解形象、生动、活泼，可以更好地吸引学生的注意力，调动学生学习的积极性。

体态语言中的眼神和表情能表达人的思想感情，反映人的心理活动。在课堂上，学生可以从教师的眼神和表情中解读到教师的各种态度和示意，教师也可以从学生的眼神和表情中了解到学生的内心活动，判断出学生是否在认真听课，是否理解了教学内容。比如，当教师提问后，学生如果处于想说不敢说的境地，教师可以用目光、手势进行鼓励，使学生产生信心。如果学生的情绪低落、教学气氛压抑或者讲课时间过长，教师可以通过提问等方式改变教学方法，并配合幽默的语言、适当的手势和滑稽的表情，使课堂气氛活跃起来。

另外，体态语言还具有促进师生情感交流的功能。当学生向老师质疑、问难或回答教师的问题时，如果老师带着和善、真诚的微笑注视学生，等学生完毕后，教师亲切而赞许地点点头，然后面带微笑地答疑或纠正学生的回答，这无疑会给学生以鼓舞和安慰，会增进师生之间的感情，学生也自然会"亲其师、信其道"。

三、体态语言的类型

（一）手势语

手势被称为人的"第二眼睛"，它是教师利用手指、手掌和手臂向学生传递特定含义的一种形体动作。教师的手势如能被恰当运用，不仅可以辅助知识的讲解，而且可以增强教师的表现力，激发学生的学习热情。

手势语有很多表现形式。如可以用手、臂结合描述实物形状；可以把手放在嘴边示意"不要出声"；可以在学生准确回答问题后以掌声对学生表示肯定和鼓励……

在教学过程中，教师的手势语运用要得当，否则很容易产生负面影响。比如，有的老师经常使用单指指向学生要求起立，这很容易引起学生的反感，会导致师生关系的疏远甚至对立。而如果把单指改为双手上托，就能表现出教师对学生的尊重，学生会更乐意接受教师的要求。

（二）面势语

面势语是人的内心世界在面部的具体体现，它主要包括眼神和面部表情。作为一种无声的语言，面势语能表达非常丰富的情感：满面春风表示高兴，面若冷霜显得孤傲，愁眉苦脸表示烦恼，哭丧着脸暗示伤心。面势语在人际交往中占据着非常重要的地位，能否充分认识各种面势语的具体特点并根据不同的场景合理运用将直接影响教学设计的有效实施。

眼睛被誉为"心灵的窗户"，眼睛是面部传递信息量最大的器官。不同的眼神往往融注着教师不同的情感，如鼓励、欣赏、遗憾、指责等情感都可以通过眼神表现出来。在课堂上，教师使用较多的眼神有环视、注视、怒视等。环视主要面向学生群体，它既可以用于观察班级学生的整体状况，也可以向全班学生传递某种信号，还可以起到集中学生注意力、维持课堂纪律等作用；注视通常针对个别学生，其目的是向所注视的学生传递某种信息或引起这些学生的注意。如在学生回答问题遇到困难时，教师亲切的目光注视会给学生以鼓励和自信，学生偶尔出现的分心现象和小动作，也会在教师无声的注视中自觉停止；怒视主要针对一些不遵守课堂纪律或犯有错误的学生，怒视有助于让这些学生正确认识并及时改正自己的错误行为。

在教学过程中，教师的眼神应是亲切自然的，应饱含对学生的信任与期待，这不仅可以使学生感觉到教师对自己的肯定与尊重，而且可以稳定学生的情绪、促进师生之间的情感交流；而不恰当的眼神则会对学生造成不良的影响，伤害其自尊心，不利于学生健康心理的形成；另外，有的教师常常把目光长时间停留于某一对象，或上视天花板，或斜视窗外，这样极易使学生因过多关注教师的不当行为而影响听课。

在面部表情中，特别值得一提的是微笑，微笑是一种让人感到亲切又不失尊严的表情。教师的微笑可以开启学生的心扉，沟通师生的心灵，唤起学生对美的追求。学生大多喜欢感情丰满、情趣盎然的老师，而不是表情呆滞、满脸严肃的老师。作为教师，在教学过程中应该尽量面带微笑，应使微笑庄重、自然，微笑中饱含慈爱，这样学生才会认可老师、喜欢老师，进而喜欢教师所教的学科。许多教师之所以能取得教学的成功，是因为能把发自内心的微笑带进课堂，能用和蔼亲切的目光覆盖全体学生，让学生自始至终都能感受到来自教师的信任与激励。

（三）身势语

身势语主要是指头部、肢体以及躯干各个部位体态语的综合运用。良好的教态是教师内在素质在课堂教学中的外在表现，教师应注重衣冠整洁、举止恰当，在一颦一笑、一举一动中表现出为人师表的稳重与大方，避免使用不良身势语，如双臂交叉至胸前，用手玩弄粉笔头，习惯性地连续敲击桌面，弓腰双手撑在讲桌上，这些动作既影响教师形象、妨碍师生交流，又会影响课堂教学的顺利进行。

四、体态语言的特点

（一）有意性

教师在教学中始终处于众多学生视线的焦点，他的一举一动、一颦一笑无不影响着学生的情绪，会给教学带来积极或消极的影响。因此，教师要充分认识体态语言的作用与特点并在教学中根据教学内容和学生学情有意识地运用体态语言来促进教学活动的顺利开展。体态语言的运用需要教师利用理性之舵来驾驭，但又不能刻意而为，否则会成为教学的羁绊。只有自觉又自然的体态语言才能收到良好的教学效果。

（二）辅助性

体态语言固然重要，但作为一种无声语言，它所能传递的信息毕竟有限，其作用主要在于辅助口头语言，如引起学生对所学内容的重视，增强口头语言表达的说服力和感染力等。因此，在教学过程中，教师应对体态语言的作用有客观认识，做到既能认识到其重要性，但又不刻意夸大其重要性，只有这样才能准确把握体态语言运用的度，而不至于喧宾夺主、本末倒置。

（三）独立性

体态语言往往最能反映一个人的内心世界，口头语言可以掩饰人的真实心理，但体态语言则很难"说谎"，这说明体态语言具有独立性。体现在课堂教学中，教师应该做到"言行一致"，这样才能充分发挥口头语言和体态语言的合力作用，才能使体态语言更自然，才能真正引起学生的共鸣，才能充分体现教师的示范作用；对学生而言，则不仅要充分关注教师的口头语言，而且还要随时关注教师的体态语言，这样才能获得更加全面、准确的信息。

五、体态语言在运用过程中需要注意的问题

（一）体态语言要自然

体态语言是教师思想、情感的自然流露，体态语言作用能否充分发挥的标志就是在于是否自然。体态语言作用的充分发挥不仅要与口头语言相得益彰，而且要符合语言表达的特定环境，否则不但难以准确表达教师的教学意图，而且会给学生以滑稽可笑的感觉。比如，在向学生提问时，为保持良好的课堂氛围，教师并不使用口头语言"请举手"，而是自己举起右手与头顶相平，此时同学会马上跟着老师的举动纷纷举起右手；在请学生回答时，教师也没有讲"请说"，而是四指并拢、拇指张开、手心向上指向提问的学生，学生会立刻起来回答老师的问题；在学生回答完毕以后，教师四指并拢，拇指张开、手心向下，并说："请坐下。"这种手势意图明确、自然谦和，既体现了对学生的尊重，也可以避免口头语言对课堂氛围的冲击。

（二）体态语言要适度

所谓适度就是说体态语言的运用要注意从课堂教学这一实际出发。具体而言，

就是要注意特定的交际内容、交际环境、交际对象和交际目的等。教师的体态语言虽然能为学生提供丰富而真实的信息，但必须注意其质量问题，一定要宁缺毋滥。例如，走动是教师传递信息的一种方式，如果一个教师一节课只是同一个姿势站在那里一动不动，课堂就会显得单调而沉闷；相反，教师适时地在学生面前走动，而又没有分散学生的注意力，课堂就会显得有生气，就能引起学生注意，就能充分调动学生的学习积极性。

（三）体态语言要讲究艺术

教师要讲究教学艺术。这其中除应注意有声语言的表达艺术外，还应根据语言环境运用手势表情、身姿等体态语言来强化表达效果，创造出一种理想的讲课意境。具体来说，应注意两点：一要有美感，能引起学生的兴趣，提高他们的识记或理解能力；二要得体，能与授课内容相一致，能强化教材内容的表达效果。

总之，可供教师课堂教学的体态语言可谓丰富多彩，千变万化。在教学过程中，教师应根据体态语言的不同特点和课堂的不同要求综合使用，做到既能生动形象地表现主题，让学生易于接受知识；又能构成教师的教态美，让学生受到美的熏陶。

思考题

1. 体态语言有哪些功能？
2. 体态语言主要有哪些类型？
3. 体态语言有何特点？
4. 体态语言在运用过程中需要注意什么问题？
5. 通过课堂观察了解体态语言运用的现状。
6. 自己录制教学视频，看看你的体态语言有哪些需要改进的地方。

第六章

数学知识的分类教学设计

第一节　数学概念的教学设计

一、概念与数学概念

（一）概念

关于概念的界定，不同的学科有不同的说法。从哲学上看，概念是人脑反映客观现实的高级形式。从逻辑学看，概念是一种反映对象或其属性的思维形式，具有恒定的"内涵"或"外延"。从心理学看，一般把概念定义为具有共同的关键属性的一类对象、事件、情境或性质。而教育心理学则把概念定义为由符号所代表的具有共同关键属性的一类事物或性质。

（二）数学概念

人们通过感觉和知觉认识周围个别事物的各种属性，在此基础上，通过分析、比较、抽象、概括等方法发现一类事物的本质属性而形成概念，然后用词加以命名，达到对客观事物的概括的、间接的认识。数学概念则反映了事物在数量关系、结构关系、空间形式方面的本质属性，因此数学概念的特点具有相对独立性、抽象和具体的双重性、逻辑的联系性、二重性等特性。

掌握数学概念是数学学习的基础，而数学概念作为研究数学对象本质属性的思维表达方式，它是数学思维的载体，同时也是数学学科的重要组成成分。所以数学概念在数学教学中处于十分重要的地位。有效的概念教学，不仅可以提高学生对数学基本思想、基本技能的领悟和应用，还可以提升学生的数学素养。

（三）数学概念之间的关系

数学概念之间的关系可分为相容关系和不相容关系两大类。

所谓"相容关系"指的是两个概念的外延至少有一部分重合的关系；所谓"不相容关系"指的是两个概念的外延没有任何一部分重合的关系。对相容关系和不相容关系还可以做进一步细分。

1. 相容关系

根据外延重合的多少，可将相容关系分为三类：同一关系、包含关系和交叉关系。

① 同一关系，也称全同关系，它是指外延完全重合的两个概念之间的关系。比如"矩形"和"长方形"这两个概念，它们的外延完全重合，所以它们之间的关系就是同一关系。因此，在语境许可的情况下，具有同一关系的概念可以交替使用，这样既可以避免表述重复，又可以丰富表达内容。

② 包含关系，指的是一个概念的全部外延与另一个概念的部分外延相重合。比如"等腰三角形"和"三角形"两者就是包含关系。我们可以说三角形包含等腰三角形，等腰三角形包含于三角形。

③ 交叉关系，指的是一个概念的部分外延与另一个概念的部分外延相互重合。比如"矩形"和"菱形"，它们的外延仅有一部分是重合的。即：有的矩形是菱形，有的菱形是矩形。

2. 不相容关系

不相容关系也可分为三类：全异关系、矛盾关系和反对关系。

① 全异关系，是指两个概念的外延没有任何重合，而且也没有相同的属概念。比如"无理数"和"三角形"。

② 矛盾关系，是指两个概念的外延没有任何部分重合，而它们的外延之和刚好等于其属概念的外延。比如"有理数"和"无理数"，两者构成了"实数"这个属概念的全部外延，不再有第三种可能性。

③ 反对关系，又称对立关系，是指两个概念的外延没有任何部分重合，而它们的外延之和小于其属概念的外延。比如："三角形"和"四边形"这两个概念，在"多边形"这个属中，显然没能涵盖所有的外延。换言之，还存在五边形、六边形、七边形等多种不同的多边形。

二、数学概念的定义形式

（一）属加种差定义

这种方法是先确定被定义数学概念最邻近的属概念，然后再寻找这个属概念中诸种概念之间本质差别（即"种差"）。例如，"等腰梯形"最邻近的属概念是"梯形"，等腰梯形区别于其他梯形的本质属性是"两腰相等"。于是得到了等腰梯形的定义：两腰相等的梯形叫等腰梯形。"属加种差"的定义可用公式表示为：

被定义的概念=最邻近的概念+种差

（二）关系定义

这种定义是以被定义概念和其他事物的关系作为种差的定义。例如，质数的定义：一个大于 1 的自然数，除 1 和它本身外，不能被其他自然数整除的数称为质数（素数）。这就是关系定义。类似地，"整除"定义也是一种关系定义。

（三）外延定义

这是一种运用种概念来给属概念下定义的方式，即指出属概念中所有种概念。例如，"实数和虚数统称为复数"，"抛物线、椭圆和双曲线统称为圆锥曲线"等。

（四）发生定义

这是一种通过揭示被定义概念形成过程来定义概念的方式。例如，圆锥曲线的第一定义是：用一个平面来截一个圆锥面，所得到的交线就称为圆锥曲线。

（五）递归定义

如果被定义的概念与自然数的性质有关或者是构造性的，常采用递归定义的方式。例如，等差数列的递归定义为 $a_{n+1}=a_n+d$（n 为自然数）。

（六）约定式定义

为了数学的某种需要，可以通过约定方式下定义。这种定义方法，通常是利用意义已明确的表达来规定新引入的表达式的意义。比如，约定 $0!=1$，$a^0=1$（$a \neq 0$）等。

（七）形式定义

在代数中，有一类概念是通过形式结构下定义的，故称为形式定义。比如"形如 $y=kx+b$（k 是常数，$k \neq 0$）的函数称为一次函数"。

（八）公理化定义

在近代数学中，常采用先给出若干性质（称之为公理），并用满足这些性质的对象来定义概念，这便是公理化定义。例如，用自然数的皮亚诺公理系统给出了自然数的定义，"群""线性空间"等概念也采用了公理化定义。

三、数学概念的获得方式

要想更好地学习数学概念，仅仅了解数学概念的定义形式是不够的，还要清楚地理解数学概念的获得方式，这样在引入数学概念时，才会更精准地选择引入策略，吸引学生注意，让学生主动参与教学之中。数学概念的获得就是掌握同一类研究对象的共同的、本质属性，也就是说能够用语言、词汇表示一类事物（而不是个别的、特殊的事物）。概念获得通常有概念形成和概念同化两种方式。

（一）概念形成

所谓概念形成，是指通过对大量具体事例进行感知、分析、比较和抽象，以归纳、类比等方式概括出这类事物的本质属性的一种学习方式。

概念形成的过程实际上就是用归纳、类比等方式进行推理，从观察到的一些事实中概括出它们的共同点，得出一般规律。比如，分式概念的本质属性可以通过与分数概念的类比而得到；无理数的概念可以从解 $x^2=2$ 这样的方程与原有知识体系的矛盾中产生出来。

曹才翰曾经提出了概念形成的七阶段理论，他认为概念形成包括以下七个阶段：

① 辨别各种刺激模式。这些刺激模式可以是学生自己感知过的事实，也可以是教师提供的事实，但不管是哪一种，都必须通过比较，根据事物的外部特征进行概括，在直观水平上进行辨认。例如要形成平行线的概念，可以先让学生辨别熟悉的实际例子，比如铁轨、门框的上下两条边、黑板的上下两条边等。

② 分化出各种刺激模式的属性。分化就是将对象的各种属性从具体事物中抽取出来。为了了解该类刺激模式的本质属性，就需要对具体刺激模式的各种属性予以分化。例如，铁轨可以看成两条直线，有向两边无限延长的趋势、彼此距离一定、两边延长时不相交等属性。

③ 类化。把从具体刺激模式中分化出来的属性进行比较，找出共同的属性。

④ 抽象（假设）。提出关于本质属性的假设。共同属性并不一定都是本质属性，因此，在找出各个刺激模式的共同属性的同时，提出它们的共同本质属性的种种假设，这一过程是通过抽象来进行的，故称为抽象过程。例如，可假设：

a. 没有交点的两直线是平行线；

b. 同一平面内的两条不相交直线是平行线。

⑤ 检验。在特定情境中检验假设，确认本质属性。经检验 a 不是，b 是。在否定某些共同属性不是本质属性时，主要应用的是"变式"，即举反例。

⑥ 概括，形成概念。验证假设后，把本质属性从具体的刺激模式中抽象出来，推广到一切同类事物，概括形成概念，并用数学语言给概念下定义。两直线平行的本质属性是"同一平面内两直线不相交"，这时就可以给平行线下定义：同一平面内的两条不相交直线叫平行线。

⑦ 形式化。用习惯的形式符号表示新概念（$a /\!/ b$）。

（二）概念同化

概念同化，是利用学习者已有的知识经验，以定义的方式直接向学习者揭示概念的本质，这种学习概念的方式叫做概念的同化。数学概念的同化过程不仅使所获得的新概念更加准确并能扩大和深化学习者原有的数学认知结构，而且还具有心理意义。用概念同化方式学习概念大致包括以下几个阶段。

① 辨认。通过阅读数学概念的定义，首先辨认定义中涉及哪些已有概念，弄清新旧概念之间的关系，明确数学概念的定义的内涵和外延，然后再通过概括给出数学概念的定义、名称、符号。辨认过程包括了回忆与知识的重现。例如，学习"一元二次方程"这一概念时，教师首先给出它的定义——含有一个未知数且未知数的最高次数是 2 的整式方程称为一元二次方程，然后再让学生对定义中涉及的"方程""最高次数"和"未知数个数"等已有概念进行回忆和辨认。

② 对概念进行特殊的分类，再讨论这个概念表达的各种特殊情况，突出概念的本质。

③ 同化。建立新概念与原有概念之间的联系，把新概念纳入原认知结构中，使新概念被赋予一定的意义。同化新概念，关键是要把握好新旧概念的关系，这也就要求教师必须对学生的掌握情况充分了解，学生对原有的数学概念掌握程度越好，对新数学概念的同化作用就越强。例如，上述"一元二次方程"概念的学习过程中，在对有关概念进行回忆和辨认后，学生还需要进一步从"最高次数"和"未知数个数"等方面将"一元二次方程"概念与"方程""一元一次方程"等概念进行比较，通过比较发现新旧概念之间的区别与联系，如"一元二次方程"与"方程"之间存在从属关系，"一元二次方程"与"一元一次方程"之间是并列关系，但两者含未知数的项的最高次数不相等。最后，学习者通过对原有的认知结构进行改组和扩大，并将"一元二次方程"这一新概念纳入到学习者原有的认知结构之中。

④ 用肯定例证和否定例证对概念进行"变式"，让学生深化对概念本质属性的认识。例如，教师可举 $x^2+5x+2=0$；$3x^2+2=0$；$bx+c=0$；$ax^2+5x^3+2=0$；$x^2+5y+2=0$ 等例子让学生辨认哪些是一元二次方程，哪些不是一元二次方程。

⑤ 实际应用强化概念，将新概念纳入原有知识结构之中，使得数学概念融会贯通，形成整体。例如，把一元二次方程概念纳入到方程等概念系统之中。

用概念同化的方式学习概念，关键是③、④、⑤这三步，即必须把新概念（即一元二次方程）与定义中涉及的已有知识（如"方程""最高次数"和"未知数个数"等）建立联系，把新概念纳入到原有概念（方程）系统之中，新概念则是对原有概念的限制；然后，将新概念（即一元二次方程）与原有的有关概念（如"一元一次方程""二元一次方程组"等概念）进行分化，弄清彼此之间的区别与联系；最后再把新概念与头脑中的已有概念（如"一元一次方程""二元一次方程组"等概念）组成一个整体结构，使概念系统化。

如果说概念形成主要依靠的是对具体事物的概括的话，那么概念同化主要依靠的是对新旧知识联系的分析。概念形成更接近于人类自发形成概念的方式，而概念同化则是达到一定心理水平的人自觉学习概念的主要方式。用概念形成的方式学习概念比较费时，但要求的心理水平比较低，而且学起来自然；用概念同化的方式学习概念比较直接、省时，但要求学习者进行积极的学习活动。在低年级，概念形成用得比较多；在高年级，概念同化用得比较多。

就数学学习（尤其是中学数学学习）而言，应当采用概念同化与概念形成相结合的方式学习数学概念。仅用概念形成的方式学习概念，显然不符合学生学习数学的特点，不符合数学的简约性规律；仅用概念同化的方式学习概念，由于数学的高度抽象性和概括性特点，学生难以掌握概念的本质属性，难以掌握形成数学概念背后的丰富事实。把两者结合起来，则可以优势互补、扬长避短。就课堂教学而言，概念同化是主要教学方式，但当学生的思维水平和知识经验达不到概念同化的要求时则可以采用概念形成的方式。

四、数学概念的教学

（一）注重概念的引入

1. 创设生活情境引入新概念

在中学数学教材中，许多概念都源于现实世界，对于这类概念，教师如果能从学生熟悉的现实生活中的具体事例引入，则不仅有利于学生深化对概念的理解，而且有利于学生感悟数学与现实生活的联系，体会数学的广泛应用。因此，在进行数学概念教学时，教师要密切联系概念的现实原型，引导学生在观察、分析基础上通过抽象、概括获得这类事物的本质属性，完成概念的建构。例如，在学习轴对称图形时，可以向学生展示"京剧的脸谱""蝴蝶的翅膀""学生熟悉的生活用品"等；在学习"负有理数"概念时，可以让学生联想零下气温等，从而让学生理解何为"负数"。

2. 利用旧概念引入新概念

从概念的形成过程可以看出，有些概念直接来源于现实世界，而有些概念则是对已有概念的深化与拓展。对于后者，教师可以先给出一些既具有新概念的本质属性又具有原概念本质属性的事例，然后再让学生通过观察、对比、思考发现这些事例中所具有的新属性，进而引出新概念。这不仅有助于学生准确把握新旧概念之间的区别和联系，而且有助于学生深刻理解概念本质、完善数学认知结构。例如，在数列的基础上引入"等差数列"的概念，在三角形基础上引入"等腰三角形"的概念。

3. 通过数学问题引入新概念

这里的数学问题可以是数学学科中的问题，如在学习无理数概念时，可以让学生通过计算单位正方形的对角线长度引入无理数概念；也可以是来自生活中的实际问题，比如，由测量山坡的陡峭程度引入三角函数概念，由研究图形的对称性引入函数的奇偶性概念等。教师通过数学问题引入数学概念，可以引起学生的学习兴趣、促发学生对数学问题的深入思考，让学生循序渐进地随着教师的引领，主动参与到数学问题的探究过程中，并在此过程中逐步领悟数学概念的本质，加深对新概念的理解和记忆。

4. 利用数学史引入新概念

在数学发展史上有许多励志、有趣的故事，这些故事对中学生具有很强的吸引力。在概念教学时，教师如果能讲述概念的背景或概念产生、发展中的故事，不仅可以吸引学生的注意力，也可以让学生对数学这门学科产生浓厚的兴趣，不再认为数学只是一种枯燥乏味的运算。比如，在学习"导数"这一概念时，可以向学生介绍"无限细分，无限求和"的微积分思想。

5. 数形结合，引入概念

对于一些抽象的数学概念，教师可以尝试使用数形结合的方式进行引入，比如，函数的单调性概念、奇偶性概念及零点概念等。数形结合的方式使得概念更加直观，它有助于学生接受和理解新概念。在运用过程中，教师不能让学生仅仅局限于直观，而要注重对学生的引导、启发，让学生采用数学语言对直观进行归纳总结形成数学概念。

6. 采用类比方法引入概念

类比不仅是一种重要的思维形式，也是一种有效的学习方法，它能让学生在回忆旧知的同时通过比较、联系找到新旧概念的相通点，从而迅速有效地接受新知识。比如在学完椭圆概念以后，通过类比很容易理解双曲线概念。

7. 直接导入

直接导入法，又称为"开门见山"导入法。当一些新知识难以借助旧知识引入时，可开门见山地点出课题。比如，在学习"二面角"这节课时，可以这样引入："在前几节课的学习中我们已经掌握了两条直线所成的角以及直线和平面所成的角的度量方法和计算方法，那么两个平面所成的角该如何度量呢？又有哪些计算方法呢？这节课我们就来学习二面角。"这样引入课题，简洁明了，而且能让学生迅速进入本节课的学习。

（二）明确概念的内涵与外延

① 抓住概念的本质特征（揭示内涵）：概念本质属性的揭示既要准确，又要简洁，如最简根式、二次根式、正弦函数、三角形的角平分线等。

② 对概念所属对象进行分类（指出外延）：如三角形可以按边或角进行分类。

（三）阐明概念间的内在联系

① 阐明新概念与所属概念之间的联系，进一步明确概念的产生背景，如一元一次方程与方程、平行四边形与四边形、等腰三角形与三角形等。

② 阐明新概念与定义中所涉及概念之间的内在联系，进一步明确概念的本质属性，如阐述一元二次方程与方程、未知数个数、未知数的次数等概念之间的关系。

③ 阐明新概念与相近概念之间的内在联系，帮助学生区分容易混淆的概念，如平角与互补、直角与互余等。

④ 分析概念的矛盾运动，帮助学生巩固深化概念，如数、角、指数、三角函数、函数等概念的发展变化。

（四）重视概念的巩固与运用

① 及时巩固、复习所学概念。

② 引导学生学会对概念进行整理而形成概念系统。

③ 联系实际，灵活运用概念。

教学案例　　采用概念形成方式教学"一元二次方程"

1. 创设情境，引入新课

将长、宽分别为 100 厘米，50 厘米的长方形纸板做成一个无盖的长方体纸盒，若要求（1）长方体的底面周长等于 260 厘米；（2）被剪掉纸片面积为 100 平方厘米；（3）长方体的侧面积刚好是被剪掉纸片面积的 13 倍；（4）长方体的底面面积等于 3600 平方厘米，问应如何剪切？

首先根据题意"将一个长方形纸板做成一个无盖的长方体纸盒"，可以得出被剪下来的四个图形必须是彼此全等的小正方形，假设该正方形的边长为 x，再按照上面所列的条件不难列出如下四个方程：

$$2\big[(100-2x)+(50-2x)\big]=260$$

$$4x^2=100$$

$$2x(100-2x)+2x(50-2x)=13\times 4x^2$$

$$(100-2x)(50-2x)=3600$$

然后教师带领同学将这四个方程通过化简整理得到以下四个形式更为简单的方程：

$$-x+5=0$$

$$x^2=25$$

$$-x^2+5x=0$$

$$x^2-75x+350=0$$

2．启发探索，发现本质属性

得到这四个方程以后，教师开始进入本堂课的主题"一元二次方程"。为了引出一元二次方程的概念，教师提出了以下两个问题："请大家观察上面的四个方程，看看它们各有什么特征？有什么共同特征？"如果学生发现不了这四个方程的特征，教师可以从这四个方程所含未知数的个数、次数以及方程中各项的形式等方面进一步对学生进行启发，如提出"这四个方程的未知数的个数有什么特点""这四个方程的未知数的次数有什么特点"等问题来引导学生识别并概括出上述四个方程的共同特征：（a）每个方程都含有一个未知数；（b）每个方程都是整式方程。后三个方程的特征：（a）每个方程都含有一个未知数；（b）每个方程的未知数的最高次数都是 2；（c）每个方程都是整式方程。

3．归纳总结，形成概念

在发现了方程的这些特征的基础上，教师便可以引导学生归纳、概括出这些方程的共同本质特征并指出具有这样一类特征的方程我们将它称为一元二次方程，从而很自然地引出一元二次方程概念：含有一个未知数且未知数的最高次数是 2 的整式方程称为一元二次方程。

说明：教师在写一元二次方程的定义时故意在"方程"两字的前面留下几个空格，这是为了提醒学生注意一元二次方程必须是整式方程这一重要特征而设置的悬念。

4．分析概念，语言描述

在前面对一元二次方程的本质特征进行研究的基础上，为了使学生更加全面、准确地把握一元二次方程概念的本质，教师又将一元二次方程用数学符号语言来进行表示，这既是数学概念的形式化过程，同时从模式的观点来看，它又是数学模式转换的过程，它将文字语言的一元二次方程概念用数学符号来进行表示，这样不仅有助于学生更加全面、深刻地理解一元二次方程的概念，而且可以让学生在头脑中将一元二次方程的文字语言和符号语言建构联系，使学生一看到一元二次方程就能马上想到 $ax^2+bx+c=0$（$a\neq0$），同样一看到 $ax^2+bx+c=0$（$a\neq0$）这一形式也能立即想到这是一元二次方程，从而起到加深学生理解和加强学生记忆的目的。在对一元二次方程的文字定义进行形式化以后，教师又进一步从一元二次方程的外形上对一元二次方程的结构特点进行了解构。教师这样提问学生："我们一起来看方程 $ax^2+bx+c=0$（$a\neq0$），这个方程有几项？这些项有什么不同？

如何区别它们？"如果学生不知道该怎么做，教师可以进一步启发学生："一般而言，为了区别两样不同的东西，我们往往是通过对这两样东西取不同的名字来实现的。那么这里的三项应该给它们分别取怎样的名字才比较合理呢？"学生如果想不出来，教师可以启发学生联想、类比一元一次方程的有关概念，从而给出一元二次方程的二次项、一次项及常数项等概念。至此，教师已从一元二次方程的形式与本质两方面对一元二次方程的概念进行了深入、细致的解构。

5. 呈现变式，识别特征

接下来，教师通过呈现一元二次方程的各种不同变式来让学生进行辨别，这样做的目的是通过模式的转换和识别进一步加深学生对一元二次方程本质特征的认识。

例1 判断下列方程哪些是一元二次方程。

（1）$ax^2+x+2=0$

（2）$x^3-x(x^2-x+1)=0$

（3）$(x^2+1)^2-x^4=0$

这一组方程不是对一元二次方程模式的直接识别，而是对一元二次方程的变式的识别，解决这类问题需要学生具有模式转换的意识，能将非标准的模式转换为标准的模式，然后再进行识别，第一个方程是将一元二次方程的二次项系数由常数变成了字母，（2）（3）两个方程则需要先通过等式变形将非标准的形式转化为标准的形式。编排这两道题的目的一是要让学生知道判断一个方程是不是一元二次方程不是直接看形式，而要看其本质，要化简以后才能判断它到底是不是一元二次方程；二是要让学生通过变式训练加深对一元二次方程概念的本质特征的理解。值得注意的是，我们在听课时发现有许多学生认为方程（3）不是一元二次方程，因为在这些学生看来，$2x^2+1=0$ 永远不可能成立，因此 $2x^2+1=0$ 根本就不是方程，当然也就不可能是一元二次方程，这还是先前的错误观念在作怪。

6. 实际运用，强化概念

当 m 为何值时，$(m+1)x^{|m|}=2$ 是一元一次方程？

本题中，学生一般都能得到 $m=1$，但值得注意的是，有不少学生对 m 不可以为-1 不理解，这不是因为学生没有看出当 $m=-1$ 时系数 $m+1=0$，而是学生头脑中存在一种潜在的错误认识，那就是"能使等式两边相等的就是方程，若等式两边不可能相等，那就不是方程"。这是教师在教学中需要注意的地方。

7. 复习总结，建构概念

教师从一元二次方程的内部特征和外部形式两方面对本节课的内容进行了回顾总结。从内部来看，一元二次方程有三个基本特征：即（a）每个方程都含有一个未知数；（b）每个方程未知数的最高次数都是 2；（c）每个方程都是整式方程。从形式来看，一元二次方程有三个基本项，即：（a）二次项；（b）一次项；（c）常数项。

附：数学概念教学设计案例

1. 钟志华，刘鸿坤. 基于联系观点的数学教学设计——"以方程的根与函数的零点"为例，数学教学，2020(2): 21-25.
2. 钟志华，周美玲，郝蕊. HPM 视角下的函数概念教学设计. 数学教学通讯，2021(3): 7-10.

思考题

1. 数学概念之间的关系有哪些？
2. 数学概念的定义方式有哪些？举例说明。
3. 数学概念的学习方式有哪些？举例说明。
4. 数学概念的引入方式有哪些？举例说明。
5. 自己选择一节概念课撰写一篇教学设计。

第二节　数学命题及其教学设计

一、命题

（一）判断

在形式逻辑中，判断是一种对事物有所肯定或否定的思维形式。常见的判断形式如下。

1. 性质判断

性质判断是对判断对象是否具有某种性质所做的判断。例如，"0 是偶数"肯定"0"属于"偶数"。

2. 关系判断

关系判断是断定对象与对象之间关系的一种判断。例如，"等腰三角形的底角相等"判断的是等腰三角形的两个底角之间的一种关系；而"平行四边形的对边平行"判断的是平行四边形的对边之间的一种关系。

3. 模态判断

模态判断是指含有"必然""可能""或许"之类模态词的判断。如"有一个角是 30° 的三角形可能是直角三角形"就是模态判断。

4. 复合判断

复合判断是由一些简单判断通过一定的逻辑联项组成的判断。如"两直线平行，同位角相等"就是由"两条直线平行""这两条直线被第三条直线所截得的同位角相等"这两个命题复合而成的。常见的复合方式有"合取（且、与）""析取（或）""否定（非）""蕴含（如果……，那么……）""等价（当且仅当）"。

（二）命题

所谓命题，是用来表示判断的语句，命题有时候也被称为规则。在数学中，命题通常有"原命题""否命题""逆命题""逆否命题"这四种形式。命题可以为真，也可以为假，在数学命题的教学中谈论的命题一般指真命题，它包括公理、公式、定理、定律、原理、法则等。

二、数学命题学习的过程

数学命题的学习一般分为命题的获得（发现）、命题的证明（验证）与命题的应用这三个阶段。

（一）命题的获得（发现）

命题的获得（发现）通常采用两种方式：一种方式是同化形式，即直接给学习者展示要学习的新命题，学习者原有观念与新命题中的各有关概念联系起来，这种联系的最初阶段是刺激与反应的联结，学习者要在工作记忆中将一些激活的节点联结起来，然后将新命题纳入认知结构，对原来的认知结构进行改组和加工，形成新的认知结构。显然，这是一个对信息的加工过程。命题获得的另一种形式是命题的形成，即学习者通过考察命题的特例或与该命题有关的现象，然后抽象、概括出命题的过程。

（二）命题的证明（验证）

关于命题证明的心理机制，李士锜教授认为，命题证明就是在问题的条件或结论的启发下，激活记忆网络中的一些知识点，然后沿着接线向外扩散，依次激活新的有关知识，同时要对被激活的知识进行筛选、组织、评价、再认识和转换，使之能协调起来，直到条件与结论之间的连线接通，建立起逻辑演绎关系。命题的证明（验证）实质上是一种数学推理，在这一过程中，不仅涉及演绎推理，而且涉及合情推理，同时还需要遵循逻辑推理的基本规则。逻辑推理的基本规则主要有同一律、矛盾律、排中律和充足理由律四种。

（三）命题的应用

命题的应用是将所学习的命题作为一个单独的产生式纳入一个更大的产生式系统之中的过程。命题应用的目的是激活所学的命题，使所学的命题纳入其他更加丰富的命题网络结构之中。

命题的应用包括两方面：一是数学命题在解决数学问题中的应用；二是数学命题在解决实际问题中的应用。

要对命题有更深层次的理解，在命题应用中形成命题域和命题系是至关重要的。例如，对于命题：$a^2+b^2=0$（$a,b \in \mathbf{R}$）$\Leftrightarrow a=0$ 且 $b=0$。要对该命题有深刻理解，就应把握与此相关的一些等价命题。如：$|a|+|b|=0 \Leftrightarrow a=0$ 且 $b=0$；$\sqrt{a}+\sqrt{b}=0$（$a,b \in \mathbf{R}$）$\Leftrightarrow a=0$ 且 $b=0$ 等。进一步，还应掌握该命题的一些弱抽象命题。如：$a^n+b^n=0$（n 为偶数，$a,b \in \mathbf{R}$）$\Leftrightarrow a=0$ 且 $b=0$ 等。这样就形成了个体的命题域和命题系，逐步完善了认知结构。由此可见，数学命题的应用是在使学生获得智能信息的同时，逐步形成稳固的命题域和命题系，充实和完善个体认知结构的过程。

命题学习结束后，新旧命题将被紧密地联系在一起，贮存在学习者的长时记忆之中，被贮存在长时记忆之中的新命题最终会因学习者需要使用而受到提取。

三、数学命题教学中需要注意的问题

数学命题教学的基本要求是：使学生深刻理解数学命题的意义，明确其推导过程与适用范围，灵活运用数学命题解决有关的问题。

（一）强化过程教学

1. 重视数学命题的发现

现代教育心理学的研究指出，学习过程不仅是学生掌握知识的过程，更是一个主动发现问题、分析问题、解决问题的过程，这在数学命题的教学中尤其明显。因此，在进行数学命题教学时，教师首先要注重学生数学发现能力的培养，应该善于抓住一些典型的知识点，努力引导学生沿着科学家的足迹，寻求解决问题的方法，探索丰富多彩的自然现象中所蕴含的规律，使学生经历一个完整的科学研究过程。其次，要针对数学命题的具体特点采用恰当的教学方法。比如，如果命题比较抽象，可结合具体形象或实际例子来进行教学；如果命题较难，应尽可能采用命题形成的方法来进行教学；再次，应针对学生的具体特点，充分结合学生的已有经验，结合大量实例，采用归纳、类比等方法来引导学生自己获得命题。在命题的发现过程中，教师可以有意识地采用以下引入方法来引导学生发现命题。

（1）用实际操作引入

这种方法即通过学生的实践去发现。在教学中，教师应提供适当的素材组织学生进行实践操作，通过自己动手实验、演算、作图、设计问题等操作形式思考并发现命题。例如，在讲授"三角形内角和定理"时，可让学生每人准备一个三角形纸板，把这个三角形纸板的两个角剪下来，与第三个角拼在一起，引导学生自己"发现"定理。

（2）用观察、归纳的方法引入

这是一种在观察了诸多特例的前提下，通过归纳、抽象得到命题的引入方式。例如，一元二次方程根与系数的关系就可以采用这种方法引入。具体引入过程可分为：（a）举一些具体的一元二次方程，让学生去求解它们的根；（b）引导学生观察这些方程的两根之和、两根之积与方程的各系数之间的关系；（c）学生发现这一关系，提出猜想；（d）证明猜想，得到一元二次方程根与系数关系——韦达定理。

（3）根据实际的需要引入

现实生活和生产实践中的一些问题，需要运用数学的方法才能解决，在解决的过程中，往往会产生一些很有用的公式、法则、定理。因此，根据解决实际问题的需要，采用问题的形式去探求，也是引入数学命题的一种途径。例如，在学习了三角形全等的有关定理以后，学生知道如果一个三角形的两条边及其夹角一定，那么第三边的长度也一定。由此可以引出如何根据一个三角形的两条边及其夹角求其第三边的长度这一问题，通过这样的方法可以比较顺利地引入余弦定理。

（4）由"矛盾"引入

许多学生在学习了正弦函数的概念后，常常出现这样的错误：$\sin(\alpha + \beta) = \sin\alpha + \sin\beta$，为了说明 $\sin(\alpha + \beta) = \sin\alpha + \sin\beta$ 不成立，可这样构造一个让学生自己就能看出来的"矛盾"：$\sin 30° = \dfrac{1}{2}$，$\sin 60° = \dfrac{\sqrt{3}}{2}$，$\sin 30° + \sin 30° = \dfrac{1}{2} + \dfrac{1}{2} = 1$，所以 $\sin(30° + 30°) \neq \sin 30° + \sin 30°$，然后再由这一错误引入两角和的正弦公式就比较自然了。

2. 要准确把握命题的证明要求

命题的证明不仅有利于培养学生分析、解决问题的能力，而且有利于培养学生的数学推理能力。在引导学生进行命题证明时，教师要充分发挥学生的主体作用，要启发学生自己发现证明思路和证明方法，要做到既严谨、周密，又循序渐进。具体来说，一方面要步步有理，处处有据，要充分利用命题证明这一环节来培养学生的数学推理能力和思维的严谨性；另一方面，命题的证明要符合学生的年龄特点与认知规律，要讲究适切性、合理性、量力性，要注意严谨性与量力性相结合，不宜要求学生掌握过难的证明过程或方法。对一些不要求证明的命题多采用直观教学法、数形结合方法、实验操作方法来进行验证，帮助学生理解。有些命题，如果学生当时所处的阶段难以证明，可以采用螺旋上升的方法，留到以后条件成熟时再补充完善。此外，在证明命题时最好不要拘泥于某一种证明方法，要注意拓宽学生的思路。

3. 重视数学命题的应用教学

命题的学习一方面要做到学以致用，另一方面要通过应用促进命题的深入理解。命题的应用是让学生在解决各种数学问题的过程中灵活运用命题以达到理解、巩固并形成良好认知结构的过程。

在进行命题的应用教学时，教师应先给学生进行示范，应避免学生乱用、错用或过程不严谨、不规范。命题的使用应严格遵循命题应用的使用条件与适用范围，不能生搬硬套。同时，命题的应用更是学生独立自主的学习过程，在此过程中教师不宜过多干涉，要注意培养学生的独立思考能力。命题的应用应知道命题应该怎么应用，应用在什么方面。要提升命题应用的灵活性、趣味性、实践性，命题的应用应遵循巩固性教学原则。

（二）重视对数学命题的分析

对数学命题的学习不能满足于表面的记忆，更需要通过对命题的深入分析来揭示命题的本质、内涵及与其他命题之间的关系，使学生深化对数学命题的理解。在分析命题时，教师首先要确保命题的正确性，要注意命题的科学性、合理性、层次性，只有科学、合理的命题才有研究价值，命题的表达要科学、准确；其次，要理解命题的来龙去脉，要分清命题的因果关系，不能混淆，不能前后颠倒，有时命题的条件能推出结论，但结论不一定能推出条件；再次，要知道命题理解的难点所在，要采用各种有效方法帮助学生深入理解命题；另外，在分析命题时要善于举一反三，要分析命题的逆命题、否命题是否成立，命题能否特殊化，是否可以做进一步推广，是否可以通过类比得到其他命题等。要注意命题学习中语言的使用，不能滥用学生不易接受的抽象数学语言，亦不能随意使用日常生活中不规范的语言。在进行命题分析时，要特别注意以下方面。

1. 加强对命题的结构分析

在教学数学命题时，教师要善于对命题进行结构分析，只有真正弄清命题的结构才能深刻理解命题的本质及特征。数学命题结构分析可以从命题的句法结构、数式结构、图形结构等方面去进行。分析结构不仅要分析结构的构成要素及其之间的关系，还要分析所研究结构与其他结构或要素之间的关系。比如，初学对数的学生往往对公式 $a^{\log_a N} = N$（$a>0$，$a \neq 1$，$N>0$）存在理解困难，其原因是他们对公式中的符号及其关系不够理解，从而影响了对公式的理解。在教学这一公式，教师不仅要引导学生分析公式左边式子的结构特征和指数的结构特征，而且要分析整个等式的结构特征，同时还要进一步分析对数运算与指数运算之间的内在联系。

2. 要准确提取命题中的简单命题

一个命题，有时尽管表面上看起来十分复杂，但通常都可以分解为若干简单的命题。因此，要正确理解命题必须首先正确识别并准确找出所理解命题中的简单命题。所谓简单命题是不能再分解为其他更简单命题的命题。比如"两直线平行，同位角相等"，这是一个省略命题，因此要找出其中的简单命题必须首先将命题补充完整，完整的命题应该是"两条直线被第三条直线所截，如果这两条直线平行，那么这两条直线被第三条直线所截得的同位角相等"。它可以分解为"两直线互相平行"和"这两条直线被第三条直线所截得的同位角相等"这样两个简单命题；又比如，"等边对等角"这个命题可以分解为"一个三角形的两条边相等""这两条边所对的角相等"；再比如，"矩形的四个角都是直角"这一命题可以分解为两个简单命题"一个四边形是矩形"和"四边形的角是直角"这两个简单命题，而其中的"都"是全称量词。

3. 要准确把握各简单命题之间的关系

理解命题仅仅只是把所理解的命题分解为简单命题是远远不够的，要深入理解命题还必须正确揭示各简单命题之间的逻辑关系，包括否定关系以及量词对变量的约束关系等。命题的连接词通常有"否定""蕴含""合取""析取""等价"这五种，但这五种关系的自然语言有各种不同的说法，比如日常语言中的"既……又……""不但……而且……""虽然……但是……"等都可以符号化为"$\wedge$"；而"或者……或者……""不是……就是……"等可以符号化为"$\vee$"；而"$p \Rightarrow q$"的说法就更多了，既可以说 p 是 q 的充分条件，又可以说 q 是 p 的必要条件，还可以说成是"只要 p 就 q""只有 q 才 p"等；而"$p \Leftrightarrow q$"可以说成是"p 与 q 等价""p 当且仅当 q"或"p 是 q 的充分必要条件"等。

4. 注意命题的使用条件

数学中的许多定理、公式、法则都有一定的适用条件和范围，如果不顾条件、不顾场合乱用公式就会造成错误。比如公式 $a^0 = 1$ 要求 $a \neq 0$；而公式 $\log_a(xy) = \log_a x + \log_a y$ 则要求 $a > 0$，$a \neq 1$，$x > 0$，$y > 0$。幂的乘方运算公式 $(a^m)^n = a^{mn}$ 通常规定 $a > 0$，有些学生往往因为不注意 $a > 0$ 这一条件而发生错误，特别是学习了复数以后，有些学生以为既然底数是复数，a 就可以不再受条件 $a > 0$ 的限制了，于是将这一公式中的底数 a 也推广到复数集合从而出现像 $(i^3)^3 = (i^4)^{\frac{9}{4}} = 1$ 这样的错误。再比如由收敛级数

$$S = 1 - \frac{1}{2} + \frac{1}{3} - \frac{1}{4} + \frac{1}{5} - \frac{1}{6} + \cdots \text{ 可得}$$

$$2S = 2 - 1 + \frac{2}{3} - \frac{1}{2} + \frac{2}{5} - \frac{1}{3} + \cdots$$

将等式右边适当变换次序，以使级数中分母相同者得以合并，于是就得到：

$$2S = 2 - \frac{1}{2} + \frac{2}{3} - \frac{1}{4} + \frac{2}{5} - \cdots$$

$$-1 \cdots - \frac{1}{3} + \cdots - \frac{1}{5} - \cdots$$

$$= 1 - \frac{1}{2} + \frac{1}{3} - \frac{1}{4} + \frac{1}{5} - \frac{1}{6} + \cdots$$

这样，便得到 $2S = S$。但从原级数的前几项明显可以看出 $S \neq 0$，于是就出现了 $1 = 2$ 这样荒谬的结论。造成这一错误的根本原因就在于将仅适用于有限个数的加法交换律和结合律不顾条件地推广到无限个数的加法所致；同样地，如果不顾条件将 $S = 1 + 2 + 4 + 8 + \cdots$ 两边同乘以 2 后得到 $S = 1 + 2S$，再解方程便可得 $S = -1$。结论显然是错误的，错误的根源就是忽略了有限与无限的区别，不了解只有收敛级数才能使用这种方法。

5. 要注意量词的使用

在数学语言中，量词是对变量进行约束的词语。量词通常有全称量词和存在量词两种。常见的表示全称量词的词语有"所有""每一个""任意""都"等，而表示存在量词的词语通常有"存在""有"等。另外，还有一些介于全称量词和存在量词之间的量词如"至多""至少""不多于""不少于"等。

准确把握数学命题中的量词对于正确理解数学命题的结构、弄清命题的意义以及正确使用命题都具有非常重要的作用。同时对量词的把握还可以避免和纠正非此即彼的二元论和以偏概全的错误思维方式，可以促进人的理性思维的形成和发展。

在日常用语中，人们对量词的类别往往不予注意，因为这从上下文中就可知道。例如："一个人在公共场合不文明"中的"一"是存在性的量词（有那么一个人，他不文明）；而"一个人在公共场合应该注意文明"中的"一"，却是全称量词了，显然这里是希望大家在公共场合都注意文明而不是仅仅只希望某个人或某些人注意文明。学生如果只是死记硬背而不注意教师口头所说的量词的类型，那么就会影响他们对上下文的理解和推理。比如，命题"有一个角是直角的平行四边形是矩形"与命题"所有角都是直角的四边形是矩形"中就出现了不同的量词，前一个命题中的量词是存在量词，而后一个命题中的量词则是全称量词。有些学生因为不理解存在量词与全称量词之间的区别而出现解题错误，或者出现只证明了四边形有一个直角就说这个四边形是矩形，或者出现在已知是平行四边形的情况下竟然还去证明四个角都是直角的情况。

另外，有许多学生因为不能正确理解量词而影响到四种命题之间的正确转换。比如很多学生常常将命题"矩形的四个角都是直角"的否命题写成"不是矩形的四边形的四个角都不是直角",而将命题"如果一个角的两边分别平行于另一个角的两边,那么这两个角相等或互补"的否命题写成"如果一个角的两边不分别平行于另一个角的两边,那么这两个角不相等或不互补"。

以上这些错误皆是由于误用量词而造成的,这些错误的直接后果是影响学生对数学命题的正确理解和对数学命题意义的准确把握。

附:数学命题教学设计案例

1. 钟志华,李渺. 基于变式教学的数学教学设计——以"基本不等式"为例. 数学通报,2019(5):23-27.

2. 钟志华,唐悦,凌皓岚. 基于模式观的"等比数列的前 n 项和"教学设计. 数学教学通讯,2021(9):13-17.

3. 钟志华,顾纤纤,崔蓝天. 基于合情推理的数学教学设计——以"直线与平面平行的判定"为例. 数学教学,2023(10):11-16.

/ 思考题 /

1. 数学命题有哪些常见类型?
2. 数学命题的学习要经历哪几个阶段?
3. 数学命题的获得方式有哪些?举例说明。
4. 数学命题的引入方式有哪些?举例说明。
5. 数学命题的教学需要注意哪些问题?举例说明。
6. 选择一个命题课撰写一篇教学设计。

第三节　数学问题及其教学设计

一、对数学解题的基本认识

(一)数学解题的涵义

解题就是"解决问题",即求出问题的答案。这个答案在数学上也叫做"解",所以,解题也就是求出题的解。解题是数学工作者数学活动的基本形式,是数学工作者数学活动的主要内容,是数学工作者的一个存在目的。同时,解题也是数学工作者的一个兴奋中心。现在兴起的"问题解决"比传统意义上的解题有了很大的发展,传统意义的解题注重结果、注重答案,而现代意义上的问题解决则更重视问题解决的过程、策略以及思维的方法。关于问题解决有四种不同的观点：有人认为问题解决是一种心理活动，有人认为问题解决是一个过程，也有人认为问题解决是一个目的，还有人认为问题解决是一种能力。

（二）数学解题的一般过程

波利亚将问题解决的过程划分为以下四个阶段，见表6-1。

表6-1　解题表

	理解题目
第一，你必须理解题目	未知量是什么？已知数据是什么？条件是什么？条件有可能满足吗？条件是否足以确定未知量？或者它不够充分？或者多余？或者矛盾？ 画一张图，引入适当的符号。 将条件的不同部分分开，你能把它们写出来吗？
第二，找出已知数据和未知量之间的关系。 如果找不到直接的联系，也许不得不考虑辅助题目	**拟订方案** 你以前见过它吗？ 你知道一道与它有关的题目吗？你知道一条可能有用的定理吗？ 观察未知量，并尽量想出一道你所熟悉的具有相同或者相似未知量的题目。 这里有一道题目和你的题目有关而且以前解过，你能利用它吗？你能利用它的结果吗？你能利用它的方法吗？为了有可能利用它，你是否应该引入某个辅助元素？ 你能重新叙述这道题目吗？你还能以不同的方式叙述它吗？ 如果你不能解所提到的题目，先尝试去解某道有关的题目。你能否想到一道更容易着手的相关题目？一道更为普遍化的题目？一道更为特殊化的题目？一道类似的题目？你能解出这道题目的一部分吗？只保留条件的一部分，而丢掉其他部分，那么未知量可以确定到什么程度，它能怎样变化？你能从已知数据中得出一些有用的东西吗？你能想到其他合适的已知数据来确定该未知量吗？你能改变未知量或者已知数据，或者有必要的话，把两者都改变，从而使新的未知量和新的已知数据彼此更接近吗？你用到所有的已知数据了吗？你用到全部的条件了吗？你把题目中所有关键的概念都考虑到了吗？
第三，执行你的方案	**执行方案** 执行你的解题方案，检查每一个步骤。你能清楚地看到这个步骤是正确的吗？你能否证明它是正确的吗？
第四，检查已经得到的解答	**回顾** 你能检查这个结果吗？你能检查这个认证吗？ 你能以不同的方式推导这个结果吗？你能一眼就看出它吗？ 你能在别的题目当中利用这个结果或这种方法吗？

（三）数学解题的基本要求

① 正确。指解题中的运算、推理和作图必须准确无误，最终结果必须正确。

② 合理。指列式、运算、推理、作图等必须理由充分，合乎逻辑。比如，题目中已知的是任意三角形，画图时就不能画成特殊三角形。

③ 完整。指考虑问题要全面，要详尽无遗地解出全部结果，题目无解时要说

明理由，不合题意的解要予以剔除，应该检验的题目必须验算，不能随意舍去某些解题过程。比如，一些学生在解题过程中经常会出现对字母系数方程不加讨论，对分式方程、根式方程的解不加检验，对应用题的求解不考虑实际意义，在普通方程与参数方程互化时不注意参数的取值范围等现象，这些都是解答不完整的表现。

④ 规范。数学题的解答都有一定的格式要求，无论采用哪种格式，叙述都应层次分明、条理清楚、表述规范、详略得当。

⑤ 简洁。指应采取最简单有效的解题方法进行解题。

（四）数学解题的常用策略

解题策略介于具体的解题方法与抽象的解题思想之间，是思想转化为行动的桥梁。作为方法，一方面它是用来具体指导解题的方法，另一方面它又是运用解题方法的方法、寻找解题方法的方法、创造解题方法的方法。如果把解题策略理解为选择与组合的一系列规则，那么这个规则应该具有迅速找到较优解题策略的基本功能，能够减少尝试或者失败的次数，能够节省探索时间和缩短解题长度，能体现出选择的机智和组合的艺术。

戴再平提出了八条解题策略：枚举法、模式识别、问题转化、中途点、以退求进、推进到一般、从整体看问题、正难则反。

任樟辉提出了十条解题策略：以简驭繁、进退互用、数形迁移、化生为熟、正难则反、倒顺相通、动静转化、分合相辅、引参求变、以美启真，并且认为数学思维策略的研究就是数学解题策略的研究。

罗增儒提出了十条解题策略：模式识别、映射化归、差异分析、分合并用、进退互化、正反相辅、动静转换、数形结合、有效增设、以美启真。

钟志华在《模式观与数学方法论》一书中按照模式观从模式识别、模式解构、模式建构、模式转换、模式鉴赏等方面深入探讨了数学解题的常用策略。

二、数学解题教学

众所周知，数学教学离不开解题。解题虽然不是数学学习活动的全部，但它却是掌握数学的一条重要途径。如何充分发挥解题教学在数学教学中的功能，是每位数学教师都必须认真思考、深入研究的问题。

（一）数学解题教学的涵义

数学解题教学包括数学例题教学和数学习题教学。例题教学是以教师为主导，引导学生将学习过的概念、命题用于解决数学问题的一种示范性活动；习题教学是以学生为主体，依照或者模仿例题，将学习过的知识运用于解决数学问题的实践性活动。数学解题教学是数学教学的一项重要内容。

（二）数学解题教学的意义

数学解题教学作为数学教学的重要组成部分，在促进学生数学思维发展方面具有十分重要的地位与作用。然而，在目前的解题教学中存在如下突出问题：一是重讲轻练，教师的主导作用"有过之而无不及"，而学生的主体作用（当然不只限于以课堂练习来体现）显得薄弱；二是练习题设计的盲目性很大，缺乏较强的针对性；三是课堂练习的量偏大，学生手忙脚乱，没有留给学生足够的思考时间；四是课堂练习题单调，无层次和坡度；五是教师在学生练习中忽视矫正错误这一环节，不利于知识的消化和学生良好学习习惯的养成。因此，搞好数学解题教学首先需要充分了解数学解题教学的意义。

1. 激发学生的数学学习兴趣

学生天生具有好奇心、好胜心。很多时候，学生虽然对枯燥的数学概念缺乏兴趣，但一见到具有挑战性的数学问题，会立马兴奋起来。学生在成功解题过程中获得的喜悦感，会极大激发学生学习数学的兴趣和求知欲。

2. 巩固、深化对所学知识的理解

由于种种原因，学生在刚学习新的知识时，对这些知识的理解往往比较肤浅、比较片面，有时甚至存在错误。比如，在刚学对数函数概念时，许多学生对底数和真数需要满足的条件往往理解不够全面、不够深刻，这时就需要通过针对性的问题来对学生理解中的不足之处进行识别、纠正。有时，即使学生能明白老师讲解的知识，但要深刻理解其实质并灵活运用，并非易事。比如在讲函数自变量的取值范围时，学生并不觉得很困难，但解有关问题时，则往往会出现错误。究其原因，一方面在于对概念本质并没有真正理解，另一方面也在于求函数自变量的取值范围的问题常常涉及分式、根式、绝对值、不等式以及指数、对数和三角函数的一些基本知识，而学生对这些知识可能并没有真正掌握。因此在讲解求自变量的取值范围时，就需要配备一定数量的例题和习题来巩固、深化对相关知识的理解。

3. 可以及时了解学生的知识掌握情况

从教学角度来看，通过解题教学教师可以有效针对学生数学知识的理解情况与相关解题方法的掌握情况进行全面的调查与分析。学生刚开始学习数学概念、定理、公式、法则时，由于对知识的掌握不牢固，很容易造成理解偏差，而这些问题也很容易在解题活动中表现出来。通过课堂解题教学和学生的课后作业，不仅可以让学生真正了解自己的解题水平，从而对后续学习进行规划与调整；而且可以让教师全面了解和评估学生的数学能力情况，并针对学生解题过程中反馈出来的问题采取相应的应对措施。

4. 提高学生解题能力

数学解题能力的提高，不是仅靠掌握扎实的数学基础知识，也不是单纯依靠解题理论的学习就能实现的，而需要学生通过一定量的解题训练才能实现。这是因为，一方面理论知识只有通过实践才能融会贯通，才能真正转化为能力；另一方面，解题过程中还涉及题感、选择、判断及元认知等很多经验性知识，这些知识的学习必须在解题实践中积累。

5. 改善学生思维品质

在数学解题过程中，学生不仅需要掌握必需的数学基础知识，而且需要综合运用观察、实验、抽象、分析、综合、归纳、类比等多种思维方法，同时还需要充分调动元认知来对解题过程中的思维活动进行调节、监控。这一过程不仅可以使学生的思维得到充分锻炼，而且可以促进学生思维能力的提升和思维品质的改善。

6. 有利于培养学生的创新能力

首先，问题是创新的土壤和动力。创新总是在应对不同的困境或问题时产生的，若没有各种可供解决的问题存在，或没有解决问题的行为的产生，创新也就无从谈起。

其次，问题的提出本身也需要创新。问题的提出往往需要有远见和洞察力，离开创新就很难提出有价值的问题。

再次，解决问题就是创新的过程。由于问题通常具有非常规性，仅仅依靠重复过去的老路，沿用陈旧的手段和方法，往往很难获得成功，所以需要采取一系列的创新性步骤才能求得问题的解决。从思维过程来看，解决问题需要综合运用观察、试验、分析、综合、归纳、概括等科学的思维方法来对现有的知识和信息不断进行新的组合并最终形成新东西。

最后，解决问题又是创造新问题的过程。问题的解决不仅会产生新发明、新创造，而且会进一步产生新问题。科学技术正是在解决问题与创新的不断交替中得以进步的。

7. 能够增强学生的学习信心

问题成功解决以后，困扰学生的谜团会得到澄清，障碍会得到消除，学生不仅可以获得成功的喜悦，而且可以磨砺意志力，同时还能提升学习数学的信心。

三、数学解题教学应遵循的原则

（一）数学解题教学要有明确的目标

首先，教师在选取例题和习题时，要有一定的目的性，要思考是用来阐明某个概念、揭示某种法则和性质的应用，还是用来突出某种解题方法。因此，在教学过程中，教师应当认真钻研教材、明确目的、因材施教。其次，在分析解题过程时，教师要让学生带着目标去思考。再次，解题成绩的评价也需要有目标，如果没有统一的目标就很难评价解题的成败优劣。最后，解题反思更应该有明确的目标，许多学生刚开始往往不知道应该怎么反思，如果没有一定的目标引领，学生很可能会知难而退。

（二）数学解题教学应具有示范性

示范性体现在很多方面，首先，例题和习题的选取要具有典型性、示范性，不要向学生呈现偏题怪题；其次，例题解答过程的书写要具有示范性；再次，解题的思维方法也要具有一定的示范性，要尽可能向学生介绍通性通法，向学生介绍一些比较成熟的思考方法，如波利亚的解题表和元认知提示语等。

（三）数学解题教学要能引发冲突，激活思维

许多教师都有这样的感受，辛苦讲解了半天，自认为难点、重点步步到位，而学生却懵懵懂懂、似懂非懂，教学效果可想而知。因此，在教学实践中，教师首先要激发学生兴趣，鼓励学生对数学问题进行理解，通过独立思考、合作探究摆脱困难、发现方法；其次，要思考学生在思路受阻后如何探索新的思路；再者，要让学生充分展示解题思路，这有助于教师及时了解学生的思维状况并针对性地进行启发、引导；此外，当解题过程中出现了不同思路或结果与条件产生矛盾时，要及时展示矛盾，引发冲突；最后，师生要共同分析解题思路和思维过程，使学生明确错在哪里，对在何处，真正理解数学解题的思维过程。

（四）数学解题教学要循序渐进

（1）习题的选取上要难易适中。过易，学生虽然会经历成功体验，但可能会轻视、浮躁，同时也达不到教学的最终目标；过难，学生的信心易受挫折，从而使学生产生恐惧心理。所以，习题的设置应先易后难、循序渐进，遵循学生的认知规律。陈永明认为习题安排必须遵循如下的"层次性原则"：首先要分知识点，要先练一个知识点，再练另一个知识点，每个知识点往往有几种不同类型的题目，一般来说，应该先练一个类型，再练另一个类型；其次，对每个类型的题目来说，要由浅入深，先模仿，再变式，基本的解法熟练了，再安排包含各个类型、各个知识点的综合题，继而才是应用题、开放题；最后，才可以打乱知识点，打乱类型，用试卷的形式进行训练。

【例1】在等差数列求和公式的教学中，可以设计以下三个层次的问题。

第一层次，求和与求通项，如：

① 已知 $\{a_n\}$ 为等差数列，且 $a_1 = 0.7$，$a_2 = 1.5$，求 S_7。

② 已知数列 $\{a_n\}$ 的前 n 项和 $S_n = n^2 + 2n$，求数列 $\{a_n\}$ 的通项公式，并证明它是等差数列。

第二层次，求和公式的选择，如：

① 已知一个等差数列的前 10 项和是 310，前 20 项和是 1220，由此可以确定其前 n 项和的公式吗？

② 已知等差数列 $\{a_n\}$ 的公差 $d = \dfrac{1}{2}$，$a_1 + a_3 + a_5 + \cdots + a_{99} = 60$，求该数列的前 100 项之和。

第三层次，公式的灵活运用，如：

① 某社区组织志愿者参加植树活动，共需植树 8670 棵。3 月 1 日开始，第一天仅种树 20 棵，第二天开始人数逐渐增加，每天比前一天多植树 50 棵，到某一天开始，人数又逐渐减少，这样每天又比前一天少植树 30 棵。到 3 月 30 日为止，刚好圆满完成预定任务。问哪一天志愿者植树最多？并求出该天的植树棵数。

② 求 100 到 200 中既不是 5 的倍数又不是 7 的倍数的自然数之和。

（2）要进行适度的习题训练。学习数学离不开解题训练，解题训练确实能培养和提高学生的解题能力。但大量的习题训练往往会加重学生的负担，使学生陷入题海之中，造成学生的厌烦和压抑心理，甚至使学生对数学产生害怕、恐惧心理，最终导致学生逃避甚至放弃数学学习。

（五）数学解题教学要注重数学观念和数学思想方法

数学观念是认知结构中的"监控系统"，它起着定向控制和调节作用，是提高数学活动的自觉性、科学性的保证。数学思想方法融合于数学基本概念和定理之中，是它们的精神和灵魂，同时数学思想方法又是形成数学观念的前提。数学解题就是要在条件和结论之间给出一个数学原理的序列，数学原理序列既包括数学知识的联结，又包含数学方法的推进，而知识和方法是一个统一体，两者都反映着一定的数学思想。因此，在数学解题教学活动中，在重视基础知识的同时，更应特别关注数学观念和思想方法运用能力的培养。

（六）数学解题教学必须重视学生个性品质

个性品质是指学生的情感、态度、价值观等非智力因素。事实上，数学解题不只是一个智力活动，而且还包括动机、兴趣、情感、意志、态度等非智力因素活动。因此，在数学解题教学中，在关心学生智力培养、发展学生能力的同时，还应充分注意非智力因素对解题的影响，要有目的、有意识地通过解题教学促进学生非智力因素的发展，让学生在主动愉悦的体验中进行解题，使学生逐步获得解题的成功经验，树立学习数学的信心，培养学生严谨的学习态度和勇于探索、锲而不舍、追求真理的良好个性品质。

四、数学解题教学的主要环节

（一）精心选题

1. 深刻把握课标

课程标准是教学实施的指导性文件，解题教学作为教学的重要组成部分，自然也需要遵循课程标准的要求。而在解题教学中，选题又是保证解题教学成功的先决条件。因此，在选题时，必须在深刻领会课标基础上，根据课本要求来进行选择，要使所选的问题能充分体现课标理念。

2. 深入钻研教材

解题本身并不是目的，解题是为了更好地掌握知识、提升能力。特别是在平时的教学中，许多题目的作用主要就是为了让学生巩固、深化对所学知识的理解。因此，教师在选题时需要在深入钻研教材的基础上，准确把握教材的地位与作用、教材的教学目标、教学重点、教学难点，然后再精选问题来达成目标、突出重点、突破难点。

3. 充分了解学情

解题教学的主体是学生，解题教学的目的是促进学生的发展。因此，在选题时只有充分了解学生的学情并针对学生学习的具体特点来选题才能有的放矢，才能充分发挥解题教学的应有作用。教师如果不顾学生的兴趣、精力、能力而给学生随意布置大量作业，甚至布置偏题、难题、怪题，这不仅难以达到促进理解、发展能力、提升素养之目的，反而会极大挫伤学生学习积极性，甚至会使学生产生厌学心理。教师了解学情一方面要了解学生的知识基础和能力基础，另一方面，要了解学生普遍存在的共性问题，如教学难点、易错点。

4. 明确题之所用

教师要明确每道题的特点、价值，然后再根据实际教学的需要决定什么时候、什么地方应该选择什么样的问题。

比如，在"直线与圆的位置关系"这节课中，下面这两道例题的编排意图分别如下。

（1）一个圆的直径长 12，圆心到直线的距离为 4，那么这条直线与圆有几个公共点？直线与圆的位置关系是什么？

设计意图：本题是直线与圆的位置关系判定定理的简单应用，目的是直接检查学生对直线与圆的位置关系判定定理的理解情况。

（2）①直线 l 与半径为 r 的⊙O 相交，且点 O 到直线 l 的距离为 6，求 r 的取值范围。

②设⊙O 的半径为 3，点 O 到直线 l 的距离为 d，若直线 l 与⊙O 至少有一个公共点，则 d 应满足的条件是（　　）

A. $d \leqslant 3$　　　　B. $d \geqslant 3$　　　　C. $d < 3$　　　　D. $d > 3$

设计意图：题②是题①的进一步变化与拓展，题①是已知点 O 到直线 l 的距离为 6，求 r 的范围，而题②则是已知⊙O 的半径为 3，判断 d 与圆的半径之间的关系，显然这两题的条件与结论进行了互换。题①已知直线 l 与半径为 r 的⊙O 相交，而题②则已知直线 l 与⊙O 至少有一个公共点，题①不需要讨论，而题②需要讨论，这里既有变式又有拓展，简单却不单调，对学生也具有一定的挑战性，充分体现了变式教学的思想。

5. 要广集好题

近年来，在各类考试、复习资料中出现了许多优秀题目，不但形式多样，而且构思新颖、灵活，深受好评和重视。因此，编选练习题要从不同渠道、不同角度多方收集信息，如从复习资料、各类考卷，特别是从网络来收集题目，将其中优秀的题目、题型有计划、有目的地吸收到教学中来，并不断进行更新、拓展，为进一步提高数学解题教学水平而努力。

6. 要先自己解题

在选题时，教师一定要尽可能先把问题解一下，只有自己解过以后，对问题的理解才会更全面、更深刻，才会清楚在解题过程中会利用哪些思路、方法，在哪些地方会走弯路、会卡壳、会有陷阱，这样教师在指导学生解题时就能做到心中有数。

（二）深入研题

1. 研究问题结构

解题者在解题时首先要对问题整体结构有一个初步的识别或判断，要知道问题的已知条件（已知数据）是什么；要求的（未知量）是什么；条件是否足以确定未知量；条件是否不够，是否充分，抑或多余，甚至是矛盾；问题中包含哪些知识点；这些知识点之间有没有关系，如果有关系，那又是什么关系；已知条件与要求的结论之间有什么联系；有哪些途径或方法可以从起点达到目标等，然后在此基础上再进一步深入到问题的具体细节之中。

【例 2】设函数 $f(x)$ 对于任意 $x, y \in \mathbf{R}$，都有 $f(x+y) = f(x) + f(y)$，且 $x > 0$ 时，$f(x) < 0$，$f(1) = -2$。

① 求 $f(0)$；

② 试问在 $x \in [-3, 3]$ 时，$f(x)$ 是否有最大值、最小值？如果有，请求出来，如果没有，说明理由。

如果仔细研究就会发现，从已知条件看，"对于任意 $x, y \in \mathbf{R}$，都有 $f(x+y) = f(x) + f(y)$"实际上隐含了"$f(x)$ 为奇函数"这一条件，第①问的用意是提示解题者需要先由已知条件得出"$f(x)$为奇函数"这一性质；而条件"对于任意$x,y \in \mathbf{R}$，都有$f(x+y)=f(x)+f(y)$"必须与条件"$x>0$时，$f(x)<0$"结合起来才能发挥作用，因为如果将$f(x+y)=f(x)+f(y)$变形为$f(x+y)-f(x)=f(y)$，再根据"$x>0$时，$f(x)<0$"这一条件就可以推出函数$f(x)$为单调减函数，从而为判断"$f(x)$在$x \in [-3,3]$时，$f(x)$是否有最大值、最小值"找到突破口。

【例 3】已知实数 x,y 同时满足$4^{-x}+27^{-y}=\dfrac{5}{6}$，$\log_{27} y - \log_4 x \geqslant \dfrac{1}{6}$，$27^y - 4^x \leqslant 1$，求 $x+y$ 的取值范围。

学生如果不能发现条件中的关键量4^x（或27^y）与4^{-x}（或27^{-y}）及$\log_{27} y - \log_4 x \geqslant \dfrac{1}{6}$之间的联系，那么就很难理解问题的本质，就无法找到问题的解决之道。而学生如果能发现它们之间的联系，那么就可以想到采用换元方法。

令$4^x=m$，$27^y=n$，从而将要解决的问题转化为下列不等式组的求解问题。

$$\begin{cases} n-m \leqslant 1 \\ \dfrac{1}{m}+\dfrac{1}{n}=\dfrac{5}{6} \end{cases}$$

解不等式，得：$m \geqslant 2$ 且 $\dfrac{2}{5} \leqslant n \leqslant 3$

即 $4^x \geqslant 2$，$27^y \leqslant 3$

从而 $x \geqslant \dfrac{1}{2}$，$y \leqslant \dfrac{1}{3}$

这样，$\log_{27} y \leqslant -\dfrac{1}{3}$，$\log_4 x \geqslant -\dfrac{1}{2}$

$\log_{27} y - \log_4 x \leqslant -\dfrac{1}{3}+\dfrac{1}{2}=\dfrac{1}{6}$

又 $\because \log_{27} y - \log_4 x \geqslant \dfrac{1}{6}$

$\therefore \log_{27} y - \log_4 x = \dfrac{1}{6}$

$\therefore x = \dfrac{1}{2}$，$y = \dfrac{1}{3}$

$x+y$ 的取值范围为 $\{\dfrac{5}{6}\}$

其次，要思考这个问题与你以前见过的问题有没有联系；你能不能用不同的方法叙述这道题目；你知不知道一条可能有用的定理；你有没有见过更一般或更特殊的问题等。

【例 4】证明：$1012^{2023}>2023!$

学生如果能够发现 1012 与 2023 之间的关系，并能将要证明的不等式看作 $(\dfrac{n+1}{2})^n > n$ 的特殊形式，那么问题便迎刃而解。

2. 研究问题特征

一般来说，不同的问题会表现出不同的特征，而不同的特征往往又会决定着不同的解题思路和解题方法。特别是一些比较明显的特征，如数量特征（元素个数、字母的系数或指数等）、结构特征（如平方和、倒数和）、符号特征、关系特征（如大于、小于、等于、平行、垂直等）、位置特征等，这些特征往往会成为通向解题成功的入口。因此，研题时必须善于研究问题中的各种特征，以及如何由这些特征去发现解题思路和方法。

【例5】任意给出 7 个不同的实数，证明其中必有两数 x, y，使得 $0 < \left|\dfrac{x-y}{1+xy}\right| \le \dfrac{\sqrt{3}}{3}$。

学生如果不善于观察，会觉得题目很怪异，但仔细观察能够发现这道题一个与众不同的特征——中间的式子 $\dfrac{x-y}{1+xy}$ 与 $\tan(\alpha-\beta)$ 的展开式 $\dfrac{\tan\alpha - \tan\beta}{1+\tan\alpha\tan\beta}$ 非常类似，那就比较容易联想到公式 $\tan(\alpha-\beta) = \dfrac{\tan\alpha - \tan\beta}{1+\tan\alpha\tan\beta}$，从而将这 7 个实数分别表示为 $\tan\theta_i$，$\theta_i \in (-\dfrac{\pi}{2}, \dfrac{\pi}{2})$（$i=1,2,\cdots,7$）的形式，再将 $(-\dfrac{\pi}{2}, \dfrac{\pi}{2})$ 分为 $(-\dfrac{\pi}{2}, -\dfrac{\pi}{3}]$，$(-\dfrac{\pi}{3}, -\dfrac{\pi}{6}]$，$(-\dfrac{\pi}{6}, 0]$，$(0, \dfrac{\pi}{6}]$，$(\dfrac{\pi}{6}, \dfrac{\pi}{3}]$，$(\dfrac{\pi}{3}, \dfrac{\pi}{2}]$ 这六个区间，最后再利用抽屉原理得到其中必有两个实数 θ_i，θ_j 落在同一区间，即 $0 < |\theta_i - \theta_j| \le \dfrac{\pi}{6}$，亦即 $0 < |\tan(\theta_i - \theta_j)| \le \dfrac{\sqrt{3}}{3}$，从而得到所要证明的结论 $0 < \left|\dfrac{x-y}{1+xy}\right| \le \dfrac{\sqrt{3}}{3}$。

3. 研究问题功能

在钻研教材时要特别注意把握教材中例题、习题的潜在功能。例题、习题功能概括起来有如下几方面。

① 它是对教材的补充和完善；

② 它能调动学生的非智力因素，激发学生的学习积极性；

③ 它能更好地贯彻因材施教的原则；

④ 它能减轻学生负担，促使学生主动学习。

【例6】过抛物线 $y^2 = 2px$ 的焦点的一条直线和抛物线相交，两个交点的纵坐标分别为 y_1、y_2，求证：$y_1 y_2 = -p^2$。

许多学生在做该题时仅仅把它作为一般习题来对待，而没有认识到该题所涉及的结论实质上是抛物线焦点弦的一个基本性质。因此，学生尽管做了此题，也不能从抛物线焦点弦的高度去解决一些相关的其他问题，更谈不上掌握解决这类问题的一般规律。教师如果能够配合这一道题再编如下练习题，那么就可以让学生对抛物线焦点弦的"奥秘"有所了解，达到练习的目的。

【例 7】已知过抛物线 $y^2 = 2px(p>0)$ 的焦点的一条直线和抛物线相交于点 $A(x_1,y_1)$、$B(x_2,y_2)$，且 $|AB|=m$，求证：

① $m = x_1 + x_2 + p$；

② $m = \dfrac{2p}{\sin^2 \alpha}$，其中 α 是直线 AB 与 x 轴的夹角；

③ $x_1 x_2 = \dfrac{p^2}{4}$，$y_1 y_2 = -p^2$；

④ $(x_1 - x_2)^2 = m^2 - 2pm$，$(y_1 - y_2)^2 = 2pm$。

【例 8】在抛物线 $y^2 = 2px(p>0)$ 上，过焦点 F 的弦 AB 的长为 m，求 AB 的垂直平分线的方程。

【例 9】设 AB 是抛物线 $y^2 = 2px(p>0)$ 的焦点弦，且 $|AB|=m$，O 是抛物线的顶点，求 $S_{\triangle AOB}$。

另外，在教材上有的例题、习题本身就是一个数学定理或公式，利用它又可以解决许多问题。因此，教师在编选练习题时也要对这样的例题、习题选配适当的练习题，这不仅可以使学生学会处理一个问题就能解决一串问题的本领，真正做到举一反三，而且对激发学生的学习兴趣也大有裨益。

【例 10】求证：$\sin(\alpha - \beta)\sin(\alpha + \beta) = \sin^2 \alpha - \sin^2 \beta$。

此题揭示了两角和差的正弦和两角正弦的平方差之间的关系，它的形式酷似代数中的平方差公式，因此有人称之为三角中的平方差公式，掌握它对三角恒等变形会带来许多方便。为此，可编排如下一组练习题。

① 求 $\sin 10° \sin 80° + \cos 25° \cos 85°$。

② 解三角方程：$\sin^2(\theta + \dfrac{\pi}{8}) - \sin^2(\theta - \dfrac{\pi}{8}) = \dfrac{1}{2}$。

③ 在 $\triangle ABC$ 中，求证：$a\sin(B-C) + b\sin(C-A) + c\sin(A-B) = 0$。

④ 在 $\triangle ABC$ 中，若 a^2、b^2、c^2 成等差数列，则 $\cot A$、$\cot B$、$\cot C$ 也成等差数列。

4. 研究问题解法

教师一般要研究问题有哪些解法；这些解法中哪些更优；这些解法之间有没有联系，如果有，那又有什么联系。

【例 11】如图 6-1，在平面直角坐标系 xOy 中，椭圆 $\dfrac{x^2}{a^2} + \dfrac{y^2}{b^2} = 1(a>b>0)$ 过

点 $P(2, 0)$，且两准线间的距离为 $\frac{8}{3}\sqrt{3}$。

（1）求椭圆的方程；

（2）已知 B_2，B_1 分别是椭圆的上、下顶点，过点 $E(0, \frac{1}{2})$ 的直线 l 与椭圆交于 M，N 两点，直线 MB_2 与直线 NB_1 交于点 T。

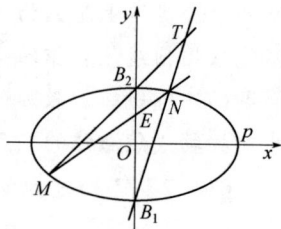

① 若直线 l 的斜率为 $\frac{1}{2}$，求点 T 的坐标；

② 试问点 T 是否在某定直线上？若在定直线上，求出定直线方程；若不在定直线上，请说明理由。

图 6-1

【试题分析】此题涉及的动点有 M，N，T，动直线有 MEN，MB_2T，B_1NT，可谓"点多线杂"，因此学生在解题时可能感觉吃力，尤其在消参阶段，可能力不从心。当然，学生如果能在构图阶段理清图形的结构，把握好参数的依存关系，那么对整个解题过程就会有全局性的规划，在消参过程中可以做到有条不紊，从容不迫。比如，该题可以有以下多种思路和解法。

【构图方式 1】直线 B_2M 与椭圆交于 M，直线 B_1N 与椭圆交于 N，且 M，E，N 三点共线，直线 MB_2 与直线 NB_1 交于点 T。

【运算路径 1】已知一交点——"知一求一"

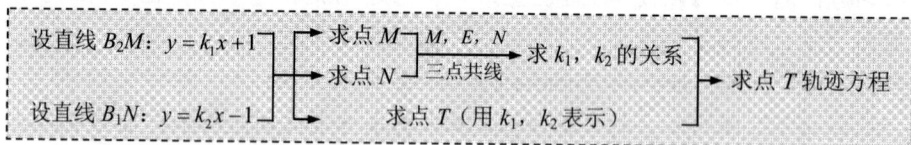

设直线 B_2M：$y = k_1x + 1$ → 求点 M → M，E，N 三点共线 → 求 k_1，k_2 的关系 → 求点 T 轨迹方程
设直线 B_1N：$y = k_2x - 1$ → 求点 N / 求点 T（用 k_1，k_2 表示）

【运算过程 1】

采用"知一求一"的方法来求解。运算过程如下：

由 $\begin{cases} \dfrac{x^2}{4} + y^2 = 1 \\ y = k_1x + 1 \end{cases}$ 得：$(1 + 4k_1^2)x^2 + 8k_1x = 0$，

所以 $x_M = \dfrac{-8k_1}{1 + 4k_1^2}$，所以点 M 的坐标为 $\left(\dfrac{-8k_1}{1 + 4k_1^2}, \dfrac{1 - 4k_1^2}{1 + 4k_1^2}\right)$，

同理，得点 N 的坐标为 $\left(\dfrac{8k_2}{1 + 4k_2^2}, \dfrac{4k_2^2 - 1}{1 + 4k_2^2}\right)$。

所以直线 ME 的斜率为 $k_{ME} = \dfrac{\dfrac{1 - 4k_1^2}{1 + 4k_1^2} - \dfrac{1}{2}}{\dfrac{-8k_1}{1 + 4k_1^2}} = \dfrac{12k_1^2 - 1}{16k_1}$，

直线 NE 的斜率为 $k_{NE} = \dfrac{\dfrac{4k_2^2-1}{1+4k_2^2} - \dfrac{1}{2}}{\dfrac{8k_2}{1+4k_2^2}} = \dfrac{4k_2^2-3}{16k_2}$，

因为 M，E，N 三点共线，所以 $k_{ME} = k_{NE}$，即 $\dfrac{12k_1^2-1}{16k_1} = \dfrac{4k_2^2-3}{16k_2}$，

化简得 $(4k_1k_2+1)(3k_1-k_2)=0$，又 $4k_1k_2+1>0$，所以 $k_2 = 3k_1$。

又由 $\begin{cases} y = k_1 x + 1 \\ y = k_2 x - 1 \end{cases}$ 得：$y = \dfrac{2k_1}{k_2-k_1} + 1 = 2$，所以点 T 在直线 $y=2$ 上。

【构图方式 2】过点 E 的直线 MN 与椭圆交于 M，N，连结 B_2M 与 B_1N 并延长交于点 T.

【运算路径 2】两点均未知——"设而不求"

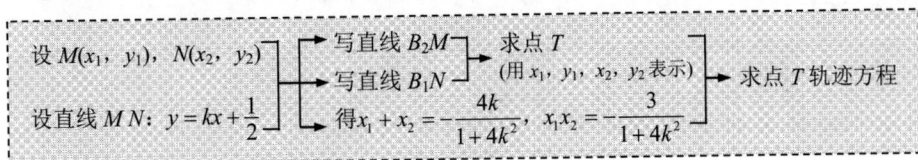

$$
\begin{array}{l}
\boxed{\begin{array}{l} \text{设 } M(x_1,\ y_1),\ N(x_2,\ y_2) \\ \\ \text{设直线 } MN:\ y=kx+\dfrac{1}{2} \end{array}} \longrightarrow
\boxed{\begin{array}{l} \text{写直线 } B_2M \\ \text{写直线 } B_1N \\ \text{得 } x_1+x_2 = -\dfrac{4k}{1+4k^2},\ x_1x_2 = -\dfrac{3}{1+4k^2} \end{array}} \longrightarrow
\boxed{\begin{array}{l} \text{求点 } T \\ (\text{用 } x_1,\ y_1,\ x_2,\ y_2 \text{ 表示}) \end{array}} \longrightarrow
\boxed{\text{求点 } T \text{ 轨迹方程}}
\end{array}
$$

【运算过程 2】由 $\begin{cases} \dfrac{x^2}{4} + y^2 = 1 \\ y = kx + \dfrac{1}{2} \end{cases}$ 得：$\left(1+4k^2\right)x^2 + 4kx - 3 = 0$，

所以 $x_1 + x_2 = -\dfrac{4k}{1+4k^2}$，$x_1x_2 = -\dfrac{3}{1+4k^2}$，

由 $\begin{cases} y = \dfrac{y_1-1}{x_1}x + 1 \\ y = \dfrac{y_2+1}{x_2}x - 1 \end{cases}$ 得：$\left[x_1(y_2+1) - x_2(y_1-1)\right]y = \left[x_2(y_1-1) + x_1(y_2+1)\right]$

所以 $y = \dfrac{\left[x_2(y_1-1) + x_1(y_2+1)\right]}{\left[x_1(y_2+1) - x_2(y_1-1)\right]} = \dfrac{x_1y_2 + x_2y_1 - x_2 + x_1}{x_1y_2 - x_2y_1 + x_2 + x_1}$，

$$= \dfrac{x_1\left(kx_2+\dfrac{1}{2}\right) + x_2\left(kx_1+\dfrac{1}{2}\right) - x_2 + x_1}{x_1\left(kx_2+\dfrac{1}{2}\right) - x_2\left(kx_1+\dfrac{1}{2}\right) + x_2 + x_1} = \dfrac{4kx_1x_2 + 3x_1 - x_2}{3x_1 + x_2} \quad (*)$$

对非对称的（ $*$ ）式的处理通常有两条途径：

一是"降次"，降为一次齐次分式.

注意到 $x_1 + x_2 = -\dfrac{4k}{1+4k^2}$，$x_1x_2 = -\dfrac{3}{1+4k^2}$，故将 $x_1x_2 = \dfrac{3}{4k}(x_1+x_2)$ 代入（ $*$ ）式，

得 $y = \dfrac{4kx_1x_2 + 3x_1 - x_2}{3x_1 + x_2} = \dfrac{3(x_1 + x_2) + 3x_1 - x_2}{3x_1 + x_2} = \dfrac{6x_1 + 2x_2}{3x_1 + x_2} = 2$。

二是"消参"，三元降为二元。

① 消去 x_1

得 $y = \dfrac{4kx_1x_2 + 3(x_1 + x_2) - 4x_2}{3(x_1 + x_2) - 2x_2} = \dfrac{4k\dfrac{-3}{1+4k^2} + 3\dfrac{-4k}{1+4k^2} - 4x_2}{3\dfrac{-4k}{1+4k^2} - 2x_2} = 2$。

② 消去 x_2

得 $y = \dfrac{4kx_1x_2 - (x_1 + x_2) + 4x_1}{2x_1 + (x_1 + x_2)} = \dfrac{4k\dfrac{-3}{1+4k^2} - \dfrac{-4k}{1+4k^2} + 4x_1}{2x_1 + \dfrac{-4k}{1+4k^2}} = 2$。

③ 消去 k

由 $x_1 + x_2 = -\dfrac{4k}{1+4k^2}$，$x_1x_2 = -\dfrac{3}{1+4k^2}$，得 $k = \dfrac{3}{4} \cdot \dfrac{x_1 + x_2}{x_1x_2}$，

所以 $y = \dfrac{4 \times \dfrac{3}{4} \cdot \dfrac{x_1 + x_2}{x_1x_2} \cdot x_1x_2 + 3x_1 - x_2}{3x_1 + x_2} = \dfrac{3(x_1 + x_2) + 3x_1 - x_2}{3x_1 + x_2} = 2$。

所以点 T 在直线 $y = 2$ 上。

【构图方式3】设 $M(x_0, y_0)$ 为椭圆上一点，直线 ME 与椭圆交于另一点 N，直线 B_2M 与直线 B_1N 交于点 T。

【运算路径3】两点均未知——"设一求一"

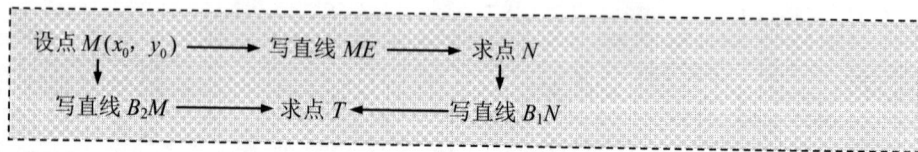

【运算过程3】设点 $M(x_0, y_0)$，则直线 B_2M 的方程为 $y = \dfrac{y_0 - 1}{x_0}x + 1$ ①，

直线 ME 的方程为 $y = \dfrac{2y_0 - 1}{2x_0}x + \dfrac{1}{2}$，

代入椭圆的方程，得 $\dfrac{x_0^2 + (2y_0 - 1)^2}{x_0^2}x^2 + \dfrac{4y_0 - 2}{x_0}x - 3 = 0$，

所以 $x_0x_N = -\dfrac{3x_0^2}{x_0^2 + (2y_0 - 1)^2}$，所以 $x_N = \dfrac{3x_0}{4y_0 - 5}$，$y_N = \dfrac{5y_0 - 4}{4y_0 - 5}$

即点 N 的坐标为 $\left(\dfrac{3x_0}{4y_0 - 5}, \dfrac{5y_0 - 4}{4y_0 - 5}\right)$，

所以直线 B_1N 的斜率为 $k = \dfrac{\dfrac{5y_0-4}{4y_0-5}+1}{\dfrac{3x_0}{4y_0-5}} = \dfrac{3(y_0-1)}{x_0}$ ，

故直线 B_1N 的方程为 $y = \dfrac{3(y_0-1)}{x_0}x - 1$ ②，

由①②联立，求得 $y = 2$ ，

所以点 T 在直线 $y = 2$ 上。

【构图方式 4】由点 B_2 作两条动直线 B_2M 和 B_2N，分别交椭圆于 M 和 N，直线 MN 经过定点 E，连结 B_1N 交直线 B_2M 于点 T.

【运算路径 4】引入第三者——"借用结论"

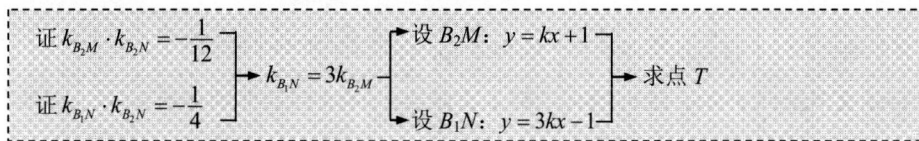

$$
\begin{aligned}
&\left.\begin{array}{l}\text{证 } k_{B_2M}\cdot k_{B_2N}=-\dfrac{1}{12} \\[2mm] \text{证 } k_{B_1N}\cdot k_{B_2N}=-\dfrac{1}{4}\end{array}\right\} \to k_{B_1N}=3k_{B_2M} \to \left.\begin{array}{l}\text{设 } B_2M:\ y=kx+1 \\[2mm] \text{设 } B_1N:\ y=3kx-1\end{array}\right\} \to \text{求点 } T
\end{aligned}
$$

【运算过程 4】设 $M(x_1,\ y_1)$，$N(x_2,\ y_2)$，设直线 MN：$y = kx + \dfrac{1}{2}$ ，

由 $\begin{cases}\dfrac{x^2}{4}+y^2=1 \\[2mm] y=kx+\dfrac{1}{2}\end{cases}$ 得：$\left(1+4k^2\right)x^2 + 4kx - 3 = 0$ ，

所以 $x_1+x_2 = -\dfrac{4k}{1+4k^2}$，$x_1x_2 = -\dfrac{3}{1+4k^2}$ ，

则 $k_{B_2M}\cdot k_{B_2N} = \dfrac{y_1-1}{x_1}\cdot\dfrac{y_2-1}{x_2} = \dfrac{(kx_1-\dfrac{1}{2})(kx_2-\dfrac{1}{2})}{x_1x_2}$

$= \dfrac{k^2x_1x_2 - \dfrac{k}{2}(x_1+x_2)+\dfrac{1}{4}}{x_1x_2} = -\dfrac{1}{12}$ ①，

则 $k_{B_1N}\cdot k_{B_2N} = \dfrac{y_2+1}{x_2}\cdot\dfrac{y_2-1}{x_2} = \dfrac{y_2^2-1}{x_2^2} = -\dfrac{1}{4}$ ②，

①②两式相除，得 $k_{B_1N} = 3k_{B_2M}$ ，

设直线 B_2M 的方程为 $y = kx+1$，则直线 B_1N 的方程为 $y = 3kx-1$ ，

消去 x，求得点 T 在直线 $y = 2$ 上。

5. 研究问题本质

题目千变万化，解题者只有真正把握问题的本质，才能不被题目的各种变化所迷惑。比如，对于下列问题：

【例 12】 已知数列 $\{a_n\}$ 满足 $a_1 > 1$，$a_{n+1} - 1 = a_n(a_n - 1)$，$n \in \mathbf{N}_+$ 且 $\dfrac{1}{a_1} + \dfrac{1}{a_2} +$

$\cdots + \dfrac{1}{a_{2022}} = 2$，求 $a_{2023} - 4a_1$ 的最小值。

一些学生刚看到这道题的时候，不知道从哪里下手。特别是看到要求式子 $a_{2023} - 4a_1$ 的最小值，更是疑惑。对于条件 $a_{n+1} - 1 = a_n(a_n - 1)$ 也不知道应该如何去用。但仔细研究式子 $\dfrac{1}{a_1} + \dfrac{1}{a_2} + \cdots + \dfrac{1}{a_{2022}} = 2$ 后，就容易发现这个式子左边各项都是数列 $\{a_n\}$ 的倒数形式，如果对式子 $a_{n+1} - 1 = a_n(a_n - 1)$ 两边求倒数，就可以得到 $\dfrac{1}{a_{n+1} - 1} = \dfrac{1}{a_n - 1} - \dfrac{1}{a_n}$，从而通过各项累加，再结合条件 $\dfrac{1}{a_1} + \dfrac{1}{a_2} + \cdots + \dfrac{1}{a_{2022}} = 2$，就可得到 $\dfrac{1}{a_{2023} - 1} = \dfrac{1}{a_1 - 1} - 2$，即 $a_{2023} = \dfrac{2 - a_1}{3 - 2a_1}$，接下来就会发现要求的式子其实与数列并没有什么关系，这道题从本质上看就是一道数列伪装的函数题——求函数 $a_{2023} - 4a_1 = \dfrac{8a_1^2 - 13a_1 + 2}{3 - 2a_1}$ 的最小值。

【例 13】 已知数列 $\{a_n\}$ 中，$a_1 = 2$，$n \in \mathbf{N}_+$，$a_n > 0$，数列 $\{a_n\}$ 的前 n 项的和为 S_n，且满足 $a_n = \dfrac{2}{S_n + S_{n-1} - 2}$。

（1）求数列 $\{S_n\}$ 的通项公式；

（2）设 $\{b_n\}$ 是 $\{S_n\}$ 中按从小到大顺序组成的整数数列，

① 求 b_3；

② 存在 $N(N \in \mathbf{N}_+)$，当 $n \leqslant N$ 时，使得在 $\{S_n\}$ 中，数列 $\{b_k\}$ 中有且只有 20 项，求 N 的范围。

分析：本题的已知条件 $a_n = \dfrac{2}{S_n + S_{n-1} - 2}$ 看上去非常特殊，解决本题的关键是发现 a_n 与 S_n、S_{n-1} 之间的内在联系，即 $a_n = S_n - S_{n-1}$，从而想到将 a_n 转化为 $S_n - S_{n-1}$ 这一解题思路：

$$S_n - S_{n-1} = \dfrac{2}{S_n + S_{n-1} - 2}$$

上式中只有 S_n 与 S_{n-1}，而题目中要求的是数列 $\{S_n\}$ 的通项公式，因此，问题就转化为如何根据上面的递推关系求出数列 $\{S_n\}$ 的通项公式，对上述关系进一步研究就会发现，如果将 $S_n - S_{n-1}$ 与 $S_n + S_{n-1} - 2$ 相乘就会出现 $S_n^2 - S_{n-1}^2$ 与 $-2(S_n - S_{n-1})$ 这两项，从而就可以发现解题的方法——裂项相消法。

6. 研究问题背景

现在，很多教师在进行解题教学时，或者照本宣科，或者"拿来"了事，既很少深入钻研题目之间的联系，也很少思考题目的背景。要知道，那些具有与周围世界或者其他的思想领域有联系背景的题目，以及蕴含着合情推理过程的题目，更加有利于激发学生的思考能力，促进他们智力上的成熟。因此，教师在进行解题教学时不仅应该深入研究题目的本质，而且应该精选具有雄厚背景的问题，因为这类问题更能引出许多有挑战性的问题。

比如例 11 这道题的背景其实就是高等几何学中的极点与极线性质。在高等几何学中极点与极线是这样定义的：

已知圆锥曲线 Γ：$Ax^2 + Cy^2 + 2Dx + 2Ey + F = 0$，则称点 $P(x_0，y_0)$ 和直线 l：$Ax_0x + Cy_0y + D(x + x_0) + E(y + y_0) + F = 0$ 是圆锥曲线 Γ 的一对极点和极线。

简单来说，就是在圆锥曲线方程中，如果以 x_0x 替换 x^2，以 $\dfrac{x_0 + x}{2}$ 替换 x（另一变量 y 也是如此），即可得到极点 $P(x_0，y_0)$ 对应的极线方程。如椭圆 $\dfrac{x^2}{a^2} + \dfrac{y^2}{b^2} = 1$ 中极点 $P(x_0，y_0)$ 对应的极线方程

为 $\dfrac{x_0x}{a^2} + \dfrac{y_0y}{b^2} = 1$，极点 $Q(m，0)$ 对应的极线方程为 $x = \dfrac{a^2}{m}$。

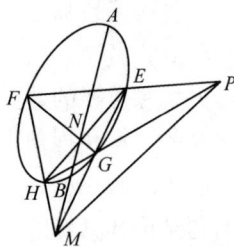

图 6-2

极点与极线可以采用下面的作法：

如图 6-2，P 是不在圆锥曲线上的点，过 P 点引两条割线依次交圆锥曲线于四点 E，F，G，H，连接 EH，FG 交于 N，连接 EG，FH 交于 M，则直线 MN 为点 P 对应的极线。同理 PM 为点 N 对应的极线，PN 为点 M 对应的极线，MNP 称为自极三角形。

由此可以得到以下结论：

若圆锥曲线中有一些极线共点于点 P，则这些极线相应的极点共线于点 P 相应的极线，反之亦然。即极点与极线具有对偶性。

如果了解了这一背景，那么就可以发现在例 11 中，E 点的极线必过 T 点，将点 E 的坐标（$0，\dfrac{1}{2}$）代入极线方程 $\dfrac{x_0x}{a^2} + \dfrac{y_0y}{b^2} = 1$，即可得到 $\dfrac{0 \times x}{4} + \dfrac{1}{2} \times y = 1$，从而得到 T 点必在直线 $y = 2$ 上。

类似地，下面这道题也是以极点极线为背景的一道题。

【例 14】在平面直角坐标系 xOy 中，如图 6-3，已知椭圆 $\dfrac{x^2}{9} + \dfrac{y^2}{5} = 1$ 的左，右顶点为 A，B。设过点 $T(t，m)$ 的直线 TA，TB 与椭圆分别交于点

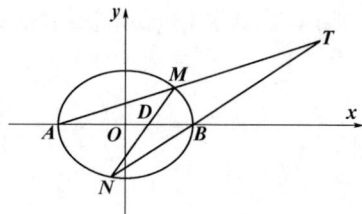

图 6-3

$M(x_1, y_1)$, $N(x_2, y_2)$, 其中 $m > 0$, $y_1 > 0$, $y_2 < 0$。设 $t=9$, 求证: 直线 MN 必过 x 轴上的一定点 (其坐标与 m 无关)。

分析: 设直线 MN 与 x 轴交于点 $D(x_0, 0)$, 点 $T(9, m)$ 在点 $D(x_0, 0)$ 对应的极线 $\dfrac{x_0 x}{9} = 1$ 上, 所以 $\dfrac{9}{x_0} = 9$, 所以 $x_0 = 1$, 所以直线 MN 必过 x 轴上一定点 $(1, 0)$。

7. 研究问题变化

林洁容提出了变式教学的一般步骤。

首先, 应特别重视 "变式理论" 的指导。变式教学作为一种成功的教学理论不仅在国内被广泛认可和应用, 而且在国际数学教育界也享有盛誉。因此, 要想灵活运用变式教学理论指导数学解题就必须首先深入学习、研究变式教学理论, 只有将变式教学理论真正内化到自己的头脑中, 在实际教学中才能灵活运用、从容应对。

其次, 教师要完善自身知识体系, 以扎实学识支撑高水平变式教学。为有效开展变式教学, 教师需要深刻把握数学知识的结构体系, 理解数学研究的基本思维方式和重要的数学思想方法, 掌握初等数学命题的一般性结论, 这样才能站在更高的立意和视角审视数学内容, 在学生的知识范畴内对问题进行灵活变式和拓展引申, 有梯度、有层次、多角度地引导学生进行探究和思考, 逐步形成完善的问题结构和良好的认知结构。

再次, 教师要掌握变式教学的基本路径, 理解其内在的思想精髓。变式教学的核心要义是通过化归将未知问题逐次简约, 使之与熟悉的基本问题靠拢; 或者反过来, 从熟悉的基本问题出发, 由简到繁, 变换条件设置障碍, 逐渐指向未知问题。

最后, 要通过必要的实践来积累变式经验。变式教学固然需要一定的理论指导, 但更需要在理论指导下的亲身实践。一味强调理论, 而忽视实践, 很容易变成纸上谈兵。特别是学生刚开始运用知识解题时, 主要还是模仿, 不能马上就要求学生进行问题变式, 待学生有了一定的解题基础以后, 教师可以带领学生进行问题变式, 使学生充分了解问题的内在结构、掌握问题变式的基本方法。

问题的变式教学不在于多做多练, 而是要通过精心的教学设计让学生体会复杂问题与相关基本问题之间的逐层转化, 要利用适量的有代表性的题目递变式地开展变式训练, 提升学生分步解决问题的能力, 形成多层次的知识网络和系统经验。

下面看一看例11的一些变式。

(1) 如图6-4, 椭圆 E: $\dfrac{x^2}{a^2} + \dfrac{y^2}{b^2} = 1 (a > b > 0)$ 的左, 右顶点为 A, B, $Q(t, m)$ 点不在曲线 E 上, QA, QB 分别交 E 于 C, D, 直线 CD 交 x 轴于点 $P(n, 0)$, 则有 $mn = a^2$。

（2）如图 6-5，若椭圆 E：$\dfrac{x^2}{a^2}+\dfrac{y^2}{b^2}=1(a>b>0)$ 的上，下顶点为 A，B，点 $Q(t,m)$ 不在曲线 E 上，QA，QB 分别交 E 于 C,D，直线 CD 交 y 轴于点 $P(0,n)$，则有 $mn=b^2$。

（3）如图 6-6，若椭圆 E：$\dfrac{x^2}{a^2}+\dfrac{y^2}{b^2}=1(a>b>0)$ 的左顶点为 A，$P(m,0)$ 为椭圆内一点，CD 为过点 P 的一条弦，AC，AD，CD 的斜率分别为 k_1，k_2，k，则

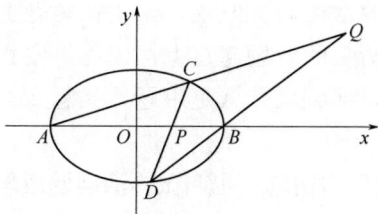 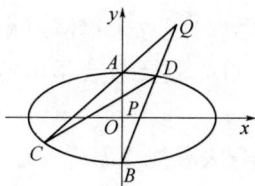 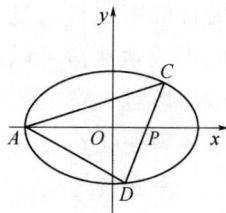

图 6-4　　　　　　　　图 6-5　　　　　　　　图 6-6

① $k_1 \cdot k_2 = \dfrac{b^2}{a^2} \cdot \dfrac{m-a}{m+a}$；

② $k(k_1 + k_2) = -\dfrac{2b^2}{a(a+m)}$；

③ $k\left(\dfrac{1}{k_1} + \dfrac{1}{k_2}\right) = \dfrac{2a}{a-m}$。

（4）更一般地，若椭圆 E：$\dfrac{x^2}{a^2}+\dfrac{y^2}{b^2}=1(a>b>0)$ 上一点 $P(x_0,y_0)$，过点 P 作两条直线 PQ，PR 交椭圆于 Q，R，斜率分别为 k_1，k_2，可得：

① $k_1 \cdot k_2 = \lambda(\lambda \neq \dfrac{b^2}{a^2})$ 的充要条件为直线 QR 过定点 $\left(\dfrac{\lambda a^2 + b^2}{\lambda a^2 - b^2} x_0,\right.$
$\left. -\dfrac{\lambda a^2 + b^2}{\lambda a^2 - b^2} y_0 \right)$；

$k_1 \cdot k_2 = \dfrac{b^2}{a^2}$ 的充要条件为直线 QR 的斜率为 $-\dfrac{y_0}{x_0}$；

② $k_1 + k_2 = \lambda(\lambda \neq 0)$ 的充要条件为直线 QR 过定点 $\left(x_0 - \dfrac{2}{\lambda} y_0, -\dfrac{2b^2}{\lambda a^2} x_0 - y_0\right)$；

$k_1 + k_2 = 0$ 的充要条件为直线 QR 的斜率为 $\dfrac{b^2 x_0}{a^2 y_0}$。

（5）A，B 是圆锥曲线上两动点，点 M 为其上一定点，MA，MB 的倾斜角分别为 α，β，则以下条件均可得出直线 AB 过定点：

① $k_{MA} k_{MB} = m$ （常数）；　　　　② $k_{MA} + k_{MB} = n$ （非零常数）；

③ $\alpha + \beta = \theta(0 < \theta < \pi)$ 为定值；④ $\overrightarrow{MA} \cdot \overrightarrow{MB}$ 为常数。

（三）透彻讲题

关于如何教解题，目前国内有很多相关研究，这里重点围绕波利亚的解题表来进行探讨。

1. 教审题

在平时的解题教学中，很多教师都会语重心长地告诉学生，拿到题目一定要仔细审题！但究竟如何审题，却没了下文。罗增儒研究发现，学生在解题上的不成功常常可以追溯到"题意未审清或审不清"的解题起点上，因此，要想取得解题教学的成功，首先就要教会学生审题。那到底什么是审题？又怎么教学生审题呢？

审题就是从题目本身去寻找"怎样解这道题"的钥匙，也叫做弄清问题或理解题意。审题主要是弄清题目已经告诉了你什么，又需要你去做什么，从题目本身获取"怎样解这道题"的逻辑起点、推理目标以及沟通起点与目标之间联系的更多信息。审题不仅存在于解题的开始，而且继续存在于思路探求的过程中和解法初步得出后的反思里；"弄清问题"不仅要弄清条件，弄清结论，还要弄清条件和结论的基本联系；"弄清问题"不仅要弄清题目的浅层结构，而且还要努力弄清题目的深层结构；"弄清问题"不仅要获得题目的解，还要通过"解题"优化认知结构，学会"数学地思维"。审题的关键是要抓好"审题审什么"的 3 个要点和"审题怎么审"的 4 个步骤：

（1）"审题审什么"的 3 个要点

① 弄清题目的条件是什么，一共有几个，其数学含义如何；

② 弄清题目的结论是什么，一共有几个，其数学含义如何；

③ 弄清题目的条件和结论有哪些数学联系，是一种什么样的结构。

（2）"审题怎么审"的 4 个步骤

① 读题——弄清字面含义；

② 理解——弄清数学含义；

③ 表征——识别题目类型；

④ 深化——接近深层结构。

从结构观点看，审题的实质就是要弄清问题结构的构成要素及其之间的内在联系。下面通过一个例子来说明如何进行审题。

【例 15】已知：$\sin\alpha + \cos\beta = \dfrac{\sqrt{2}}{2}$，$\cos\alpha + \sin\beta = \sqrt{2}$，求 $\tan\alpha\cot\beta$ 的值。

首先，分析题目当中的已知条件和结论。通过读题可以发现已知条件中是两个异名的三角函数正余弦和的形式，结论当中是这两个异名三角函数的正余切之积，因此，要直接求出 α 或 β 的三角函数比较困难，但这困难特征往往也蕴含着问题的生长点。仔细比较已知条件和结论后，会发现要求的式子 $\tan\alpha\cot\beta$ 可以变形为 $\dfrac{\sin\alpha\cdot\cos\beta}{\cos\alpha\cdot\sin\beta}$ 的形式，这样，只需要直接求 $\sin\alpha\cdot\cos\beta$ 与 $\cos\alpha\cdot\sin\beta$ 的值或两者的比值，而不必非得求出 $\tan\alpha$ 与 $\cot\beta$ 的值。然后，再对比已知条件和结论，可以发现如果将两已知条件的两边分别平方再相加，即可出现 $\sin\alpha\cdot\cos\beta$ 与 $\cos\alpha\cdot\sin\beta$，这样就找到了已知条件和结论之间的联系，从而找到了解决问题的突破口，完成了审题工作。

2. 教猜想

所谓数学猜想，就是人在探索数学规律、本质时所采取的一种策略，它是指根据某些已知的事实、材料和数学知识，以已有的数学理论和方法为指导，对未知的量及其关系所做的一种预测性的推断，它是建立在已有事实经验基础上，运用非逻辑手段得到的一种假定，是一种合理推理。数学发展过程中的许多著名猜想的提出，指引着后来的学者不断努力探索，从而推动了数学的向前发展。

积极的猜想能锻炼学生的创造性思维和创新意识，激发学生的学习兴趣，从而更为透彻地理解和掌握数学知识以及研究数学的一般方法。因此，培养学生的数学猜想能力对于培养学生能力、开发学生智力、发展学生思维以及帮助学生掌握探求知识的途径和方法等，都有着十分重要的作用。

教猜想可以从以下几个方面进行。

（1）创设良好的猜想氛围

猜想的产生往往需要打破常规，而这又会挑战教师、专家的权威。因此，要使教猜想真正落到实处，就必须要充分体现学生的主体地位，要为学生创造一种平等、和谐的教学氛围，让学生在这一情境中不惧权威、不循规矩、敢于质疑、敢于批判、敢于创新。在教学过程中，教师要对猜想合理的学生予以鼓励，猜想偏向的学生予以引导，不猜想的学生予以鞭策，让猜想"遍历"每一位学生，使学生的被动猜想行为转变成自觉的猜想行为，让课堂成为师生放飞猜想的乐园。

（2）充分激发猜想兴趣

教师要培养学生的猜想思维能力，必须激发猜想兴趣。一方面，教师应引导学生享受猜想的成功体验。在解题教学中教师应让学生充分经历"猜想—验证"的过程，要鼓励学生对问题的条件、结论及问题的结构等进行大胆分解、组合、加工、改造、质疑以获得猜想，然后再通过推理检验猜想的正确性，让学生在此过程中充分体验到"冒险、创造、发现"的喜悦。另一方面，教师应对学生的猜想给予正面评价。猜想不可能一猜就准，猜错很正常，教师不应批评，而应该充分挖掘学生猜想中的合理成分并给予肯定，这样才能充分激发学生猜想的积极性，让学生树立猜想的勇气。

（3）加强猜想方法指导

要培养学生的数学猜想思维能力，就要求教师在平时的教学中教会学生怎样猜想。就解题教学而言，既可以结合解题过程让学生猜想问题的条件、结论之间，问题的各子问题之间或这个问题与已有知识或其他问题之间有无关系、有何关系；又可以让学生根据已有知识或经验猜想问题的可能结果、可能的解题途径或方法等；也可以在以上猜想过程中指导学生如何运用观察、实验、联想、归纳、类比等数学思维方法来获得数学猜想；还可以结合猜想过程介绍发现猜想的途径、步骤、规律、方法等。

关于如何猜想，波利亚在其解题表中有非常详细的阐述，其解题表中的拟定方案从本质上看就是获得猜想，波利亚解题表中的提示性问题为如何猜想提供了很好的指导。下面结合一个具体例子说明如何培养数学猜想。

【例 16】在 $\triangle ABC$ 中，a，b，c 分别为内角 $\angle A$，$\angle B$，$\angle C$ 所对的边且满足 $(2b-\sqrt{3}c)\cos A=\sqrt{3}a\cos C$，求 $\angle A$。

猜想：已知条件中既有边又有角，而且边都是一次齐次式。比较自然的猜想是利用正弦定理将边转化为三角函数，这样可以使形式统一。

$$(2\sin B-\sqrt{3}\sin C)\cos A=\sqrt{3}\sin A\cos C \qquad ①$$

①式中有三个角，正常的思路应该从中消去一个角，但如果利用和差化积公式消去一个角，会使其中有些项出现三个三角函数的乘积形式，反而破坏原来的对称美。

仔细观察①式，不难发现其中的两项 $-\sqrt{3}\sin C\cos A$、$\sqrt{3}\sin A\cos C$ 与和差化积公式形式完全一致。因此猜想利用积化和差公式对①式进行转化，从而找到解题思路。

3. 教反思

所谓反思，就是从多层次、多角度对问题及解决问题的思维过程进行全面的考察、分析和思考，从而深化对问题的理解，优化思维过程，揭示思维本质，探索一般规律，沟通知识间的相互联系，促进知识的同化和迁移，并进而产生新的发现和理解。解题反思既是行为，更是习惯，通过解题教学反思，使学生积累综合运用数学知识、技能和方法等解决问题的数学经验和方法，培养良好习惯，形成坚持真理、修正错误、严谨求实的科学态度。因此，在数学解题后，教师要引导学生回望自己的解题历程，对解题过程进行梳理和深度反思。

（1）培养反思意识

现在的学生普遍缺乏反思意识。很多学校虽然对学生提出整理错题的要求，大部分的学生也能将错题整理到错题本上，看似有利于培养学生的反思能力。其实，许多学生往往只是简单地把错题摘录在错题本上，而很少会对错题本上的错题进行深入反思，这不仅失去错题本的应有价值，而且也难以真正提升学生的反思能力。究其根源是学生并没有真正从心底认可解题反思，也没有把反思当成解题的必要环节，而仅仅将解题反思当成任务。更有甚者，认为反思不实用，完全是形式主义，纯粹浪费时间。因此，要培养学生的反思能力，首先要让学生养成反思的意识。反思意识的培养一方面要让学生充分认识到反思的价值，要结合具体问题让学生体会到反思的价值，这样学生才会有反思的动力；另一方面，反思意识的培养不能一蹴而就，需要循序渐进、逐步进行。比如，教师可以先从反思解题错误的原因开始，然后反思解题中运用的基础知识、基本技能及数学思想方法，最后再反思题目的题根、题魂以及题目的变式等。另外，在反思过程中，教师应该引导学生结合具体解题过程和解题过程当中的成败得失和解题感悟，有目的、有计划地进行反思总结，切忌鼓励学生罗列解题步骤和解题结果，避免反思流于形式。

（2）培养反思习惯

要使反思真正成为学生的自觉行为，反思习惯的培养不可或缺。许多教师也知道反思的重要，也会采用各种办法来引导学生进行反思，但很多学生一开始还能坚持，但时间一长就不了了之了。学生反思习惯的培养任重道远，短期难以见效。要培养学生的反思习惯，教师首先要制定系统的培养计划并按部就班地去实施；其次，教师应先在解题教学中进行反思示范，让学生模仿教师自己进行反思，然后再逐步放手让学生自由地去进行解题反思；最后，应该布置一些有利于解题反思的教学任务，让学生在持续的解题反思活动中逐步养成反思习惯。

（3）创设反思情境

学生在做完题后，大多数学生是不愿意进行反思的，因为感觉反思是在浪费时间也是在否定自己。一小部分的学生想去反思，但觉得自己的学习时间有限，抽不出更多的时间去进行反思。还有的学生想要反思也有时间，但是不知道怎么进行反思。因此，教师要主动创造反思的情境。这种反思的情境可以提前设计，也可以临场发挥。反思情境可以通过一些具有启发性、激励性的问题来创设，比如，当学生题目解完以后，教师可以提出"题目解完了吗？""还有什么地方没有考虑到？""还有其他解法吗？""还有更简单的解法吗？""解题过程中有哪些经验和教训值得吸取？""题目能不能做一些新的变化？"

（4）加强反思方法指导

① 反思错解漏解。错误，往往是正确的先导。在学生的作业、考试中，常常会出现一些具有代表性的错误，这些错误的出现反映了学生学习过程中的薄弱环节。一般来说，这些错误往往是教材中的重点、难点与关键之处，或者是教学中的疏漏之处。在进行解题反思时，教师要把学生在解题过程中常犯的错误当作一种宝贵资源加以研究、分析，这不仅有助于学生及时改正错误，而且有利于学生优化认知结构、提高思维品质。在错解反思中，教师要善于引导学生发现自己的

不足、深度分析错误的成因及类型，然后查阅相关资料来查漏补缺，提高解题的正确率。特别是在每一单元结束时，教师应针对这一单元中大多数学生经常出错的例题、习题进行收集、归类，重新发给学生辨析，让他们再次体验错误产生的情境，探索出正确的解题思路和结论。

比如，一些学生在解"若 $\tan\alpha$、$\tan\beta$ 是实系数方程 $mx^2 + (2m-3)x + m-2 = 0$ 的两根，判别 $\tan(\alpha+\beta)$ 是否有极值？"这一问题时，常常会出现如下错解。

由根与系数的关系可得：

$$\tan\alpha + \tan\beta = -\frac{2m-3}{m}, \quad \tan\alpha \cdot \tan\beta = \frac{m-2}{m}$$

$$\tan(\alpha+\beta) = \frac{\tan\alpha + \tan\beta}{1 - \tan\alpha\tan\beta} = \frac{3-2m}{2}$$

故 $\tan(\alpha+\beta)$ 没有极值。

针对这一错误，教师应及时组织学生反思，让学生认识到错误的原因是忘记了 $\tan\alpha$、$\tan\beta$ 均为实数这一条件。事实上，由 $\Delta \geqslant 0$ 这一必要条件得 $m \leqslant \frac{9}{4}$。从而，$\tan(\alpha+\beta)$ 有极小值 $-\frac{3}{4}$。

除了反思解题错误之外，教师还要进一步引导学生对解题过程和认知活动进行系统反思。比如自己的认知结构是否完善，解题的思路和思维过程是否完整、简洁，推理是否合乎逻辑，论据是否充足、严密，所用的方法是否最优，情感如何起伏变化，意志是否动摇等。通过这些认知，更有利于学生优化数学思维品质，完善认知结构，发展坚强意志。

② 反思好题好法。解题不仅仅是把题目解出来，更重要的是在解题中进行学习。解题过程中的一些好想法、好思路、好解法、好题型都值得反思。一个好的题目往往涉及多个知识点，考查多种能力，渗透多种数学思想和方法。但这些仅从题目本身是难以观察出来的，必须历经读题、审题、解题及反思等过程才能获得深刻认识。在解题教学中，教师要善于引导学生将这些好题好法挖掘出来、保留下来，以供将来解题之用。

【例 17】如图 6-7，在 $\triangle ABC$ 中，AB 的垂直平分线 DG 交 $\angle ACB$ 的平分线 CD 于点 D，过点 D 作 $DE \perp AC$ 于点 E，若 $AC=10$，$CB=4$，则 $AE=$_____。

该题将线段垂直平分线、角平分线的有关知识巧妙融合在一起，通过反思不仅有利于学生深化对线段垂直平分线和角平分线的性质的认识，而且可

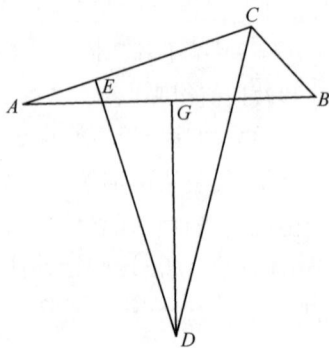
图 6-7

以充分领略试题将这些知识有机融合之精妙，同时还能领悟获得成功之喜悦。

③ 多写反思日记。学生写反思日记的过程是内化数学知识和思想方法、建构自己理解的过程，是反思性数学学习的重要体现。"写"是形式，是载体；"思"是本质，是目的。"写"与"思"是相辅相成、不可或缺的。写反思日记，首先，要让学生充分认识写反思日记的必要性，否则很可能会流于形式，很难得到真正落实。其次，要让学生充分了解反思的内容。反思的内容包括对数学的感悟和困惑、需要请教老师的问题、数学试卷的自我分析报告、利用解题表进行解题的思考过程等。再次，要加强方法指导。许多学生写的反思日记并不是对数学问题的思考，而是写数学课上听明白了没有，自己基础如何不好，以后如何努力等。针对这一情况，教师要通过介绍反思日记写作的一般形式和常用方法，让学生对写反思日记有一个明确的目标和努力的方向。最后，教师要对学生撰写的反思日记进行检查并予以积极评价。检查可以了解学生反思日记哪些方面写得好，哪些方面写得不够好，这样今后会有明确的努力方向。积极评价可以激发学生写反思日记的积极性、主动性。

④ 运用提示语引导反思。卡尔金斯等人在对配对联想学习的研究中发现，在言语学习任务中，若使用自己设想的提示语，完成效果要远优于他人有意给他们提供的有关学习与记忆的帮助。这就启示我们，解题活动中有意识地运用提示语，并训练学生注重提炼自己的提示语，有助于学生反思能力的提高。比如，对"审题"可反思以下几个方面：理解题意是否有偏差？有关对象的意义是否转化？是否写出了有关对象的数学表达？是否能以恰当的形式描述题目中的条件？是否把握了所涉及对象之间的关系？对问题设问的含义是否清楚？对设问的含义能否转化？对涉及符号的意义是否都很明了？是否有遗漏条件？是否有人为增加条件？

对"涉及知识"可反思以下几个方面：有关对象（概念、性质、方法）的意义是否清晰？所用概念、定理的条件是否正确？涉及的表达式书写是否正确？涉及的数学语言（文字语言、符号语言、图形语言等）是否真正理解？表达式能否转换成其他语言形式（代数、几何、三角、解析、向量、概率、统计等）？对相近对象的异同是否认识清楚？

对"解题思路"可反思以下几个方面：一开始自己是怎么想的？走过哪些弯路？为什么按自己原先的思路行不通？有什么规律性的经验可以吸取？你的思考与老师、同学的思考有什么不同？差距在哪里？原因是什么？中途是否做过某些预测和调节？这些预测和调节对自己的思考是否起到了作用？可以归纳出什么经验？

对"挖掘解题规律"可以反思以下几个方面：你能否利用不同的知识，通过不同的途径求得问题的解？是否有更一般的方法？是否有更简洁的方法？是否有沟通其他学科的方法？这些方法各有什么特征？方法之间有什么联系？通过对不同的解法的比较，能否找到更满意的解法？这个问题能否导出一些有用的东西？偶然中是否隐含着某种必然？这个结果或解法能否用于解决其他问题？你的方法是否有需要改进的地方？

对"引申结论"可反思以下几个方面：结论合理吗？有没有反例？你表达结论的方式是不是最优的？有没有更好的表达形式？结论可以一般化吗？可以推广、引申吗？是否有变式问题？变式问题有哪些？这些变式问题你是否都能处理？解题的关键在哪里？

思考题

1. 数学解题通常可以分为哪几个阶段？各阶段应如何具体实施。
2. 数学解题的基本要求是什么？
3. 数学解题有何现实意义？
4. 数学解题应遵循什么原则？
5. 数学解题教学中应如何选题？
6. 数学解题过程中应如何审题？
7. 数学解题教学中应如何研题？
8. 数学解题教学中应如何讲题？
9. 数学解题教学中应如何进行题后反思？

参考文献

[1] 钟志华，刘鸿坤. 基于联系观点的数学教学设计——以"方程的根与函数的零点"为例[J]. 数学教学，2020(2): 21-25.

[2] 谢利民. 教学设计[M]. 北京：中央广播电视大学出版社，2004: 61-65.

[3] 吴立岗. 教学的原理模式和活动[M]. 南宁：广西教育出版社，2001: 382.

[4] 钟志华. 从联系的观点看教学重点的内涵、价值及确定依据[J]. 高中数学教与学，2021(8): 33-37.

[5] 钟志华，黄桂君. 从联系观点看高中函数概念教学难点及成因[J]. 数学通报，2022(6): 25-29, 48.

[6] 张华. 课程与教学论[M]. 上海：上海教育出版社，2004: 359.

[7] 李玉文，陈翠花，方学荣. 数学教育论点述评[M]. 成都：电子科技大学出版社，1994: 32-33.

[8] 王文才，施桂芬. 数学小词典[M]. 北京：科学文献出版社，1983: 85.

[9] 章士藻. 中学数学教育学[M]. 南京：江苏教育出版社，1996: 218.

[10] 杨裕前. 平面几何入门教学[M]. 南京：江苏教育出版社，1989: 128-129.

[11] 杰罗姆. S. 布鲁纳. 教育过程[M]. 邵瑞珍，译. 北京：文化教育出版社，1982.

[12] 李佩凤. 直观性原则在教学中的运用[J]. 宁夏教育，1995(8): 68-69.

[13] 丁邦平. 探究式科学教学：类型与特征[J]. 教育研究，2010(10): 81-85.

[14] 钟启泉. 研究性学习案例解析[M]. 上海：上海教育出版社，2003: 19.

[15] 钟志华，涂荣豹. 探究教学三要诀[M]. 中国教育学刊，2006(5): 61-64.

[16] 秦霞，钟志华. 生活中抽象，合作中探究，数学中回归——"导数在研究函数中的应用——单调性"教学实践与评析[J]. 教育研究与评论，2016(1): 75-82.

[17] 王升. 研究性学习的理论与实践[M]. 北京：教育科学出版社，2002.

[18] 吴静. 教师备课必须把握的 7 个环节[J]. 北京工业职业技术学院学报，2010, 3.

[19] 赵翠萍. 精心备课，提高课堂教学质量[J]. 天津农学院学报，2007(11): 1-3.

[20] 周学耘. 数学说课的理性思考[J]. 职业时空，2011(10): 94-95.

[21] 谢建平. 高师院校应重视师范生"说课"能力的培养[J]. 教育探索，2007(11): 72-73.

[22] 孙雅伦. 提升数学师范生模拟授课能力的行动研究[D]. 扬州大学，2018: 5.

[23] 涂荣豹，季素月. 数学课程与教学论新编[M]. 南京：江苏教育出版社，2007.

[24] 杨彦军，童慧，郭绍青. 中国式"课例研究"中教师学习资源需求调查研究[J]. 现代中小学教育. 2015, 31(5): 89-94.

[25] 李祎. 刍议"研课"——对评课的超越和发展[J]. 福建师范大学学报（哲学社会科学版），

2010(2): 162-165.

[26] 张定强，王金燕. 促进数学教师专业发展的"研课"：价值、路径、策略[J]. 中小学教学研究，2022(2): 91-96.

[27] 向守万. 有效研课磨课"七个一"[J]. 教学与管理，2019(7): 24-25.

[28] 朱家生，施珏. 中学数学课堂教学技能训练[M]. 长春：东北师大出版社，1999.

[29] 李吉林. 情境教学怎样设计情境[J]. 人民教育，1999(2): 45.

[30] 钟志华. 数学教学中如何分析、突出教学重点[J]. 数学教学研究，2013(2): 65.

[31] 潘莉霞. 初中数学课堂问题情境的创设研究[D]. 南京师范大学，2007: 18.

[32] 吕传汉，汪秉彝. 中小学"数学情境与提出问题"教学的理论基础及实施策略[J]. 贵州师范大学学报(自然科学版). 2007, 25(1): 95-100.

[33] 罗增儒. 课堂提问的原则[J]. 湖南数学通讯，1997(4): 1.

[34] 涂荣豹. 谈提高对数学教学的认识[J]. 中学数学教学参考，2006(1-2): 4-8.

[35] 陆建. 数学启发式教学研究[D]. 南京师范大学，2007: 17-18.

[36] 王为峰. 初中数学教学难点的确定及处理[J]. 中学数学杂志(初中)，2002(6): 8-9.

[37] 吴正宪，张秋爽，贾福录. 听吴正宪老师上课[M]. 上海：华东师范大学出版社，2012: 58-59, 66-68.

[38] 余小芬，刘成龙. 数学板书：特征、类型及设计原则[J]. 中学数学月刊，2022(3): 15-17, 24.

[39] 刘显国. 板书艺术[M]. 北京：中国林业出版社，2022.

[40] 周谦. 学习心理学[M]. 北京：科学出版社. 1992: 302.

[41] 邵瑞珍等. 教育心理学[M]. 上海：上海教育出版社. 1982: 36, 62-63.

[42] 吴庆麟. 认知教学心理学[M]. 上海：上海教育出版社，2002: 104-105.

[43] 喻平. 论数学命题的学习[J]. 数学教育学报，1999(11): 2-6+19.

[44] 罗增儒. 中学数学解题的理论与实践[M]. 南宁：广西教育出版社，2008: 41.

[45] 罗增儒. 数学解题学引论[M]. 西安：陕西师范大学出版社，2004: 5.

[46] 张奠宙，宋乃庆. 数学教育概论[M]. 北京：高等教育出版社，2004: 276.

[47] 钟志华. 模式观与数学方法论[M]. 北京：化学工业出版社，2010.

[48] 钟志华. 创新教育与问题解决教学[J]. 教育探索，2001(10): 27-28.

[49] 郑毓信. 中学数学解题教学之我见（上）[J]. 中学数学月刊，2020(10): 1-3.

[50] 张莉. 浅谈初中数学的解题教学[J]. 吉林教育，2005(10): 27.

[51] 姚玉霞. 谈中学数学解题教学[J]. 河南职业技术师范学院学报(职业教育版)，2009(3): 134-135.

[52] G·波利亚. 怎样解题[M]. 涂泓，冯承天，译. 上海：上海科技教育出版社，2004: 77-78.

[53] 乔治·波利亚. 数学的发现[M]. 刘景麟，曹之江，邹清莲，译. 北京：科学出版社，2015: 344-345.

[54] 林洁容. 聚焦问题结构，揭示数学本质——从一道中考试题谈初中数学习题课的变式教学

[J]. 中学数学杂志，2022(12): 47-50.

[55] 鲍建生，等. 变式教学研究（续）[J]. 数学教学，2003(2): 6-10.

[56] 顾非石，顾泠沅. 诠释"中国学习者悖论"的变式教学研究[J]. 课程·教材·教法，2016, 36(03): 86-91.

[57] 曹丽鹏，罗增儒. 审题新概念[J]. 中学数学教学参考，2008(4): 39-41.

[58] 卫德彬，李祖海. 培养学生数学猜想能力的有效策略[J]. 中国数学教育，2012(7-8): 32-34.

[59] 赵绪昌，刘晓锋. 数学猜想在数学教学中的运用[J]. 中学数学，2010(12): 1-4.

[60] 保甜甜. 基于元认知理论的高中数学解题反思策略研究[D]. 南通大学，2023.

[61] 张金娣. 核心素养下初中数学解题反思方法与途径[J]. 数理化解题研究，2022(14): 53-55.

[62] 张晓拔. 数学教学要重视培养学生的反思习惯[J]. 数学教育学报，2008(06): 90-92.

[63] 张巧凤. 数学解题活动中的反思能力培养[J]. 教育研究与评论·中学教育教学，2013(12): 51-57.

[64] 徐伯华. 数学研课的内容框架研究[D]. 南京师范大学，2012.

[65] 钟志华. 基于"6W+H"理论的教学目标分析策略——以高中"函数与方程"为例[J]. 内蒙古师范大学学报（教育科学报），2021, 34(4): 105-111.

[66] 余震球选译. 维果斯基教育论著选[M]. 北京：人民教育出版社，2005: 387-389.

[67] 徐光考. 数学探究性课堂教学的探索[J]. 数学通报，2005(10): 24-27.

[68] Jackie Acree Walsh, et al. 优质提问教学法[M]. 刘彦，译. 北京：中国轻工业出版社，2009: 25.

[69] 谢志红. 课堂教学的有效提问时机[J]. 太原大学教育学院学报，2011, 29(1): 26-28.

[70] 董素艳. 引发思维的提问策略[J]. 中国教育学刊，2006(3): 52-55.

[71] 庄锦英，李振村. 教师体态语言艺术[M]. 济南：山东教育出版社，2000: 54.